Avi Primor

Terror als Vorwand
Die Sprache der Gewalt

Avi Primor

Terror als Vorwand
Die Sprache der Gewalt

Droste Verlag

Bibliografische Informationen Der Deutschen Bibliothek

Die Deutsche Bibliothek verzeichnet diese Publikation in der
Deutschen Nationalbibliografie; detaillierte bibliografische Daten
sind im Internet über http://dnb.ddb.de abrufbar.

© 2003 Droste Verlag GmbH, Düsseldorf
Bearbeitung und Lektorat: Christiane von Korff
Schutzumschlag unter Verwendung eines Fotos von Getty Images Deutschland
GmbH, München und Autorenfotos von Shlomo Arad, Tel Aviv
Gesamtgestaltung und Satz: Droste Verlag
Druck und Bindung: Clausen & Bosse, Leck
ISBN 3-7700-1161-9

www.drosteverlag.de

Inhalt

Vorwort

Nichts erzeugt mehr als ein Gefühl der Beklommenheit wie eine nebulöse, unbekannte Gefahr. In Europa gewann man nach dem Zweiten Weltkrieg allmählich das Gefühl, dass Krieg endlich der Vergangenheit angehört. Nach dem Zerfall der Sowjetunion glaubte man, dass sich dieser Traum verwirklicht habe. Die ausschließlich regionalen Kriege, besonders in der „Dritten Welt", wurden als vorübergehende Kriegszustände wahrgenommen. Mit dem 11. September sah sich die „Erste Welt" plötzlich mit einer Hydra des Bösen konfrontiert, vor der sich jeder fürchtet, weil sie überall zu lauern scheint. Die Verteidigung gegen den islamistischen Terrorismus ist ein echter Weltkrieg, weil er global stattfinden wird. Und er hat bereits begonnen. Doch wer ist dieser neue Feind, der die Menschheit im 21. Jahrhundert bedroht? Wo liegen seine ideologischen Wurzeln? Was strebt er an? Vor allem aber – wie kann man ihm das Handwerk legen?

Das Problem des globalen Terrorismus kann man nicht von dem Nahostkonflikt trennen, der nun seit mindestens 55 Jahren andauert. Wie ist der islamische Fundamentalismus mit den Krisen und Kriegen im Nahen Ostens verbunden? Schürt der islamische Fundamentalismus den Konflikt oder wird er von ihm geschürt? Warum dauert dieser Konflikt so lange an? Seit seiner Unabhängigkeitserklärung im Jahr 1948 lebt der Staat Israel im Kriegszustand. Immer gab es Hoffnungen auf Frieden, auf die dann bittere Enttäuschungen folgten. Was sind die Gründe und wie kommt man endlich aus dieser Klemme heraus?

Historiker sind sich selten einig, wenn sie die Vergangenheit zu analysieren suchen. Zukünftige Entwicklungen vorherzusagen ist entweder kompliziert oder leichtsinnig. Dennoch müssen wir die Realität analysieren, die Chancen für den Frieden diagnostizieren und uns bemühen, einen Weg aus den Schwierigkeiten zu finden und die Bedrohungen auszuschalten.

Die Anregung zu diesem Buch gab Heidemarie Alertz, die mich glücklicherweise unermüdlich zur Arbeit gedrängt hat. Bei ihr möchte ich mich ebenso bedanken wie für die Unterstützung meiner Assistentin Christa Schael. Insbesondere danke ich der Journalistin Christiane von Korff für ihr Engagement; für ihre Ideen, die sie beigesteuert und ihre Kompetenz, mit der sie das Manuskript bearbeitet hat.

Avi Primor

1. Kapitel

Ein Krieg wofür?

Der Irak-Krieg wurde vom amerikanischen Präsidenten George W. Bush und seinen Spitzenmitarbeitern seit Jahren vorbereitet. Verschiedene Entwürfe haben Bush und seine heutigen Strategen, die so genannten Falken wie Vizepräsident Dick Cheney und CIA-Chef George Tenet, Verteidigungsminister Donald Rumsfeld und sein Stellvertreter Paul Wolfowitz sowie Regierungsberater Richard Perle im Laufe der 90er Jahre sogar dem damaligen Präsidenten Bill Clinton unterbreitet. Schon zu jener Zeit versuchte dieser neokonservative Kreis, der seither an die Macht gekommen ist, den amerikanischen Präsidenten zur Beseitigung des Saddam Hussein-Regimes zu überreden. War das nur eine Frage von Ehrgeiz, den dieser Clan hatte? Die unerbittliche Bemühung, die „Schande" der unvollendeten Arbeit zu tilgen? 1991 musste Saddam Hussein auf militärischen Druck der Alliierten unter amerikanischer Führung auf das von ihm eroberte Kuwait verzichten. Sein Land und seine Streitkräfte erlitten große Sachschäden. Doch der Zusammenbruch seines Regimes, mit dem die Amerikaner gerechnet hatten, ließ zehn Jahre später noch immer auf sich warten. Der damalige US-Präsident George Bush, frustrierter Vater des heutigen Präsidenten, verlor die Wahlen für ein zweites Mandat. Strebten also die Anhänger von Bush junior einen Krieg gegen den Irak an, um diese Niederlage auszumerzen? Das wurde natürlich nie behauptet, nie zugegeben. Die Argumente für einen Krieg waren immer die gleichen: Saddam stelle Massenvernichtungswaffen her, bereite weitere Angriffe gegen seine Nachbarstaaten vor, wie er das schon gegen den Iran und Kuwait getan habe, er sei eine Gefahr für seine Region und dadurch auch für die Vereinigten Staaten. Und tatsächlich – hätte Saddam Hussein 1991 seine Beute Kuwait behalten dürfen, hätte das sein Aggressionspotential wesentlich erhöht. Der Irak allein verfügt schon mit insgesamt 133 Milliarden Barrel über die zweitgrößten Erdölreserven der Welt. Mit Kuwaits Ölvorkommen wäre Saddam Hussein zum ersten und größten Erdölherrscher der Welt geworden. Seine Bedrohungsmacht gegenüber dem Rest der Welt wäre damit so groß geworden, dass man es kaum noch hätte wagen können, ihm Widerstand zu leisten. Mit einer solchen Macht hätte er die anderen Ölproduzenten des Nahen Ostens, die Fürstentümer am Golf und vor allem Saudi-Arabien, ungehindert erobern können. Dann wäre er unbesiegbar gewesen, weil er die ganze Welt hätte erpressen können.

Also ging es den Bush-senior-Strategen 1990 um eine unmittelbare, zumindest wirtschaftliche Bedrohung. Es drehte sich um die fundamentale Frage, wer die Erdölvorräte beherrscht. Oft wird behauptet, dass diejenigen, die um Öl ringen, nur geldgierig sind. Natürlich geht es um Geld, um sehr viel Geld. Das wissen vor allem die Familien Bush, Cheney und andere in ihrem Umfeld, die mit dem Ölgeschäft sehr verbunden sind. Im Vordergrund stehen nicht nur lukrative Gewinne.

Es geht um die Sicherung der US-Wirtschaft, die, wie es die Amerikaner heute erkennen, vor dem Risiko steht, in zwanzig Jahren so gut wie nicht mehr lebensfähig zu sein. Experten rechnen mit der Gefahr, dass angesichts des rasanten Wachstums der Nachfrage in zwei Jahrzehnten die heute schon bekannten Ölvorräte der gesamten Erdkugel nicht mehr ausreichen werden. Alle unterirdischen, auch die noch nicht angetasteten Vorräte sind bekannt. Es sind also keine neuen Entdeckungen von Erdölvorkommen zu erwarten. Wie schnell die Nachfrage nach dem schwarzen Rohstoff steigt, zeigt das Beispiel China. Der traditionelle Ölexporteur verwandelte sich in ein Importland. Angesichts der wirtschaftlichen Entwicklung und Industrialisierung dieses Riesenlandes reicht das chinesische Erdöl selbst für den eigenen Bedarf nicht mehr aus. So ergeht es auch Indien, dessen Ölimporte zügig und ununterbrochen anwachsen. Die traditionellen Industrieländer, deren Konsum nach Erdöl ständig wächst, und vor allem die Vereinigten Staaten, die ein Viertel des gesamten, weltweit geförderten Rohstoffes verbrauchen, sind schon längst unersättlich geworden. Was geschieht also in zwanzig Jahren? Darüber machen sich die Amerikaner, deren Wirtschaft vom Erdöl abhängig ist, die größten Sorgen. In zwei Jahrzehnten, so haben Experten berechnet, wird der tägliche US-Bedarf von 77 Millionen auf 120 Millionen Barrel steigen, und diese Nachfrage wird nicht durch die eigene Produktion befriedigt werden können. Seit geraumer Zeit reduzieren die Staaten deshalb den Konsum ihres eigenen Öls und lagern es unterirdisch als strategische Reserve für die Zukunft. Dem wachsenden Verbrauch kommen sie durch zunehmende Einfuhr nach. Strategisch ist es deshalb für die USA unerlässlich, im Falle einer Ölknappheit auf dem Weltmarkt die Befriedigung des eigenen Energiebedarfs abzusichern. Folglich muss die Supermacht so weit wie möglich die Oberhand über die Kontrolle der Produktion im Ausland gewinnen. So ist es nicht verwunderlich, dass sich amerikanische und britische Truppen nach ihrem Einmarsch in den Irak sofort auf die Ölquellen konzentrierten und sie verteidigten. Museen, Krankenhäuser oder Privateigentum hingegen schützten sie nicht vor Plünderern, denn diese waren aus ihrer Sicht strategisch unwichtig. Und tatsächlich ging ihre Rechnung auf: Während im ersten Golfkrieg Öl im Wert von mehr als einer Milliarde Dollar in Flammen aufging, verbrannten diesmal nur sieben von zweihundert Quellen. Die Sicherung der Erdölvorräte ist somit eines der größten Zukunftsprobleme. Dennoch war diese Hauptsorge für Präsident Clinton nicht ausreichend, einen Krieg zu entfesseln.

Der nützliche 11. September

Als George W. Bush junior im Januar 2001 an die Macht kam, konnte er sich nicht sicher sein, ob er sein Vorhaben, nämlich die Arbeit, die sein Vater 1991 nicht vollendet hatte – Saddam Hussein aus dem Irak hinwegzufegen –, werde ausführen können. Die amerikanische militärische Übermacht steht zwar außer Frage. Sie wird nirgends angezweifelt – weder in Westeuropa noch in Moskau oder in Peking. Sie mit der Militärmacht des zurückgebliebenen Dritte-Welt-Staats Irak auch nur vergleichen zu wollen, wäre lächerlich gewesen. Dennoch können die Vereinigten Staaten einen Krieg nicht gewinnen, wenn sie nicht von der eigenen Bevölkerung unterstützt werden. Aus diesem Grund haben sie auch den Krieg in Vietnam verloren. Obwohl das kleine Land drei Millionen Gefallene zu betrauern hatte, im Vergleich zu den fünfzigtausend Gefallenen des großen Amerika, haben die Vietnamesen den Krieg gewonnen, weil die amerikanische Bevölkerung ihn ablehnte. So sind die Amerikaner auch im Oktober 1983 von einem Tag auf den anderen aus dem Libanon geflohen, nachdem ein Terroranschlag, dessen Drahtzieher wahrscheinlich die Syrer waren, zweihundert ihrer Soldaten das Leben gekostet hatte. Und genau so haben sie auch 1994 in aller Eile, und ohne ihr Ziel erreicht zu haben, Somalia verlassen, weil die amerikanische Bevölkerung den Zweck des Krieges nicht begreifen konnte. Dasselbe hätte sich auch im Falle eines Krieges im Irak abspielen können – aber nur bis zum 11. September 2001. Die Welt, und insbesondere Europa, hat nie richtig verstanden, welches Trauma dieser Tag für die amerikanische Bevölkerung war und immer noch ist.

Amerika ist in modernen Begriffen ein verhältnismäßig autarker Staat. Wenn man einmal eine Zeit lang in den Vereinigten Staaten lebt, bekommt man selbst als Ausländer allmählich das Gefühl, dass die Welt nur aus den Vereinigten Staaten besteht. Die Welt ist Amerika und Amerika die Welt. Natürlich wissen alle US-Bürger, wenn auch ganz vage, dass es außerhalb der Vereinigten Staaten noch irgendwo irgendwelche belanglosen Dörfer gibt – doch die haben mit ihrem Leben gar nichts zu tun. Meistens interessieren sie sich nur für ihre Region und nicht einmal für das eigene nationale Leben. So nehmen in der Regel nur fünfzig Prozent der Wahlberechtigten an Präsidentenwahlen teil. Natürlich gibt es auch andere Amerikaner, diejenigen, die Europäer kennen lernen – entweder wenn sie als Touristen Europa besuchen, oder wenn die Europäer nach Amerika reisen, um mit einer bestimmten Schicht kosmopolitischer Amerikaner zu sprechen. Dieser Teil der Bevölkerung besteht aus gebildeten Menschen, er repräsentiert aber nicht wirklich die amerikanischen Massen.

Mir erzählte ein deutscher Freund, der viel in den Vereinigten Staaten zu tun hat und seit Jahren einige Zeit dort verbringt, dass er am Vorabend des Irak-Krieges in Amerika war. Natürlich kannte er die Ergebnisse der amerikanischen Meinungsumfragen und wusste, dass eine große Mehrheit der Bevölkerung den Krieg unterstützte, sogar leidenschaftlich. Dennoch traf er persönlich keinen einzigen Kriegsbefürworter, er hörte ausschließlich Einwände. Es ist klar, dass mein Freund nur mit einer bestimmten Schicht der US-Bevölkerung verkehrt, und er ist sich dessen auch bewusst. Und selbst wenn dieser weitsichtige Teil zwanzig Prozent der Gesamtbevölkerung vertreten sollte und folglich so zahlreich wie die Bevölkerung des ganzen Vereinigten Königreichs von Großbritannien und Nordirlands wäre, würde das kaum einen wirksamen Einfluss haben. Für die Unterstützung eines Krieges im Ausland braucht ein amerikanischer Präsident die Massen der Bevölkerung in allen Teilen des Landes und nicht unbedingt die Ostküsten-Intelligenz, die Leser der *New York Times,* der *Washington Post* oder der *Los Angeles Times.* Dies zeigte sich auch im Zweiten Weltkrieg. Nach dem Einmarsch der Deutschen in Luxemburg, Holland, Belgien und Frankreich am 10. Mai 1940 wurde sehr bald deutlich, dass die militärische Überlegenheit der Wehrmacht Frankreich schnell in die Knie zwingen würde. Die englische Armee verließ seinen Verbündeten in einer hastigen Flucht über Dünkirchen und die Franzosen benötigten jede mögliche Hilfe aus dem Ausland. Trotz internationalem Druck rührten die Amerikaner keinen Finger. Sie änderten ihre Haltung auch nicht, nachdem Frankreich am 22. Juni den Waffenstillstand unterzeichnet hatte und England allein und unter intensiver Bombardierung der Luftwaffe blieb. Das den Vereinigten Staaten nahe stehende Großbritannien erwartete mehr Unterstützung. Der amerikanische Präsident Franklin D. Roosevelt wollte auch tatsächlich helfen, konnte sich dies aber nicht leisten, da seine Landsleute von einer Isolationsmentalität beherrscht waren. Erst nach seiner zweiten Wiederwahl am 11. November 1940 begann Roosevelt allmählich, die Bevölkerung auf einen aktiveren Beistand Englands vorzubereiten. An eine echte Beteiligung am Krieg konnte er aber erst denken, als die Japaner seinen Marinestützpunkt in Pearl Harbor angegriffen und Hitler Amerika den Krieg erklärt hatte.

Der 11. September 2001 war für die Amerikaner ein Trauma, vergleichbar mit dem Trauma von Pearl Harbor: Aus heiterem Himmel kam ein unfassbarer Angriff, ausgeübt von mysteriösen Bösen. Das Trauma ist noch lange nicht überwunden. Der unbekannte Feind, der eine Gefahr für die Vereinigten Staaten ist, lauert noch überall, schürt die Angst in einer unbegreiflichen Art und Weise. Deshalb haben die selbstgefälligen Amerikaner das Gefühl, dass sie in aller Welt die Mächte der Finsternis bekämpfen müssen. Den Europäern scheint diese Rittermentalität etwas lächerlich oder sogar unglaubwürdig. Dennoch ist sie echt. Amerikaner wachsen mit Kinderfilmen und Comic-Heften auf. Während ihrer Kindheit begleiten und glorifizieren sie durchweg ihre Helden, die großen, gut aussehenden, gerechten „all american boys", die die Bösen und Ungerechten bekämpfen und überall für Demokratie und Menschenrechte sorgen. Diese verdrängten Kinderlegenden kommen sofort wieder an die Oberfläche, sobald die Bösen das gute, unschuldige Amerika angreifen – seien es der deutsche Kaiser mit seinem U-Boot Krieg, in dem er 1915 das Passagierschiff „Lusitania" versenkte, die Japaner und Hitler im Zweiten Weltkrieg oder später die Sowjetunion. Dann entwickelt sich ein sauberer, patriotischer Ehrgeiz, eine heilige Wut, das Vaterland zu verteidigen und den bösen Drachen zu töten.

Nur, wer ist heute der Drache? Und wer sind die Ritter, die an der Seite des amerikanischen Verfechters der Gerechtigkeit einherschreiten? Da der durchschnittliche Amerikaner sich normalerweise nicht für die Außenwelt interessiert und demzufolge wenig von ihr weiß, bewertet er sie so wie nach Pearl Harbor oder nach dem 11. September in einer oberflächlichen Art und Weise. Es gibt die Guten und es gibt die Bösen, wie in einem Westernfilm. Unter solchen Umständen klärt man nur ungern die Details. Osama Bin Laden und die Al-Quaida, Mullah Mohammad Omar und die Taliban, Jassir Arafat, die Hisbollah, die Hamas, die Tschetschenen: Sie alle werden in denselben Topf geworfen – wie ein Amerikaner mir gegenüber feststellte: „Die Unrasierten mit einem Küchentuch auf dem Kopf sind alle gleich." Da ist es nicht schwer zu verstehen, dass die große Mehrheit der Amerikaner einen Ariel Scharon, den „tapferen Kämpfer in vorderster Frontlinie gegen die Terroristen" bedingungslos und undifferenziert unterstützt und dass man nicht sehr darauf aus ist, sich Klarheit darüber zu verschaffen, ob Saddam Hussein tatsächlich irgend etwas mit Bin Laden zu tun hat und mit dem islamistischen Fundamentalismus verbunden ist.

Terror als Vorwand

„Es stimmt schon, dass der ideologisch motivierte amerikanische Junge überall die ideale Demokratie einführen möchte, aber das bedeutet noch nicht, dass auch die amerikanischen Behörden so naiv sind", schrieb ein türkischer Kommentator in einem Leitartikel. „Amerika will überall Demokratie haben, nur stellt sich die Frage, was bedeutet für die Amerikaner Demokratie? Demokratie bedeutet, pro-amerikanisch zu sein." Wie oft haben die Vereinigten Staaten grausame Diktatoren unterstützt mit der Aussage „he is our son of a bitch". Dabei handelte es sich nicht nur um verbrecherische Diktatoren in Lateinamerika, sondern auch um andere „our sons of bitchs" – überall in der Dritten Welt. Auch die Taliban waren so lange ihre Partner, die sie mit Waffen unterstützten, wie sie die Russen bekämpften. Aus demselben Grund hat auch Osama Bin Laden von amerikanischer Unterstützung profitieren können. Und als Saddam Hussein den Iran der Ajatollahs überfiel, war er den Amerikanern so genehm, dass ihn der heutige Verteidigungsminister Donald Rumsfeld in den 80er Jahren besuchte. Der große Freund Amerikas, Saudi-Arabien, ist bei weitem das strengste fundamentalistische islamische Regime. Was die Verweigerung von Bürgerrechten betrifft, sogar noch strenger als der „Gottesstaat" Iran, wo beispielsweise Frauen Auto fahren dürfen, während es ihnen in Saudi-Arabien verwehrt wird. Als ein spätfeudales Herrschaftssystem ist dieses Land weit entfernt von Demokratie und finanziert zudem den islamischen Fundamentalismus in aller Welt. All diese Details sind dem durchschnittlichen Amerikaner fremd. Die Bush-Strategen, die seit dem Ende des ersten Golf-Krieges von der Beseitigung Saddam Husseins träumten, konnten die diffusen Ängste, die patriotischen und idealistischen Gefühle der amerikanischen Bevölkerung nach dem 11. September gegen Saddam Hussein kanalisieren, selbst wenn der Versuch, das irakische Regime mit den Al-Quaida-Terroristen zu verbinden, bisher ein vergebliches Bemühen geblieben ist. Terror diente also als Vorwand zur Entfesselung des Irak-Krieges.

Ein solches Verfahren ist keine Ausnahme. Selbst Demokratien schließen es nicht aus, sogar das Vorbild USA nicht. Präzedenzfälle gibt es in der Geschichte unzählige. Sobald Regierungen entschieden haben, dass Krieg in ihrem Interesse liegt und den unentbehrlichen Zielen ihrer Ideologie entspricht, werden sie alles unternehmen, um ihre Bevölkerung von der Notwendigkeit des Krieges zu überzeugen. Dies bedeutet auch die Anwendung des so genannten psychologischen Krieges – ein Euphemismus für Propaganda, die nicht wahrhaftig ist. In seinem Buch „A people's history of the United States – 1492-present" analysiert der Pulitzerpreisträger Howard Zinn, wie die Lyndon B. Johnson-Regierung im August 1964 die amerikanische Bevölkerung auf den Krieg in Vietnam vorbereitet hat. Johnson und dessen Verteidigungsminister Robert McNamara, schreibt der Autor in Kapital 18, teilten der amerikanischen Bevölkerung mit, dass der amerikanische Zerstörer Maddocks, der routinemäßig außerhalb der territorialen Gewässer Vietnams kreuzte, angeblich ohne amerikanische Provokation von vietnamesischen Torpedos und Raketen angegriffen worden sei. Aufgrund dieser offiziellen Erklärung wurde der damalige amerikanische Außenminister Dean Rusk in einem Interview des amerikanischen Fernsehsenders NBC befragt, warum die Vietnamesen denn das Schiff torpediert hätten. Rusk führte das vietnamesische Vorgehen auf eine Kluft zwischen der amerikanischen und der asiatischen Welt zurück, eine Kluft, die er als ideologisch darstellte und die jegliches Verständnis für vietnamesische Logik oder überhaupt irgendeinen Austausch mit diesem Volk verhindere.

Der Angriff auf den amerikanischen Zerstörer war frei erfunden und somit auch der Öffentlichkeit unterbreitete Vorwand für den Ausbruch des Krieges. Erst im Laufe der Zeit sollte sich jedoch herausstellen, dass die offiziellen Mitteilungen seitens der amerikanischen Regierung in allen Details falsch waren und einzig der Propaganda dienten. Der Zerstörer Maddocks kreuzte sehr wohl innerhalb der territorialen Gewässer Vietnams und zwar mit der Aufgabe, elektronische Spionage gegen Vietnam zu betreiben. Dank seiner Arbeit konnten amerikanische Geheimeinheiten verschiedene Anlagen an den Ufern Vietnams angreifen und vernichten. Dennoch wurde die Maddocks nie beschossen. Mit der gegenteiligen Behauptung hatte die amerikanische Regierung die Öffentlichkeit getäuscht, um den Vietnamkrieg vor dem eigenen Volk zu rechtfertigen.

War die „psychologische Vorbereitung" der amerikanischen Bevölkerung auf den Irak-Krieg eine Fortsetzung der Propaganda-Kampagne für den Angriff auf Vietnam? Die amerikanische Regierung warf Saddam Hussein monatelang vor, dass er Massenvernichtungswaffen erzeuge und lagere und dass er die Al-Quaida unterstütze. Dazu sagte der scheidende CIA-Spitzenagent Robert Baer am 26. Juni 2003: „Ich glaube nicht, dass unser Geheimdienst Informationen, die er besaß, manipuliert hat. Sobald das Weiße Haus den Beschluss fasste, im Irak einzumarschieren, verlangte es vom CIA, Auskunft über Husseins Massenvernichtungswaffen zu geben. Das Präsidialamt hat sich aus unseren Berichten das herausgesucht und verwendet, was zur Untermauerung seiner These nützlich war, ohne Rücksicht darauf zu nehmen, ob die Informationen glaubwürdig waren oder nicht." Der amerikanische Geheimdienst wiederum besteht darauf, im März 2002 an das Weiße Haus ein Dokument geliefert zu haben, demzufolge die Republik Niger zu Unrecht beschuldigt wurde, an Bagdad Uran geliefert zu haben. Sprecher des amerikanischen Präsidenten hingegen stritten ab, jemals ein solches Dokument erhalten zu haben. Dazu sagte CIA-Mann Baer: „Oft überprüft der Nationale Sicherheitsrat die Berichte, die für den Präsidenten bestimmt sind. Möglicherweise hat das Weiße Haus dieses Dokument nie erhalten. Das kann ich nicht beurteilen." Robert Baer äußerte sich aber ganz klar und bestimmt zu der offiziellen Behauptung Washingtons, Saddam Hussein sei mit der Al-Quaida verbunden: „Ich habe nie eine glaubwürdige Information gesehen, laut der Saddam Hussein oder irgend ein offizielles Mitglied der irakischen Behörden mit Bin Laden Kontakt gehabt hat." Diese öffentliche Bestätigung des ehemaligen CIA-Beamten wurde auch von einem anderen Amerikaner bekräftigt. Der Experte Michael Chandler, der die nach dem 11. September ins Leben gerufene Aufsichtskommission der Vereinten Nationen leitet, teilte der Presse am 26. Juni 2003 mit, er habe keine Hinweise über angebliche Kontakte zwischen dem gestürzten Regime in Bagdad und der Al-Quaida gefunden. Damit wollte Chandler die Erklärung des amerikanischen Außenministers Colin Powell vom 5. Februar 2003 vor der UNO widerlegen. Powell sprach von „klaren und überzeugenden Beweisen, die er in seinem Besitz habe und die ausführlich belegten, dass Kontakte, zwischen Osama Bin Laden und dem irakischen Regime bestanden". Diese angeblichen Beweise erwiesen sich als ziemlich dünn, teilweise stellten sie sich sogar als falsch heraus. Somit benutzte die US-Regierung islamistischen Terror als Vorwand, um einen Krieg, in diesem Fall gegen den Irak, zu rechtfertigen.

Vor, während und nach dem Irak-Krieg diskutierten und kommentierten die Medien weltweit ganz unterschiedlich, ob es ungerechtfertigt war, einen bedrohlichen und blutrünstigen Diktator wie Saddam Hussein zu beseitigen. Schon allein diese Fragestellung empörte die Mehrheit der amerikanischen Öffentlichkeit. Die Gegner des Krieges, insbesondere die Europäer selbst in den Ländern, deren Regierungen die Vereinigten Staaten in ihrem Krieg gegen den Irak unterstützten, haben die Gefühle der US-Bürger nach dem 11. September bei weitem unterschätzt. Die Kluft zwischen Europäern und Amerikanern, die sich durch den Irak-Krieg vertieft hat, beruht auf einem grundsätzlichen gegenseitigen Missverständnis der Mentalität. Und dennoch ist die Frage berechtigt, ob die Bush-Regierung die richtige Entscheidung getroffen hat, Saddam Hussein anzugreifen. Was wird, abgesehen von der Befreiung der irakischen Bevölkerung sowie der Nachbarn des Irak von dem aggressiven Diktator, das Ergebnis des Krieges sein? Eindeutig ist, dass die Ereignisse dieses Feldzuges nicht auf den Nahen Osten begrenzt bleiben werden. Der erste Golf-Krieg hatte ein Gefühl der Demütigung in islamischen Ländern ausgelöst und die Al-Quaida-Organisation Bin Ladens ins Leben gerufen. Einen Krieg, der gegen den säkularen Irak geführt wurde und der dennoch eine fundamentalistische, terroristische Bewegung ausgelöst hat, die keineswegs irakisch ist.

Einhundert neue Bin Laden

Seit Jahren, aber bestimmt seit dem 11. September 2001, ist deutlich geworden, dass die Menschheit im 21. Jahrhundert vor einer ernsthaften Gefahr steht. Die globale Gefahr des Terrorismus ist in modernen Zeiten erheblich größer als sie noch vor Jahrzehnten möglich war. Der islamische Fundamentalismus ist weltweit verbreitet, seine Motivation und auch sein Einfluss im Westen sind meistens unbekannt, seine Verzweigungen ein Mysterium. Er profitiert nicht nur von seinen religiösen Gemeinden in der Diaspora, die für ihn ein internationaler Nährboden sind, sondern er hat auch Zugang zu den fortschrittlichsten technologischen Entwicklungen, auch zu Massenvernichtungswaffen. Hat also die Weltgemeinschaft, zumindest seit dem die Türme des World Trade Centers eingestürzt sind, alle Mittel eingesetzt, um die Gefahr des islamistischen Terrors zu bekämpfen und einzudämmen? Haben die Amerikaner eine überzeugende Strategie entwickelt? Die Beseitigung des Taliban-Regimes in Afghanistan war ein erster Schritt. Ist der Irak-Krieg der zweite oder nur ein Seitensprung, der den Kampf gegen den Terrorismus eher erschwert und komplizierter gemacht hat? Und wird er noch ein weiterer Nährboden für eine Bewegung wie die Al-Quaida sein, so wie es der erste Golf-Krieg gewesen ist? Und wenn, in welchen Dimensionen?

In Israel herrschte in diesen Fragen Einstimmigkeit. Man jubelte den Amerikanern zu und beschimpfte die Europäer, die man als Saddam-Freunde verleumdete. Verständlich ist eine solche Haltung schon. Was soll der durchschnittliche Israeli denken, wenn man einen gefährlichen, hemmungslosen Diktator in seiner unmittelbaren Nachbarschaft beseitigen will, einen Diktator, der schon zwei seiner Nachbarn angegriffen, der Israel mit Raketen beschossen hat, der ganz offen sagte, er würde den Staat Israel vernichten? Ein Diktator, der den palästinensischen Terror finanzierte, indem er Hinterbliebene von Selbstmordattentätern mit stattlichen Geldprämien belohnte? Was kann schon falsch daran sein, einen solchen Diktator aus dem Wege zu räumen? Dennoch müssen sich die Israelis daran erinnern, dass sie zwei parallele Verteidigungskriege führen. Einen Krieg gegen den arabischen Nationalismus und Ehrgeiz; und den anderen gegen einen islamischen Fundamentalismus, der sie mit seinem „totalen" Krieg angreift, indem er die schlimmste antisemitische, Nazimäßige Propaganda betreibt und Hass gegen Israel schürt, um es, aus angeblich religiösen Gründen, zu vernichten. Die Israelis sollten sich die Frage stellen, ob die Beseitigung des nationalistischen, gefährlichen Feindes Saddam Hussein auch den anderen Feind, den fundamentalistischen Islam schwächen, oder gar das Gegenteil eintreten wird. Schon am Vorabend des amerikanischen Angriffs warnte der pro-westliche ägyptische Präsident Hosni Mubarak, dass dieser Krieg einhundert neue Bin Laden hervorbringen werde.

An dieser Stelle erhebt sich die Frage, warum der Irak-Krieg eigentlich den fundamentalistischen Islam beflügeln soll? Ist denn religiöser Fanatismus nicht lediglich eine Art Frustration? Wenn Menschen keine Aussicht, keine Hoffnungen mehr haben, dann folgen sie falschen Propheten wie Osama Bin Laden. Genau dies wollten die Amerikaner im Irak vermeiden. Sie haben den Irak von dem Alptraum der Tyrannei befreit und versuchen nun, dort eine Demokratie einzuführen. Dazu sagt der renommierte, in Paris lebende marokkanische Schriftsteller Tahar Ben Jelloun in einem Interview mit dem Magazin *Der Spiegel:* „In der angeblichen Stunde der Befreiung erlitt das irakische Volk einen schrecklichen moralischen Rückschlag. Die Plünderungen, der Ausbruch der niedersten Instinkte, die Wildheit der Menschen, die sich im Zustand der Rechtlosigkeit selbst überlassen blieben, haben den Irakern die Würde der Besiegten geraubt. Diese Bilder einer kollektiven Raserei taten der ganzen arabischen Welt weh." Und weiter fügte er hinzu: „Die Amerikaner können Marionetten einsetzen, aber keine Demokratie aufbauen… Der Irak ist eine Gesellschaft von Clans, von Stämmen. Saddam Hussein hat mit seiner Familie geherrscht, mit dem Clan der Tikriti. Baschar al-Assad in Syrien stützt sich auf die Minderheit der Alawiten. In einer Stammesgesellschaft hat die Demokratie keinen Sinn, denn im Stamm ist das Individuum nichts, während es mit seiner Entscheidungs- und Gewissensfreiheit in der Demokratie alles ist. Die Demokratie ist nicht einfach eine Technik, eine Organisation einer freien Wahl. Sie ist eine Kultur, eine tägliche Pädagogik, die Anerkennung von Regeln und Werten." Auf die Frage des *Spiegels:* „Würden Ihrer Meinung nach freie Wahlen heute überall in der arabischen Welt islamische Kräfte an die Macht spülen?" erwiderte Ben Jelloun kategorisch: „Leider ja, fast überall. Freie Wahlen – das ist dort wie der Versuch, ein schönes Gebäude auf einem Misthaufen zu errichten. In der arabischen Welt ist der Boden für die Demokratie nicht bereitet. Es gibt nur einen antidemokratischen, extremistischen Bodensatz. Der Fundamentalismus diskutiert nicht, er lässt keine andere Meinung gelten, er weiß sich im Besitz der absoluten Wahrheit. Seine Demokratie, das ist eine Diktatur, die alles regelt, die zu jedem Einzelnen nach Hause kommt."

Was genau bedeutet diese Analyse? Kann es in den arabischen Staaten beziehungsweise in den islamischen Ländern nur eine Wahl zwischen Diktatur und „Gottesstaat" geben? Der unendlich grausame Bürgerkrieg in Algerien, der begann, als das Militär den Sieg der Islamisten in den einzigen freien Wahlen in der Geschichte des Landes nicht hinnehmen wollte, hat kein Ende in Sicht. In Tunesien verwandelte Ben Ali, der Nachfolger von Habib Bourguiba, dem Gründer des modernen, unabhängigen, relativ liberalen Staates, das Land in einen regelrechten Polizeistaat. Damit hat er das Abrutschen Tunesiens in einen „Gottesstaat" höchst wahrscheinlich verhindert. Es gibt also keine guten Aussichten, obwohl man nuancieren und differenzieren sollte. Es gibt auch islamische Länder wie die Türkei, Bangladesch oder Malaysia, die sich anders entwickelt haben. Die Frage, die heute schicksalhaft geworden ist, lautet: Wie entwickelt sich die arabische und moslemische Gesellschaft im Fall einer Beflügelung des Fundamentalismus und wie weit ist er heute bereits gediehen?

Der Freund Pakistan

In diesem Zusammenhang ist das im Frühsommer 2003 in Paris erschienene Buch des französischen Philosophen Bernard-Henri Levy interessant. Es erschien unter dem Titel „Wer hat Daniel Pearl ermordet?" Am Ende des Irak-Krieges war Levy nach einem langen Aufenthalt in Pakistan nach Paris zurückgekehrt. Neben philosophischen Abhandlungen schreibt er immer wieder über aktuelle Konfliktherde. Da ihn die Ermordung des amerikanischen Journalisten Daniel Pearl verblüffte und ihn die Alltagsberichterstattung der Medien nicht zufrieden stellte, hatte er vor Ort recherchiert. Um einen Journalisten umzubringen, einen, der eine so wichtige Zeitung wie das *Wall Street Journal* vertritt, muss man schon einen ganz besonderen Grund haben, da es nie im Interesse einer politischen Gruppierung, auch nicht der extremistischsten liegt, sich mit der Weltpresse zu streiten. Ein Jahr lang betrieb Levy in Pakistan Nachforschungen und legte die Ergebnisse in seinem Buch nieder. Diesbezüglich gab er der Expertin der arabischen und islamischen Welt, der Chefredakteurin Josette Alia von der französischen Wochenzeitschrift *Le Nouvel Observateur,* ein Interview. Die Frage der Journalistin, ob Levy auch nach dem amerikanischen Sieg in Irak noch der Meinung sei, dass Bush mit der Wahl Saddam Husseins als Gegner den falschen Beschluss gefasst hat, beantwortete Bernard-Henri Levy bestätigend: „Der amerikanische Sieg ändert daran nichts, obwohl ich überaus glücklich bin, die Befreiung des irakischen Volkes von dem Joch des Tyrannen zu beobachten. Im Laufe des Jahres, während dessen ich in Pakistan Nachforschungen angestellt habe, habe ich ständig die Debatte um den Krieg verfolgt. Immer wieder hatte ich das Gefühl, dass diese Diskussion realitätsfern ist. Ich hatte das Gefühl, es gehe um ein historisches Missverständnis, so als hätte man uns einen Köder namens Saddam Hussein vorgehalten. Für mich, der aus der Heimat des Satans zurückgekommen ist, aus Pakistan, wo Gruppen von Fanatikern den zukünftigen Krieg mit Gefahren ganz anderer Art vorbereiten, ist klar, dass die Amerikaner das falsche Ziel gewählt haben… Wir leben nicht mehr in den Zeiten von Jimmy Carter. Die Schurkenstaaten unserer Zeit sind nicht mehr Libyen, der Iran oder der Irak, sondern Pakistan, Saudi-Arabien, der Jemen und Nordkorea, wo sich die nuklearen Horrors des 21. Jahrhunderts zusammenbrauen. Genau das hat Daniel Pearl allmählich entdeckt und deshalb wurde er ermordet. Und das ist, was ich entdeckt habe, als ich seinen Fußstapfen folgte."

Josette Alia fragte weiter: „Nicht nur Daniel Pearl sondern auch sein Mörder, Achmed Omar Saad Sheikh, interessiert Sie. Der junge englische Pakistani aus einer reichen Familie, der so überaus westlich geprägt ist, ein glänzender Student der London

School of Economics, ein erfolgreicher Makler an der Londoner Börse, der plötzlich zu einem Drahtzieher hinter einer der mörderischsten Gruppierungen des internationalen islamistischen Terrors geworden ist, erregt Ihr Interesse und das ist verständlich. Aber versuchen Sie nicht all zu sehr, ihn zu verstehen?" „Nichts ist wichtiger als die Apparatur des Bösen auseinander zunehmen", antwortete Levy, „und die Motive eines Besessenen wie die eines Osama Bin Laden zu verstehen, eines jungen Moslems, der, den Einflüssen der westlichen Kultur ausgesetzt, sich dem schwärzesten religiösen Eifer widmet. Sind vielleicht die neuen führenden Dschihad-Leute (die Männer des heiligen Krieges) illegale Kinder, die aus dem Aufeinanderprallen der islamischen und westlichen Kultur, zwischen der Finsternis und der Aufklärung geboren sind? Sheikh Omars Erziehung ist europäisch, aber trotzdem verbirgt er seine Frau unter einer Burka. Er wurde zum Chef der Taliban und auserwählten Sohn Bin Ladens. Ich wollte es genau so verstehen, wie ich in meinen historischen Recherchen zu verstehen versucht habe, warum ein junger überzeugter Kommunist der 30er Jahre plötzlich statt nach Moskau nach Berlin fährt. Ich habe entdeckt, dass Daniel Pearl und Omar zur gleichen Zeit dasselbe Buch gelesen haben, das Buch von Samuel Huntington – der eine mit Abscheu, der andere mit Begeisterung. Für Pearl war die Vision vom Zusammenprall der Zivilisationen eine mögliche Entwicklung, die man bekämpfen muss, da sie ansonsten die Welt in den Abgrund stürzen wird. Für Omar war das Gegenteil richtig, für ihn ist der von Huntington beschriebene Verlauf der Dinge der Weg der Wahrheit. Für ihn bedeutet Huntington, so wie Bin Laden, die islamische Verheißung des Kulturkrieges."

Eine weitere Frage lautete: „Nun beginnen Sie mit dem Hauptziel ihrer Nachforschungen, mit der Beschreibung der Vielfältigkeit des politischen, terroristischen und finanziellen Netzwerks, das die Arme des Oktopus darstellt: Al-Quaida – eine Welt, die ihnen bekannt ist, denn seit 30 Jahren forschen Sie in

Süd-Ost-Asien." Levys alarmierende Antwort war: „Ein Ort in Karachi namens Binori Town ist das geistliche Zentrum der Sunniten, eine gigantische Schule für Islamstudien, aus der die Spitzenpolitiker der Taliban kommen, ein heiliger Ort, den Ungläubige nicht betreten dürfen. Durch einen Zufall bin ich doch hineingekommen und habe dort bewaffnete Terroristen gesehen, Waffenlager, unterirdische Tunnel, Tonstudios und ein Krankenhaus, in dem wahrscheinlich Bin Laden nach seiner Flucht aus Afghanistan gepflegt wurde. Das ist eine militärische Stätte des Terrors, nur fünfhundert Meter vom amerikanischen Konsulat entfernt. …Ich konnte mir nicht vorstellen, dass man sich morgens mit Geistlichen unterhalten kann, die sich am Abend in Mörder verwandeln."

Die wirkliche Macht Pakistans, so Levys Erkenntnis, läge in den Händen der Geheimdienste, die selber mit Al-Quaida verwoben sind: „Präsident Musharraf ist nicht der echte Herrscher seines Landes. Wenn er im Stande ist, Präsident Bush in einer Pressekonferenz im Weißen Haus zu versprechen, dass ‚in den kommenden Stunden der verschollene amerikanische Journalist Daniel Pearl auf freien Fuß gesetzt werden wird', obwohl er schon vierzehn Tage zuvor von den Geheimdiensten des Staates ermordet worden war, dann ist Musharraf nicht mehr als eine Marionette in den Händen der eigenen Geheimdienste. Ich konnte mir vorher den Charakter, die Dimensionen und die Macht der finanziellen Netzwerke von Al-Quaida nicht vorstellen. Im Gegensatz zu dem, was man gläubigen Moslems erzählt, hat Bin Laden sein Vermögen nicht seinen Idealen geopfert. Nein, er ist erst recht davon reich geworden, weil Dschihad ein gutes Geschäft ist, eine Mafia, ein Welt überspannendes Netzwerk zur Erpressung von Geld. Eine Geldwäscherei in Dubai, Prozente vom Drogenhandel in Afghanistan, finanzieller Betrug, Spekulationen, die Erwerbung von ‚short options' an den Börsen von London und New York am Vorabend des 11. September 2001. …Für all das habe ich solide Beweise und aus-

Karikatur in *Le Monde* vom 14. April 2003

führliche Zeugenaussagen. Dubai und Saudi-Arabien dienen diesen Terrornetzwerken als Tarnung."

Auf Alias Bemerkung, man habe doch nach dem 11. September die verdächtigen Bankkonten eingefroren, erwiderte Levy: „Auch das hat man in einer tollpatschigen Art und Weise getan. Viel zu früh hat man die Absicht veröffentlicht, die Konten einzufrieren, und viel zu langsam hat man dieses Vorhaben umgesetzt. Die Terroristen hatten genug Zeit, sich darauf vorzubereiten. Wissen Sie, wie viel Geld auf dem Konto des ägyptischen Finanzzuständigen von Al-Quaida, Ayman as-Zawahiri, geblieben ist? 252 US-Dollar. Bin Laden hat ja Recht, wenn er in einem Interview in Pakistan am 28. September 2001 erklärte, dass Al-Quaida reich ist an jungen, modernen, gebildeten Menschen, Menschen, die mit den Schlupflöchern des westlichen Finanzsystems vertraut sind und genau wissen, wie sie auszunützen sind." Weiter erzählte Levy, wie ihm klar geworden sei, weshalb Daniel Pearl ermordet wurde. Am 24. Dezember 2001 habe er in einem Artikel im *Wall Street Journal* die Verbindung zwischen den Geheimdiensten Pakistans und der Al-Quaida-Organisation ausführlich dargelegt. In Amerika habe dieser Artikel wenig Aufmerksamkeit erregt. In Pakistan aber erregte er die Besorgnis der Geheimdienste. Weiter habe Pearl die Kontakte zwischen Atomwissenschaftlern in Pakistan, dem Iran und Nordkorea entdeckt und veröffentlicht, sowie deren Bereitschaft, der Al-Quaida Raketentechnologie und vielleicht auch noch mehr zu verkaufen. In den Augen der verrückten und fanatischen Wissenschaftler sei die pakistanische Atombombe kein pakistanisches Eigentum, sondern islamisches. Sie gehöre mit Recht der islamischen Nation. Bin Laden diese Waffe zu liefern, sei für sie kein Akt des Verrats, sondern ein Akt der Loyalität und der Frömmigkeit. Und dessen müssten wir uns bewusst sein.

Daraufhin stellte die Journalistin Alia die Frage, was geschehen würde, wenn diese islamistischen Fanatiker in Pakistan Macht und Atomwaffen übernähmen? Den fanatischen Wissenschaftlern, erwiderte Levy, sei bekannt, wo sich die Waffen befänden. „Sie kennen deren Kodierung, denn sie haben sie selbst entworfen und entwickelt. In ihren Köpfen herrscht eine Mischung aus Terror, religiösem Wahn und Wissenschaft. Mit Ländern wie Nordkorea, Pakistan oder Elementen wie Al-Quaida verglichen, sehen die Waffen eines Saddam Hussein wie altes Spielzeug aus. Ich habe in Pakistan immer wieder gehört, was ich schon vor zehn Jahren in Khartum, der Hauptstadt des Sudan, gehört habe, dass der Islam, natürlich der fundamentalistische Islam, den Kommunismus als Weltdogma ablösen wird."

Abschließend betonte Levy, dass heutzutage der humanistische Islam, der echte Islam, wie er ihn nennt, in der muslimischen Welt noch die Oberhand hat – aber es stelle sich die Frage wie lange noch? Vorerst sei Musharrafs Pakistan für die Amerikaner ein Hauptstützpunkt in ihrem Kampf gegen ihre Feinde. „Ausgerechnet", fuhr Levy fort, „die Entführer Daniel Pearls forderten, dass Pakistan jetzt auch noch mit F16-Kampfflugzeugen beliefert wird. Haben die Amerikaner denn den Verstand verloren?"

Wenn man diesen Notruf von Bernard-Henri Levy liest, kann man nicht vermeiden, an den Iran der 70er Jahre zu denken. Der Schah war eine Stütze der Amerikaner und des gesamten Westens. Folgt also nach Musharraf, was nach dem Schah gekommen ist? Dieses Mal aber in einem viel größeren, noch fanatischerem Land, das die Atombombe bereits besitzt?

Kriegstaktik islamistischer Terroristen

Sind Islamisten anders als andere fanatische Gruppierungen, die man seit dem Morgengrauen der Geschichte in allen Ländern erlebt hat? Es wird auf jeden Fall nicht schaden, einen Blick auf die Geschichte des islamischen fundamentalistischen Terrors zu werfen. Viele Historiker haben sich mit diesem mysteriösen Dilemma beschäftigt, in den letzten Jahrzehnten besonders der englische Experte auf dem Gebiet des Islams, der islamischen Geschichte und Gesellschaft Professor Bernard Lewis. Aus seinen Büchern entsteht das folgende Bild.

Die erste Begegnung zwischen Europäern und dem, was man heute islamischen Terror nennen würde, ereignete sich zur Zeit der Kreuzzüge. Wie die Amerikaner heute im Irak, mussten die damaligen Kreuzritter rasch lernen, dass sie selbst dann, wenn sie die arabischen Armeen besiegt hatten, immer noch in Lebensgefahr schwebten. Ein geheimnisvoller, tückischer Feind, bekannt als Assassinen, lauerte überall. Wer waren dieses Volk und woher stammt sein Name? Der Begriff „Assassinen" wurde ursprünglich auf eine bestimmte moslemische Sekte angewandt, die vom späten 11. Jahrhundert bis ungefähr zur Mitte des 13. Jahrhunderts im Iran und in Syrien operierte. Nach langen, gelehrten Debatten über die genaue Bedeutung des Wortes und seines Ursprungs wurde entschieden, dass es von dem arabischen Wort „Haschisch" abgeleitet war. Die mittelalterliche Sekte wurde so genannt, weil ihr Verhalten so wild und absurd war, als sei es das Ergebnis von Haschischgenuss. Der Name der Gruppe ging unter anderem in die französische und in die englische Sprache als Begriff für „politischen Mörder" ein – Assassin.

Die Assassinen selbst bezeichneten sich anders: Sie nannten sich Feday'ee, ein arabisches Wort, das auch im Persischen benutzt wird und bedeutet, dass sich jemand vollkommen einer Sache verschrieben hat, der er dient, was auch immer sie sein mag; selbstaufopfernder Frömmler wäre möglicherweise eine angemessene Übersetzung. Die Geschichte der moslemischen Sekte beschreibt Lewis als ein vollkommenes Versagen. Dennoch unterstreicht der Historiker, dass die Strömung dieser Gruppe, ihre messianische Hoffnung und revolutionäre Gewalttätigkeit, weiter floss und dass ihre Ideale und Methoden zahlreiche Imitatoren fanden. Für die Nachahmer sind die großen Veränderungen unserer Zeit die Ursache ihres erneuten Zorns und ihrer Träume von Erfüllung. Lewis zeichnet ein Bild erstaunlicher Parallelen zwischen den Assassinen und ihren modernen Nachfahren. Im Mittleren Osten lebten sie nur im Iran und in Syrien – nur in diesen beiden Länder, weder im Irak, noch in den palästinensischen Landstrichen, noch in Ägypten oder in Arabien. Mit der Eroberung der iranischen Festung Al-Amouth in den Elbrus-Bergen, südlich des Kaspischen Meeres, nahmen sie 1090 ihre Tätigkeit auf.

Die mittelalterlichen Assassinen waren Anhänger eines reformierten Flügels der Shi'a, somit eine extremistische Gruppe innerhalb des Islam. Das wäre eine völlig unzutreffende Beschreibung des heutigen fundamentalistischen Islams. Hand in Hand geht mit dieser Bewegung ein intensiver und destruktiver Fanatismus einher. Es besteht auch eine bestimmte Ähnlichkeit ihrer Methoden, zum Beispiel der Waffenkult dieser mittelalterlichen Mörder. Jede besondere Gruppe hatte ihre eigene heilige

Waffe, die sie unter Ausschluss aller anderen Waffen benutzte. Es gab eine Gruppe von Würgern, die ausschließlich Schlingen benutzte; eine andere durfte ihre Opfer nur mit Knüppeln totschlagen, denn erst am Tag der Auferstehung, so glaubte sie, werde ihnen die Benutzung von Stahl gewährt. Und dann gab es natürlich die eigentlichen Assassinen, die ausschließlich Messer benutzten, weder Gift noch Wurfgeschosse, obwohl ihnen diese Mittel zu jener Zeit auch schon zur Verfügung standen und für einen Mörder zweifellos bequemer und sicherer gewesen wären. Die modernen Geschütze sind ein wenig vielfältiger, aber auch bei den heutigen Terroristen gibt es einen bemerkenswerten und vergleichbaren Fakt: Eine Art Beharren auf eine bestimmte Waffengattung, nämlich Sprengstoffgürtel. Eine weitere Ähnlichkeit, die ins Auge sticht, ist, dass der Täter erwartet – man könnte beinahe sagen, wünscht – zu sterben. Er unternimmt keinen Fluchtversuch, und aus einigen Schriften der Assassinen wissen wir, dass es als schändlich betrachtet wurde, einen Meuchelmord überlebt zu haben. Von der Mutter eines Attentäters wird gar erzählt, dass sie trauerte, weil ihr Sohn den Anschlag, den er verübt hatte, überlebte.

Es gibt jedoch einen überaus wichtigen Gegensatz. Kollateralschäden waren dem mittelalterlichen Meuchelmörder absolut fremd. Er beging immer und ausschließlich „gezielte Anschläge", wie sie heutzutage genannt werden. Diese waren auf bestimmte Menschen gerichtet – einen Herrscher, einen Militärkommandeur, ein religiöses Oberhaupt, Persönlichkeiten, die wegen ihrer gesellschaftlichen Rolle vorgesehen wurden. Der Assassine ermordete dieses ausgewählte Opfer – und sonst niemanden. Nach vollbrachter Tat unternahm er keinen Fluchtversuch, zumal er ohnehin keine gute Chance gehabt hätte, da ein einziges mit einem Messer bewaffnetes Individuum, das einen General oder einen Wesir ermordete, vernünftigerweise nicht erwarten konnte, ungeschoren davonzukommen. Diese Methode wird in modernen Zeiten gewöhnlich Terrorismus genannt. Und das ist es auch im Wesentlichen, worum es den Terroristen von heute geht: mit geschicktem Aufgebot begrenzter Hilfsmittel und begrenztem Personal Krieg zu führen. Dazu sind große Armeen nicht imstande.

Es gibt einen anderen, sehr interessanten und bemerkenswerten Unterschied zwischen den Assassinen und den Selbstmordattentätern von heute: Der mittelalterliche Meuchelmörder starb nicht von eigener Hand, sondern wurde von seinem Gegner getötet; er wurde erschlagen oder hingerichtet, aber er richtete seine Waffe nicht gegen sich selbst. Dies ist nicht weiter überraschend, da Gesetz und Tradition des Islam dem Selbstmord gegenüber eine entschiedene Position einnehmen: Selbstmord ist eine Kapitalsünde, die durch ewige Verdammnis bestraft wird. Den Büchern der Tradition zufolge und den Gesetzesbüchern, die auf ihnen basieren, ist die Strafe für den Selbstmord die ewige Wiederholung des Akts des Selbstmords. Einer der sich selbst erdolcht, kann also der ewigen Erdolchung entgegensehen; einer, der sich erhängt, einer Ewigkeit der Strangulierung, und die heutigen Imitatoren vermutlich einer Ewigkeit explodierender Bomben. Die islamische Tradition ist in diesem Punkt sehr klar; es gibt das Hadif-Kutzi: Hadifen sind Sprüche über die Taten und Äußerungen des Propheten. Ein Hadif-Kutzi ist von besonderer Heiligkeit, ein Spruch, in dem der Prophet Gott wörtlich zitiert. Es gibt ein Hadif-Kutzi, demzufolge ein moslemischer Mujari, ein Kämpfer im heiligen Krieg, tödlich verwundet worden war und sterbend auf dem Schlachtfeld lag. Um seine Qual zu verkürzen, erstach er sich mit seinem eigenen Messer. Und der Prophet, der Zeuge dieser Tat war, sagte: „Gott sprach und sagte: Mein Diener ist mir zuvorgekommen; er wird vom Paradies ausgeschlossen und zur Hölle verdammt sein."

Eine Schlüsselfrage ist die Definition des Feindes: Gegen wen kämpften die Assassinen? Die Kreuzritter schienen, zumindest für eine Weile, weitgehend davon überzeugt gewesen zu sein, dass sie das Ziel waren, so wie auch viele Leute der Ansicht sind, dass Terror ein Weg sei, gegen Israel zu kämpfen – gegen die Kreuzfahrer der Gegenwart. Zweifelsohne haben die Assassinen die mittelalterlichen Invasoren nicht gemocht, denn sie gehörten zu ihren Opfern. Es stellt sich jedoch die Frage, wer der eigentliche Gegenstand ihrer massiven Operation gewesen ist. Wenn man die Geschichte etwas näher betrachtet, kommt man zu der Schlussfolgerung, dass nicht die Kreuzfahrer, sondern die Herren des Islams die Hauptzielscheibe waren. Die Assassinen wollten die Monarchen, die Generäle und den Olama, der dem Islam vorstand, beseitigen, um selbst deren Position einzunehmen. Hier besteht eine erstaunliche Ähnlichkeit mit der Al-Quaida und gleichartigen zeitgenössischen Gruppierungen. Die Terroristen verabscheuen die Menschen aus dem Westen und verüben Anschläge auf sie, weil sie die „schlechten" Männer, die die islamische Welt gegenwärtig regieren, unterstützen und ermutigen. Und das Ziel damals wie heute ist, die existierende Ordnung zu zerstören und mit einer eigenen zu ersetzen.

Drei von vier Kalifen, die in der Nachfolge des Propheten Mohammed die Leitung der moslemischen Gemeinde übernommen hatten, wurden von religiösen Fanatikern ermordet. Bemerkenswert in diesem Kontext sind deshalb die Worte, die 1981 von den Mördern Anwar as-Sadat geäußert worden sind. Häufig nimmt man an, dass der ägyptische Präsident ermordet wurde, weil er mit Israel Frieden geschlossen hat und es ist sicherlich wahr, dass seine Mörder seinen Frieden nicht gut geheißen haben. Aber was bedeutet der Satz, den der Anführer der Attentäter nach der Ermordung äußerte: „Ich habe den Pharao getötet"? Niemand könnte den altägyptischen Monarchen beschuldigen, mit Israel sanft umgegangen zu sein; er ist im Koran der Prototyp des Tyrannen und weitgehend identisch mit dem Pharao in der Bibel. Er ist der Unterdrücker, der tyrannische, heidnische Diktator, der das Volk Gottes unterjocht: zu jener Zeit die Juden, später die Moslems. Sadat wurde ermordet, weil die Mitglieder einer extremistischen Bewegung Ägyptens in ihm einen willkürlichen Herrscher sahen, der nicht im Auftrag des Propheten handelte.

Terrorismus ist in gewisser Hinsicht für einige Leute Idealismus, Religion und Reinheit. Doch auch Terrorismus benötigt Geld, damals wie heute. Die Terrororganisationen müssen auf verschiedenen Wegen finanziert werden. Die Assassinen forderten in ihren Festungen in Syrien, im Iran und in den umliegenden Gebieten die Erhebung von Abgaben – von den Landbesitzern, von den Bauern, von den kleinen Städten. Sie nahmen Geld von ihnen und als Gegenleistung boten sie Schutz, sie griffen nicht an. Es bestand ein Einvernehmen –, du zahlst uns, und wir lassen dich in Ruhe'. Sehr früh schon wurde Schutzgeld zu einer Haupteinnahmequelle. Im Laufe ihrer Entwicklung wurden die Assassinen immer ehrgeiziger. Sie trieben nicht nur von den unmittelbaren Nachbarstädten und -dörfern Zölle ein, sondern auch von den wichtigen Herrschern – vom Sultan von Rum, vom Sultan von Ägypten. Auch von Kreuzrittern wurde von Zeit zu Zeit berichtet, dass sie den Assassinen Tribut entrichteten.

Ein interessantes Detail dieser Tributfrage ist, dass die Assassinen, auch wenn sie in der Lage waren, beachtliche Geldsummen von verschiedenen Fürsten und sogar von Besuchern einzutreiben, mit den Ritterorden, den Templern und den Hospitallern, nicht so verfahren konnten. Im Gegenteil, sie zahlten jenen Feinden sogar Tribut. Der Grund hierfür ist, dass die Ermordung des gegnerischen Befehlshabers nutzlos war, weil dieser sofort von einem anderen ersetzt wurde, der genau so gut und wirksam war wie der vorherige. Deshalb waren die Anführer der Assassinen nicht gewillt, ihre eigenen Krieger in einem sinnlosen, da für sie verlustreichen Unternehmen einzusetzen. Hier stellt sich die Frage, ob die heutigen Demokratien die Unbesiegbarkeit der früheren Ritter haben.

In vielerlei Hinsicht haben die modernen fundamentalistischen Terroristen der heutigen Welt ihre Methoden angepasst.

Nicht nur Zivilisten sind ihre Zielscheibe, sie geben sich auch nicht mehr mit „primitiven" Waffen zufrieden. In naher Zukunft werden sie wahrscheinlich auch Massenvernichtungswaffen benutzen. Eine Zeit lang haben sich die Mullahs mit Selbstmordattentaten schwer getan. Inzwischen haben sie jedoch Auslegungen und Begründungen gefunden – eine Begabung aller Religionsgelehrter. Im Mai 2003 veröffentlichte einer der wichtigsten Geistlichen des Königreiches, der Al-Qaida nahe stehende saudi-arabische Scheich Nasser Ben-Hamad al-Fahed, eine religiöse Rechtsprechung, in der er die Selbstmordattentate und die Verwendung von Massenvernichtungswaffen gegen Bürger der USA und Großbritanniens legitimierte. Er unterstrich in seiner „Fatwa", dass die moslemische Welt heute einen Verteidigungskrieg gegen diese Länder führe und in einem solchen Krieg, zu dem man verpflichtet sei, wäre man von der Unterscheidung zwischen Soldaten und unschuldigen Zivilisten freigestellt. Darüber hinaus betonte er, dass man von einem Terroranschlag nicht absehen sollte, selbst wenn ihm viele Moslems zum Opfer fielen. All dies geschähe im Zeichen des Plans, einen reinen, schonungs- und kompromisslosen Islam in allen muslimischen Ländern zu erzwingen und später auch in aller Welt durchzusetzen.

Der Ehrgeiz der Fundamentalisten ist also global und will sich von Nebensächlichkeiten nicht behindern lassen. Israel betrachtet Osama Bin Laden als völlig unwichtig und für nicht der Rede wert. Selbst der im Lande der Ajatollahs gängige Begriff vom „kleinen Satan Israel als Schwanz des großen Satans Amerikas" maß nach Bin Ladens Meinung Israel eine zu hohe Bedeutung bei. Wahrscheinlich ist er davon ausgegangen, dass nach der Erreichung seines Ziels der Staat Israel ohnehin nicht mehr existieren werde. Bis zum 11. September 2001 erwähnte er nie den Nahostkonflikt. Ständig beschäftigte er sich mit dem geschändeten Heiligen Land, meinte aber Saudi-Arabien, das im ersten Irak-Krieg von 1991 von der Anwesenheit amerikanischer Truppen „verseucht" worden sei.

Dennoch kann man den Nahostkonflikt vom Problem des globalen Terrorismus nicht trennen. Israel kämpft gegen zwei Vorhaben seiner Nachbarn: Gegen den nationalistischen Ehrgeiz der Palästinenser und der Nachbarstaaten sowie gegen den Heiligen Krieg der Islamisten gegen die Ungläubigen. Inwiefern im Dschihad das Israel-Element für viele Moslems bedeutend ist, sieht man daran, dass Bin Laden nach dem 11. September das israelisch-palästinensische Problem in seine Propaganda mit einbezog. Für das Verständnis der Entwicklung des islamistischen Fundamentalismus und des Terrorismus ist es unverlässlich, auch die Lage im Nahostkonflikt zu berücksichtigen. Dieser Konflikt, der in den 90er Jahren schon auf dem richtigen Weg zur Lösung war, eskalierte plötzlich und unerwartet und der eingeleitete Friedensprozess rutschte in den Abgrund.

2. Kapitel

Israel in der Klemme

2002 war ein schlechtes Jahr für Israel. Im wirtschaftlichen Bereich war es sicherlich das schlechteste der letzten fünfzig Jahre. Das Bruttosozialprodukt schrumpfte um ein Prozent (2001 war es schon um 0,9 Prozent zurückgegangen), und das Pro-Kopf-Einkommen um 3,2 Prozent (2001 war es um drei Prozent gesunken). Diese Zahlen zeigen, dass der Lebensstandard in den letzten zwei Jahren um insgesamt 6,2 Prozent gesunken ist. In diesem Zeitraum stieg die Arbeitslosigkeit von 8,4 Prozent auf 10,4 Prozent, das heißt 278 000 von insgesamt rund 2,6 Millionen Arbeitnehmern hatten Ende des Jahres 2002 keine Anstellung mehr. Unter den israelischen Kommentatoren gab es zu diesem Thema nur insofern Meinungsverschiedenheiten, als dass die einen behaupteten, Israel habe seit 1952 niemals derartig schlechte wirtschaftliche Zeiten erlebt, während die anderen äußerten, dass es seit der Gründung des Staates im Jahr 1948 noch nie solch schlimme Jahre gegeben habe. Um zu entscheiden, ob die letzten beiden Jahre ein Rekordtief in der Wirtschaft erreicht haben, muss man die politische Situation mit einbeziehen. 1952-53, kurz nach der Gründung Israels, kamen Massen von Zuwanderern in das Land, und die Bevölkerung des Staates wuchs um das Doppelte. Man stelle sich vor, dass sich beispielsweise Deutschland in den letzten zwei Jahren von 80 auf 160 Millionen Einwohnern durch absolut mittellose Zuwanderer verdoppelt hätte, dann wäre dadurch die Wirtschaft schon erheblich geschwächt worden. So jedenfalls sah die Situation Anfang der 50er Jahre in Israel aus, nicht aber mit der zu Beginn des 21. Jahrhunderts. Zieht man also die vollkommen außergewöhnlichen Umstände des Jahres 1953 in Betracht, folgt daraus der Schluss, dass es der israelischen Wirtschaft noch nie so schlecht ergangen war wie in den letzten beiden Jahren.

Gravierender noch sind die Zukunftsprognosen der israelischen Notenbank und der Statistikbehörden der Regierung, die diese Daten veröffentlicht hat. Beide Institutionen waren sich dahingehend einig, dass die wirtschaftliche Lage im Jahre 2003 nicht besser sein werde als im Vorjahr, sondern wahrscheinlich noch schlechter. Ist also für diese Talfahrt überhaupt kein Ende in Sicht – obwohl das Land noch immer Zuwanderer aufnimmt, die in der Vergangenheit doch stets auch als ein Ansporn für die Wirtschaft gedient haben?

Als Grund für die Verschlechterung der wirtschaftlichen Situation wird oft die Weltwirtschaftslage angeführt. Schließlich hat sich Israel in den letzten Jahrzehnten vor allem im hochtechnologischen Bereich als besonders innovativ erwiesen. Zweifelsohne ist das wirtschaftliche Wachstum des Landes den erstaunlichen Entwicklungen auf dem High-Tech-Gebiet zu verdanken, was anhand des Nasdaq (National Association of Securities Dealers Automated Quotation), der den Wert der High-Tech-Wertpapiere misst, zum Ausdruck kam. Dass der Nasdaq in den letzten Jahren radikal fiel, ist eindeutig auf die globale Wirtschaftslage zurückzuführen. Schwierigkeiten, wie sie die Telekom in aller Welt hat, sind ein Symptom für die weltweite Rezession der Kommunikations- und Hochtechnologie. So ist es also kein Wunder, dass ein erstklassiges Produktionsland wie Israel auch in diesem Bereich in Mitleidenschaft gezogen wird. Die allgemeine Wirtschaftslage im Westen, in Europa und in Amerika sieht in den letzten Jahren insgesamt finster aus, und natürlich muss ein Land wie Israel, dessen Handel mit dem Westen eng verbunden ist, darunter leiden. Aber in diesem Maße? Fast kein Land der Welt hat einen derartigen wirtschaftlichen Rückfall erlebt wie Israel. Auch wenn die Wachstumsraten überall schwächer geworden sind, so war doch eine derartige Verschlechterung des individuellen Lebensstandards nirgendwo im Westen zu verzeichnen. Daraus ist der Schluss zu ziehen, dass es neben der düsteren Weltwirtschaftslage noch andere Gründe für die Talfahrt der israelischen Wirtschaft geben muss.

Die Wirtschaftslage ist Ergebnis und Symptom der politischen Situation in Israel. Seit Anfang 2001 wird das Land kaum noch von Urlaubern besucht. Zwar ist die Touristikbranche, obwohl sie in den letzten Jahren starke Zuwachsraten hatte, schon lange nicht mehr Hauptzweig der israelischen Wirtschaft. Dennoch kann sie als Barometer für die Stimmung und die wirtschaftliche Entwicklung dienen. Touristik-Kenner wissen, dass es in der kurzen Geschichte des Staates Israel schon mehrfach Krisen in diesem Bereich gegeben hat, und in der Regel war die Rezession mit Kriegen verbunden. Sowohl die Spannungen von 1967, die zum Sechstagekrieg im Juni des gleichen Jahres führten, als auch der Yom-Kippur-Krieg 1973 und der Golfkrieg 1990/91 brachten den Fremdenverkehr zum Erliegen. In all diesen Jahren standen bereits die Hotels im Lande leer, waren Reiseführer arbeitslos, mussten Geschäftsleute, die vom Tourismus lebten, Insolvenz anmelden. Doch wann immer auch die Branche ins Stocken geraten war, konnten Fachleute die Dauer der Durststrecke prognostizieren und voraussehen, wie lange sie den Atem anhalten und durchhalten mussten, bis es wieder aufwärts gehen würde. Nahmen sie an, dass die Krise mehrere Monate andauern werde, konnten sie ein Hotel ganz oder teilweise schließen oder die Unterhaltung mit reduzierten Mitteln so sichern, dass die Wiedereröffnung nicht zu kompliziert oder zu teuer werden würde.

Doch seit Anfang 2001 ist die Touristikbranche überhaupt nicht mehr in der Lage, eine Prognose über die Dauer der Krise abzugeben. Dies bedeutet totale Handlungsunfähigkeit. Hotelbesitzer stehen vor der Frage, ob sie ihr Haus besser ganz oder nur teilweise offen halten sollten. Auch wenn sie damit Verluste einbüßen, würden sie sich den Schaden der Schließung und Wiedereröffnung ersparen. Oder wäre es eine bessere Alternative, zu schließen und wieder zu eröffnen statt den tagtäglichen Blutverlust des Unternehmens hinzunehmen? Dieses Dilemma, das bereits seit mehr als zwei Jahren anhält, ist ein Seismograph für die allgemeine Lage der israelischen Wirtschaft. Kein Unternehmer ist imstande, einen Plan für die Zukunft zu entwickeln Niemand weiß, ob die Flaute nur ein paar Monate oder vielleicht sogar noch Jahre andauern wird. Das fatale Ergebnis dieser Lage ist, dass jegliche Investitionen gestoppt werden. Dieser Mangel an Bereitschaft Kapital anzulegen, sowohl von ausländischer Seite als auch besonders von Seiten der Israelis selbst, verursacht die Rezession der Wirtschaft im Lande. Nur ein Blinder oder ein Propagandist würde leugnen, dass diese Zermürbung der Wirtschaft Israels mit der politischen Situation und Sicherheitslage verbunden ist. Wer Investitionen tätigen möchte, fürchtet eine unbeständige Situation, und sobald er irgendwo Unsicherheit, einen Krieg oder eine Revolution ahnt, schreckt er davor zurück, dort sein Geld anzulegen. Da sich die politische Situation und Sicherheitslage seit Oktober 2000 zunehmend und ununterbrochen verschlechterte, gab es Anfang 2003 noch keinerlei Prognosen für ein Ende der Verschärfung der Lage.

Im Sommer 2001 besuchte der namhafte französische Philosoph und Schriftsteller Bernard-Henri Levy, der mit besonderer Leidenschaft Krisengebiete in aller Welt bereist und zu analysieren sucht, Israel und die palästinensischen Gebiete. Nach langen Gesprächen mit maßgebenden Persönlichkeiten aller politischen Couleur auf beiden Seiten sagte er mir vollkommen verblüfft: „Ich kann mir die gewalttätige Situation gar nicht erklären. Nach meinen Recherchen bin ich jetzt völlig davon überzeugt, dass Sie vor einem halben Jahr, ja noch am Ende des Jahres 2000, den endgültigen Frieden fast mit den Händen greifen konnten, ‚vous étiez à deux doigts de la paix' – sie waren eine Haaresbreite davon entfernt".

Nach mehr als fünfzig Jahren Kriegszustand, in dem sich Israel befindet, und nach aussichtslosen Friedensbemühungen standen wir also endlich vor dem Ziel der erträumten permanenten Lösung des Nahostkonflikts. Und was geschah? Plötzlich steckten wir erneut in einem Krieg, in einer Krise, in einer Spirale des Terrors und der Vergeltungsmaßnahmen, die überhaupt kein Ende in Sicht haben. Es ist wie ein Tunnel ohne Ausgang. Der Talmud würde diese Entwicklung als Sturz „vom höchsten Gipfel in den tiefsten Abgrund" nennen. Wie es sich für einen Philosophen gehört, stellte Bernard-Henri Levy die Frage nach den Ursachen der Krise. Beantworten konnte er sie nicht. Kurz danach verließ er das Land. Wir haben seine bewegende Rede gegen Jörg Haider auf dem Heldenplatz in Wien gehört, seinen Film über den Kosovo gesehen, seine Zeitungsartikel über Algerien gelesen und vieles mehr. Für das Dilemma hinsichtlich des Nahostkonflikts fand er keine Lösung. Wir Israelis können dieses Dilemma, das der Beobachter Bernard-Henri Levy so gut formuliert hat, nicht hinter uns lassen. Wir können nicht einfach abreisen und zu anderen Krisenherden aufbrechen, um sie zu analysieren. Wir müssen eine Lösung finden. Um zu einer Diagnose zu kommen, ist es notwendig, zunächst die tragische Entwicklung, die wir durchleben, zu betrachten. Aber die wenigsten sind bereit, nach logischen Erklärungen zu suchen und daraus Schlussfolgerungen zu ziehen.

Blind hinter dem Erlöser

In beiden Lagern, sowohl im israelischen als auch im palästinensischen, sind die meisten Menschen wie betäubt. Die Wahlen im Januar 2003 hatte, wie vorausgesehen, Ministerpräsident

Ariel Scharon wieder mit Überlegenheit gewonnen. Schon 2001 hatte er seinen Vorgänger Ehud Barak mit wehenden Flaggen und dem Versprechen besiegt, innerhalb kurzer Zeit für Frieden, Sicherheit und Wirtschaftswachstum zu sorgen. Zwei Jahre später saß er auf den Trümmern seiner Verheißungen. Während seiner Amtszeit häuften sich die Terroranschläge und noch nie haben die Israelis sich so unsicher gefühlt. Von den Hoffnungen auf Frieden blieb nur eine Fata Morgana, und die Wirtschaft befand sich im Absturz. Und dennoch wollten und haben die Israelis ausgerechnet diesen Mann, seine Mannschaft und Politik wieder gewählt.

Ebenso verhielten sich die Palästinenser. Sie wollten Jassir Arafat nicht aufgeben, obwohl er sein eigenes Volk jahrelang in die Irre geführt hat. Statt Friedensangebote zu akzeptieren oder sie zumindest als Ansatzpunkte zur Fortsetzung der Verhandlungen zu nutzen, hat er eine Intifada, einen Aufstand, einen Terrorkrieg entfesselt. Damit hat er nicht nur die Hoffnungen der Palästinenser auf eine Beendigung der israelischen Besatzung und auf die Erlangung der Unabhängigkeit zunichte gemacht, sondern auch die Errungenschaften der Jahre des Friedensprozesses, die mit der Unterzeichnung der Oslo-Verträge 1993 begonnen hatten, völlig zerstört. Anfang 2003 gab es kein Palästinensisches Autonomiegebiet mehr, keine selbständigen Behörden und die Infrastruktur lag in Schutt und Asche. Die Besatzung hat sich verschärft und die Lebensbedingungen sind erdrückend wie nie zuvor. Dennoch – gäbe es freie Wahlen in den palästinensischen Gebieten, würde Meinungsumfragen zufolge Arafat mit großer Überlegenheit gewinnen.

1940 zerfiel Frankreich vor den Augen seiner Bevölkerung, die diesen Tatbestand nicht fassen konnte; verhießen doch noch kurz zuvor die Schlagzeilen der Boulevardblätter: „Wir werden den Krieg gewinnen, ganz einfach weil wir die Stärksten sind". Doch nach einem kurzen Krieg von vier Wochen, in denen mehr als 100 000 französische Soldaten gefallen waren und eine noch größere Zahl verletzt und verstümmelt worden war, löste sich die Weltmacht in Luft auf, es gab beinahe kein Frankreich mehr. Der Greis, General Philippe Pétain, der von Charles de Gaulle schon 1925 als „senil" bezeichnet worden war, übernahm nun die Macht. Sehr schnell entpuppte er sich als machtloser Kollaborateur, als Marionette der französischen Faschisten. Die Nazi-Besatzer hätten sich keinen besseren Partner erhoffen können. Und dennoch konstatieren Historiker ein unter den gegebenen Umständen erstaunliches Verhalten der Mehrheit des französischen Volkes. In den ersten beiden Jahren des Vichy-Regimes, so ihre einstimmige Beobachtung, unterstützte die Mehrheit der Franzosen den Marschall bedingungslos. Wie ist das zu erklären? Der Zusammenbruch Frankreichs, so die Analyse der Historiker, habe die französische Bevölkerung betäubt. Sie sei wie gelähmt gewesen. Im ganzen Land raunten sich die Leute zu, man müsse dem ruhmreichen Feldherrn, der sie im Ersten Weltkrieg gerettet hatte, dem siegreichen Marschall vertrauen. Er werde schon wissen, was er tue und was zu tun sei. Man brauche Zuversicht. Wenn er mit Hitler kollaboriere, dann zweifellos nur scheinbar, um die Nazis zu täuschen. In Wirklichkeit bereite er hinter dem Rücken des deutschen Diktators einen Schlag vor, den die nichts ahnenden Besatzer noch zu spüren bekommen würden. Vor jedem offensichtlichen, gegenteiligen Beweis verschlossen die Franzosen stur die Augen. Ihr Glaube war größer als ihr Realitätssinn und es mussten zwei Jahre vergehen, bis sie allmählich aufwachten und verstanden, dass ihr Held und Vorbild sie in den Abgrund führte.

Im Vorfeld der Wahlen vom Januar 2003 verstanden die Israelis und Palästinenser sehr wohl, dass sie sich in einer unmöglichen Situation befanden, die ins Nirgendwo führt. Verzweifelt waren sie vor allem deshalb, weil sie keine Perspektiven auf eine Lösung hatten, weil sie davon ausgingen, dass es keine Alternative zur gegenwärtigen Politik gebe. So glaubte man auf israelischer Seite, man müsse dem alten Kriegsführer Scharon vertrauen. Er würde das Land zu führen wissen, sein Weg schien der einzig mögliche, der richtige zu sein. Man müsse kämpfen, sagte man sich, zurückschlagen, sich verteidigen oder gar Rache üben. Man könnte schon davon ausgehen, so die Annahme, dass der Kriegsheld an der Spitze sich etwas einfallen lassen, es genau und besser wissen werde, was dann zu tun sei. Enttäuscht, skeptisch und hoffnungslos, ja, wie betäubt, wählten die Israelis abermals Scharon.

Die enttäuschte Hoffnung

Wie aber ist es zu dieser verfahrenen Situation gekommen? Im Frühjahr 1999 wurde Ministerpräsident Benjamin Nethanjahu, der den Friedensprozess von Oslo in eine Sackgasse geführt hatte, von den israelischen Bürgern wütend abgewählt. Sein Herausforderer, der neue Chef der Arbeitspartei, der ehemalige Befehlshaber der israelischen Streitkräfte und Kriegsheld Ehud Barak, war, da er kein Charisma hatte, zwar nicht beliebt. Dennoch wählte ihn die Mehrheit der israelischen Bürger, da sein politisches Programm die einzige Alternative zu Nethanjahu darstellte. Seine Wahl war ein Sieg der Hoffnung auf Frieden. Aber nicht nur die Israelis blickten positiv in die Zukunft, sondern auch auf Seiten der Palästinenser gab es nach Jahren der Enttäuschung und Frustration große Erwartungen.

Ehud Barak, dessen Namen Blitz bedeutet, ist ein außergewöhnlich begabter, intellektuell brillanter Mensch. Er ist jedoch derart von seiner eigenen Intelligenz überzeugt, dass er glaubt, alles besser zu wissen und keine Ratschläge annehmen zu müssen. Er ist ein mutiger Mann und war bereit, Risiken einzugehen, seine Karriere aufs Spiel zu setzen. Er hatte sich vorgenommen, den Kriegszustand, in dem sich Israel seit seiner Unabhängigkeit ununterbrochen befunden hat, endgültig zu beenden, mit allen Nachbarn Frieden zu schließen, und er war bereit, den unvermeidlich schmerzlichen Preis dafür zu zahlen. Er versprach der israelischen Bevölkerung die Beendigung der Besatzung im Südlibanon und da er dies ernst meinte und alle davon überzeugen wollte, setzte er sich auch eine Frist. Innerhalb eines Jahres, so kündigte er an, werde er die Truppen abziehen, ohne die Sicherheit des Nordens des Landes, der in der Vergangenheit unablässig unter den Bombardierungen aus dem Südlibanon gelitten hatte, zu vernachlässigen. Im Rahmen einer Vereinbarung mit der libanesischen Regierung beziehungsweise mit deren syrischen Protektor wollte er den Südlibanon so weit wie möglich räumen. Im Falle, dass eine entsprechende Verhandlung mit dem Feind scheitern würde, wollte er seine Truppen dennoch einseitig aus dem Gebiet zurückziehen. Er war fest entschlossen, mit Syrien Frieden zu schließen und der Preis, den Israel dafür zahlen musste, war ihm völlig klar: Die Golanhöhen, die syrischen Gebiete, die Israel seit dem Krieg von 1967 besetzt hielt, sollten den Syrern zurückgegeben und die Siedlungen geräumt werden. Für einen Großteil der israelischen Bevölkerung war Baraks Entgegenkommen eine schmerzliche Aussicht, denn schließlich mussten sie die Golanhöhen in syrischen Händen als Bedrohung empfinden. Von dem Hochplateau aus ist der gesamte Norden des Landes zu überschauen und Israel wurde von diesem Ort in den 60er Jahren auch tatsächlich mehrfach angegriffen. Trotzdem wurde die Rückgabe dieses in strategischer Hinsicht wichtigen Gebietes von der Mehrheit akzeptiert. Nach diesem Schritt, so hatte es Barak geplant, wollte er mit den Palästinensern mit derselben Klarheit verhandeln – die Besatzung sollte beendet und die Siedlungen geräumt werden. Sogar die schwierigsten, da brisantesten und strittigsten Punkte, eine Regelung zur Frage Jerusalem sowie das „Rückkehrrecht" der Flüchtlinge sollten mit einbezogen werden.

Dennoch wuchs im ersten Jahr der Barak-Regierung die Enttäuschung und die Ungeduld der Palästinenser. Monatelang mussten sie mit ansehen, wie Ehud Barak sich vor allem mit Syrien beschäftigte und sie selbst vernachlässigte. Wie auch mancher seiner Vorgänger so gab Barak Syrien den Vorzug. Seit dem Friedensschluss mit Ägypten im Jahr 1979 bleibt Syrien der größte und gefährlichste unmittelbare Nachbar Israels. Sollte ein Friedensabkommen mit Syrien gelingen, hätte dies einen positiven Dominoeffekt. Man würde wahrscheinlich automatisch mit dem Libanon Frieden schließen, und Israel würde mit allen Nachbarstaaten, mit denen es eine Grenze teilt, in Frieden leben. Die Meinungsverschiedenheiten mit Syrien sind klar umrissen, sichtbar und greifbar. Es geht um ein von Israel besetztes Territorium, das wie im Falle Ägyptens oder Jordaniens zurückgegeben werden muss. Bei Syrien handelt es sich um einen Rückzug auf die internationale Grenzlinie, die noch vor der Errichtung des Staates Israel existierte. Sie wurde zunächst von den Franzosen und Engländern, den Eroberern des Nahen Ostens, am Ende des Ersten Weltkrieges gezogen und juristisch international anerkannt. Diese Grenze, die zwischen dem damaligen britischen Palästina, dem französischen Syrien und dem Libanon verlief, sollte nach einem UNO-Beschluss von 1947 zwischen Syrien und dem entstehenden Staat Israel bestehen bleiben. Nach dem Rückzug Israels dürfte es demnach keinen Disput mehr zwischen den beiden Ländern geben. Frieden mit Syrien würde automatisch auch das Problem mit dem Südlibanon lösen, nicht nur, weil die automatische Einleitung eines Friedensprozesses mit diesem Land folgen würde, sondern weil Syrien kein Interesse mehr daran haben würde, mithilfe des Libanon Druck auf Israel auszuüben. Zugleich würde auch Israel keine Notwendigkeit einer Truppenpräsenz im Südlibanon mehr sehen, da der Norden des Landes nicht mehr bedroht wäre.

Frieden mit Syrien würde die Verhandlungen mit den Palästinensern erheblich erleichtern. Sollten alle arabischen Nachbarn mit Israel in Frieden leben und die Palästinenser die einzige Ausnahme bleiben, so würde sie diese Situation ermutigen und dazu drängen, Kompromisse zu suchen und mit Israel eine Vereinbarung zu finden, die auf gegenseitigen Zugeständnissen beruht. Denn das Problem mit den Palästinensern ist ja wesentlich verwickelter und komplexer, als die gegenwärtigen Differenzen mit Syrien oder dem Libanon sowie auch die früheren, die mit Jordanien und mit Ägypten bestanden. Mit den Palästinensern gab es keine international anerkannte Grenze, auf die man sich zurückziehen müsste. In der Vergangenheit hatte es nie einen Palästinenserstaat gegeben. Die Gebiete, in denen dieser arabische Staat entstehen soll, sind für viele Israelis zumindest ein umstrittenes Territorium. Für Teile der Bevölkerung, wenn auch eine Minderheit, geht es um das historische Kernland des jüdischen Volkes, das man nicht aufgeben soll und darf, auf dem man jüdische Siedlungen bauen muss, um dem Volk den ewigen Besitz des „Verheißenen Landes" zu gewährleisten. Siedlungen befinden sich überall in den palästinensischen Gebieten, im Westjordanland wie auch im Gazastreifen. Ein großer Teil dieser Siedlungen, dies wusste und versprach Barak, würde geräumt werden, auch wenn dies auf Protest seitens der israelischen Bevölkerung stoßen würde. Einen Teil der Siedlungen wollte er dennoch behalten und annektieren, wenn mit den Palästinensern die erste Grenzlinie in der gesamten Geschichte zwischen den beiden Staaten gezogen würde. Hier sollten die Palästinenser Zugeständnisse machen, aber einen Ausgleich dafür bekommen. Diese Verhandlungen, das wusste der Ministerpräsident, würden keineswegs einfach sein. Doch nach einem Friedensschluss mit Syrien und dem Libanon wären die Palästinenser isoliert und sie würden unter diesen für sie schwierigen Umständen flexibler sein. Aber auch die Israelis wären beweglicher, da ihr Existenzrecht in einem befriedeten Nahen Osten nicht mehr bedroht wäre und sie sich endgültig akzeptiert fühlten. Aus diesem Grund hieß es für Barak: Syrien zuerst, anschließend die Räumung des besetzten Südlibanons und dann die Lösung des Problems mit den Palästinensern.

Dass Barak 1999 Hoffnungen haben konnte, eine Verständigung mit dem syrischen Präsidenten Hafis al-Assad zu finden, erscheint heute fast verwunderlich. Hatten denn nicht alle israelischen Regierungschefs seit den 70er Jahren, in denen die erfolgreichen Verhandlungen mit dem ägyptischen Präsidenten Sadat stattfanden, die Hoffnung gehegt, auch mit Assad eine Einigung erzielen zu können – und war nicht einer nach dem anderen daran gescheitert? Dennoch steht rückblickend fest, dass es diesmal eine berechtigte Aussicht auf Erfolg gab, denn Barak war gewillt, substantielle Zugeständnisse zu machen. Zwar waren auch seine Vorgänger Shimon Peres und Itzhak Rabin, ja sogar Benjamin Nethanjahu bereit dazu gewesen, aber diesmal waren die Amerikaner davon überzeugt, dass Assad schon so weit war, einen Vertrag zu unterzeichnen, dessen Vorbild der Friedensschluss mit Ägypten aus dem Jahr 1979 sein sollte. Die Unterschiede zwischen den Positionen Syriens und Israels Anfang 2000 waren nur noch minimal. Ehud Barak war bereit, alle besetzten Gebiete des Kontrahenten, nämlich die Golanhöhen, zurückzugeben, die Siedlungen zu räumen und sich auf die ursprüngliche internationale Grenze zurückzuziehen. Doch Assad verlangte mehr. Allgemein ist es den wenigsten bekannt, dass nicht nur Israel von den arabischen Nachbarn Gebiete erobert hat. Auch Syrien hatte israelisches Land erobert, nämlich im Krieg 1948 und erneut 1952 im Verlauf kleiner Scharmützel. Als Israel 1967 die Golanhöhen einnahm, hatte es natürlich auch diese kleinen verlorenen Teile seines Landes zurück gewonnen. Barak war bereit, den Syrern alle ihre ursprünglichen Gebiete zurückzugeben, nicht aber die, die Syrien 1948 und 1952 erobert hatte. Assad aber wollte all das Land zurück, das er vor 1967 besessen hatte, genau wie der ägyptische Präsident Anwar as-Sadat alle Gebiete zurück wollte, die er im Krieg von 1967 verloren hatte. Der Unterschied zwischen dem Verlauf der beiden Grenzen ist mit bloßem Auge kaum erkennbar, denn der Abstand zwischen ihnen beträgt nur ein paar hundert Meter. Dennoch hat er eine entscheidende Bedeutung, da er die Beherrschung der Wasservorräte in der Region beeinflussen kann.

Trotz dieser Meinungsverschiedenheiten zwischen den beiden Kontrahenten und angesichts der Bereitschaft der Syrer, die israelischen Bedingungen für Frieden und Sicherheitsmaßnahmen prinzipiell zu akzeptieren, ging der amerikanische Präsident Bill Clinton im März 2000 davon aus, dass die beiden Regierungschefs und Erzfeinde schon reif waren, einen Frieden zu schließen. Er war deshalb bereit, eigens nach Genf zu fliegen, um dort Assad zu treffen. Clinton hatte sich zu diesem Schritt entschieden, weil er nach einem Gespräch mit dem syrischen Außenminister in Washington zu der Schlussfolgerung gekommen war, dass die marginalen Meinungsverschiedenheiten zwischen Barak und Assad ausgebügelt werden könnten. Doch das Treffen am 27. März 2000 sollte sich als eine große Enttäuschung erweisen. Ein glücklicher Clinton unterbreitete dem immerwährend verkrampften Assad seine Analyse der Situation und erklärte, dass nun, nachdem Syrien dies und jenes akzeptiert habe und Israel das andere, der Frieden greifbar sei. Daraufhin erwiderte Assad scheinbar erstaunt: „Welche Gründe haben Sie anzunehmen, dass ich akzeptiere, was sie mir eben unterbreitet haben? Wenn Sie meinen, dass ich zustimmen werde, liegen sie falsch." Der verblüffte Clinton schaute in Richtung des syrischen Außenministers und sagte: „Ich habe das kürzlich von Ihrem Außenminister gehört." „Mein Minister hat nie etwas in dieser Richtung geäußert", antwortete Assad und sein erbleichender Außenminister blieb stumm. Weder die Amerikaner noch die Israelis konnten die Umkehrung der syrischen Position verstehen. Erst im Nachhinein stellte sich heraus, dass Assad zu diesem Zeitpunkt bereits wusste, dass er nur noch kurze Zeit zu leben hatte und dass nun seine vordringliche Mission und sein höchster Ehrgeiz darin bestand, für seinen Sohn die Nachfolge an der Macht sicherzustellen. Er wusste, dass sowohl der Frieden mit Israel als auch die Erzwingung der Präsidentschaft seines

Sohnes auf großen Widerstand stoßen würde – nicht unbedingt bei der syrischen Bevölkerung, aber in Regierungs- und Militärkreisen. Wahrscheinlich dachte er, dass ein kranker Mann in der kurzen Zeit, die ihm noch verbleiben würde, nicht an beiden Fronten kämpfen könnte. Drei Monate nach seinem Tod, am 10. Juni 2000, und seitdem sein Sohn das Präsidialamt „geerbt" hat, sind alle Verhandlungsmöglichkeiten mit Syrien im Sande versickert. Anscheinend hat der junge Baschar al-Assad bei weitem noch nicht die Zügel so fest in der Hand wie sein Vater und ist von der alten Garde des versteinerten Regimes abhängig. Vorausgesetzt, dass er selbst überhaupt eine Friedenspolitik akzeptieren will, wird man jedenfalls noch lange warten müssen, bis er sich diese leisten kann.

Mit dem Scheitern der ein Jahr lang andauernden geheimen, unmittelbaren Verhandlungen mit Syrien stand Barak plötzlich vor einem zerbrochenen Krug. Kein Frieden mit Syrien bedeutete auch keinen Frieden mit dem Libanon und keine Vereinbarung für den friedlichen Rückzug aus diesem Land. Indes hatte diese Besatzung des Südlibanon für Israel nie die gleiche Bedeutung wie zum Beispiel die des Westjordanufers. Es war kein umstrittenes Territorium, Israel hatte nie Ansprüche auf libanesisches Land erhoben, selbst nicht auf den geringsten Teil. Der einzige Grund für die Besatzung waren Verteidigungsmaßnahmen. Die Dörfer und Städte des israelischen Nordens waren in der Vergangenheit von unterschiedlichen Terror-Gruppen, die ihren Standort im Südlibanon hatten, des Öfteren beschossen worden. Zunächst, als sich Arafat noch im Libanon aufhielt, wurden die Palästinenser, danach die Islamisten, besser bekannt als Hisbollah, von den Ajatollahs im Iran aufgehetzt und von ihnen, mit Erlaubnis des syrischen Protektors, bewaffnet. Sollte Israel, so erklärte jede israelische Regierung, das besetzte libanesische Territorium räumen, werde dies erst dann geschehen, wenn eine verantwortliche Regierung die Macht in diesem Gebiet übernähme und den Terroristen Einhalt gebieten würde. Dazu wäre die libanesische Regierung mittels ihrer Streitkräfte in der Lage, oder die unmittelbare Protektoratsmacht Syrien. Als die von Barak erhoffte Vereinbarung mit Syrien nicht zustande kam, beharrte er erstaunlicherweise dennoch auf seinem Wahlversprechen, „innerhalb von einem Jahr, mit oder ohne Vereinbarung, den Südlibanon zu räumen". Ein Jahr nach seiner Amtsübernahme befahl er den widerwilligen Streitkräften, sich zurückzuziehen, in der Hoffnung, dass alle Betroffenen – sowohl die syrische, als auch die libanesische Regierung und selbst die Hisbollah – diesen Schritt nicht als Schwäche interpretieren, sondern als ein Zeichen des guten Willens anerkennen würden. Denn weiteren Angriffen auf israelische Städte und Dörfer im Norden des Landes würde eine neue Besatzung folgen. Das haben bisher auch alle Beteiligten sehr genau verstanden. Allerdings blieb Barak noch immer mit dem palästinensischen Problem konfrontiert, ohne von der erhofften friedlichen Atmosphäre, die zur Entwirrung dieses Dilemmas beigetragen hätte, profitieren zu können.

Jassir Arafat und die Palästinenser waren Ehud Barak bekannt. Am Anfang seiner Amtszeit hatte er als Ministerpräsident mit den Palästinensern verhandelt, und zwar in einer positiven Stimmung. Doch die damals optimistische Atmosphäre verschlechterte sich bald wesentlich. Die Palästinenser setzten nach drei Jahren Nethanjahu-Regierung auf Barak, als er im Frühjahr 1999 den Posten des Ministerpräsidenten übernahm. Ihre Hoffnungen wurden zunächst von den ersten Verhandlungen mit ihm beflügelt. Doch dann mussten sie monatelang frustriert mit ansehen, wie Ehud Barak mit den Syrern zu verhandeln versuchte – sie fühlten sich in den Schatten gestellt. Für ihre Enttäuschung gab es mehrere Gründe: Die Beziehungen zwischen dem syrischen Regime und Jassir Arafat waren schon seit geraumer Zeit schlecht und Syrien unterstützte die Feinde des PLO-Chefs im palästinensischen Lager. Zudem verabscheuten die Syrer die Osloer Verträge. Darüber hinaus war den Palästinensern klar, dass eine Einigung zwischen Israel und Syrien die Schwächung ihrer eigenen Position in den Verhandlungen bedeutete, ein Fakt, der die Stimmung unter den Palästinensern nicht gerade verbesserte. Das Allerschlimmste aber war, dass die Palästinenser während dieser langen Wartezeit feststellen mussten, dass ausgerechnet die aus der linksliberalen Arbeitspartei bestehende Barak-Regierung den Siedlungsbau im Westjordanland in einer derart intensiven Weise unterstützte, wie es bisher niemand – nicht einmal die rechtskonservative Likud-Regierung – getan hatte. Wie aber konnte eine israelische Regierung einen ehrlichen Frieden mit den Palästinensern glaubhaft anstreben, einen Frieden, der einen Rückzug aus den besetzten Gebieten und die Räumung der Siedlungen bedeutete, wenn sie genau das Gegenteil forcierte?

Tatsächlich hatte das Friedenslager in Israel, zu dem Barak gehörte, selbst kein Verständnis für dessen Siedlungspolitik, mit der er die Strategie seiner Gegner aus dem rechten Lager fortsetzte. Auf diese Frage ist bis heute keine eindeutige und klare Antwort zu geben. Gleich nach der Bekanntgabe von Baraks Wahlsieg gab es eine Massenversammlung und Kundgebung auf dem Rabinplatz, dem größten Platz in Tel Aviv. Zweitausend Leute bejubelten den neuen Premier und den angekündigten Anbruch der Friedensepoche enthusiastisch. Sie riefen vehement gegen eine Koalition mit den Rechtsextremisten und vor allem mit den Ultraorthodoxen auf. Doch was geschah? Ehud Barak bildete sehr schnell eine Koalition nicht nur mit der gemäßigten Merez-Partei, sondern auch mit der großen ultraorthodoxen Schas- und mit der rechtsradikalen orthodoxen Mafdal-Partei, die das Anliegen der Siedler vertritt. Seine Absicht war, diese Teile der Bevölkerung so lange wie nur möglich an ihn zu binden, um damit genug Spielraum für die Verhandlungen mit den Nachbarländern zu haben. Auf diese Weise, so glaubte er, würde er möglichst wenig Opposition und Aufregung in der israelischen Bevölkerung entfachen. Es war ihm bewusst, dass seine extremistischen Koalitionspartner im Falle eines Kompromisses mit den Nachbarn letzten Endes abtrünnig werden würden, was später auch tatsächlich eintrat. Selbst innerhalb der Koalition hielten die Vertreter des rechten Lagers nicht still, und sie konnten auch nicht ruhig bleiben, weil ihre Anhänger zunehmend Druck auf sie ausübten, nachdem ihnen bewusst geworden war, dass der Regierungschef auf Gebiete verzichten wollte. Deshalb agierte Barak wie ein Dompteur im Zirkus, der seine nervös werdenden Raubtiere beruhigen will, indem er ihnen Fleischstücke zuwirft: Immer wieder gab er den Rechten nach, genehmigte den Bau weiterer Siedlungen und stellte dafür finanzielle Mittel zur Verfügung. Die Siedler indessen sahen darin eine Möglichkeit, vorerst von dieser Strategie zu profitieren, sie stärkten sich vor Ort und schufen mit Neubauten im Westjordanland unumkehrbare Tatsachen. Ihr Plan war, Barak zu torpedieren, wenn die Zeit gekommen sein würde, in der er tatsächlich Zugeständnisse in die Tat umsetzen und Siedlungen abbauen wollte. Später stellte sich dann heraus, dass sie diesen Pokerkrieg gewonnen haben.

Im Juni 2000, nachdem Barak von den Syrern und Libanesen enttäuscht worden war, und bevor er sich an die Palästinenser wandte, zog er die Armee fast ohne Vorwarnung aus dem Südlibanon zurück. Er hielt den Rückzug bis zur letzten Minute geheim, da man der Hisbollah keine Chance geben wollte, sich zu organisieren und anzugreifen. Dies hatte aber auch die tragische Folge, dass aufgrund fehlender Unterrichtung der mit Israel verbundenen libanesisch-christlichen Miliz diese nicht darauf vorbereitet war, ihre eigenen Leute zu verteidigen, die daraufhin fliehen mussten und Eigentum und Landbesitz verloren. Trotz dieser „Kollateralschäden" hat die israelische Bevölkerung es sehr begrüßt, dass die Besatzung aufgegeben wurde, und zwar weil sie längst unpopulär geworden war und nicht etwa, weil die eigenen Truppen bei ihrem Rückzug keine Verluste erlitten. Bei den späteren Verhandlungen erwies sich dann überraschenderweise, dass Israels freiwillige Aufgabe des Südlibanons von der palästinensischen Gegenseite nicht unbedingt positiv gedeutet wurde. Doch darauf soll an späterer Stelle noch eingegangen werden.

Mit dem Rückzug aus dem Südlibanon gewann Barak neue Rückenstärkung seitens der eigenen Bevölkerung. Dies auch deshalb, weil er bewiesen hatte, dass er Wort hielt, sein Wahlversprechen respektierte und beharrlich versuchte, seine Pläne umzusetzen. Er war bereit gewesen, weitgehende Zugeständnisse zu machen. Wenn es ihm nicht gelang, mit Syrien Frieden zu schließen, dann, so die allgemeine Ansicht, war das nicht seine Schuld, denn schließlich hatte er den Südlibanon wie versprochen geräumt, selbst gegen den Willen der widerstrebenden Generäle. Und unmittelbar danach hatte er sich ohne Umschweife um Verhandlungen mit den Palästinensern bemüht.

Schon bei den ersten Treffen mit den Palästinensern machte Ehud Barak deutlich, dass es sein Ziel war, die Krise ein für alle mal zu lösen. Das war nicht ganz im Sinne der Gegenseite. Als Jassir Arafat und seine PLO zum ersten Mal mit den Israelis Verhandlungen führte, die 1993 in die Oslo-Verträge mündeten, war ihnen genau wie den Israelis klar, dass das palästinensische Problem nicht mit dem ägyptischen vergleichbar war. Israel und Ägypten verhandelten zwischen 1977 und 1979 nach einem Muster, das sich 1994 mit Jordanien und dann mit Syrien wiederholte: Alle Meinungsverschiedenheiten und Kontroversen auf den Tisch legen und so lange verhandeln, bis weißer Rauch aufsteigt, das heißt, bis man eine alle zufrieden stellende Lösung gefunden und Frieden geschlossen hat. Mit Ägypten und Jordanien hat dies tatsächlich funktioniert. Doch die Probleme zwischen den Israelis und den Palästinensern sind erheblich komplizierter, heikler und brisanter. Beide Völker sind miteinander verflochten, sie kennen keine historischen Grenzen zwischen sich und leben somit auf umstrittenem Territorium. Auch in gesellschaftlicher Hinsicht, im Alltagsleben, sind sie nicht einfach voneinander zu trennen. Da sind nicht nur die Siedlungen im Herzen des palästinensischen Territoriums, sondern auch über eine Million israelische Staatsbürger arabischer Herkunft, die sich selbst als „israelische Palästinenser" bezeichnen und fast zwanzig Prozent der gesamten Bevölkerung Israels ausmachen. Sie sind größtenteils Moslems und generell treue israelische Bürger, aber emotional sind sie eng mit ihren palästinensischen Brüdern verbunden. Sowohl den Israelis als auch den PLO-Spitzenpolitikern war von Anfang an bewusst, dass sie diesen Gordischen Knoten nicht mit einem Hieb durchtrennen können. Beiden Kontrahenten haben begriffen, dass sie vorsichtig vorgehen, schrittweise Lösungen finden und sehr behutsam das abgrundtiefe Misstrauen abbauen müssen. Demzufolge haben sie einen allmählichen Friedenprozess ins Leben gerufen. Die großen Zeremonien der Abkommensunterzeichnungen in Kairo und in Washington waren keine Besiegelung des endgültigen Friedens, sondern vielmehr feierliche Absichtserklärungen. Einer der ersten Schritte des Friedensprozesses war die Einrichtung einer Palästinensischen Autonomiebehörde, keine souveräne Behörde, sondern lediglich eine Selbstverwaltung eines kleinen Teils der besetzten Gebiete. Es ging um den Gazastreifen und um Jericho, eine kleine Stadt im Westjordanland. Allmählich sollte diese Autonomie auf weitere Teile des besetzten Gebietes ausgeweitet werden. Als Shimon Peres die Feierlichkeiten in Kairo und Washington beobachtete, als er den Jubel der Palästinenser in den besetzten Gebieten und mit Überraschung die Freude bei der Mehrheit der Israelis wahrnahm, witzelte er darüber und sagte, dass sich der Nahe Osten nicht wirklich nach den Regeln eines Filmes aus der amerikanischen Traumfabrik verhielte. Ein Hollywood-Movie erzählt eine lange Geschichte, gelegentlich eine tragische, schmerzliche Geschichte, vielleicht über einen Krieg, vielleicht über eine unglückliche Liebe, aber in jedem Fall fügt es sich in den letzten Minuten zu einem so genannten „Happy End". Im Nahen Osten, scherzte Peres, drehe man den

Film rückwärts, er begänne mit dem „Happy End" und die Schwierigkeiten kämen erst nach der Lösung. Er selbst ahnte zu diesem Zeitpunkt keineswegs, wie Recht er haben sollte.

Der allmähliche Friedensprozess war von Anfang an nicht eindeutig erfolgreich. Es gab Erfolge, die Palästinensische Autonomie wurde tatsächlich allmählich erweitert, die Zusammenarbeit zwischen den israelischen und den neuen palästinensischen Behörden, selbst zwischen den Sicherheitsbehörden beider Seiten, nahm an Umfang und Bedeutung zu. Das Misstrauen aber wurde nur mühsam und stückweise abgebaut. Seitens der Palästinenser gab es nie die Macht noch den Willen, den extremistischen, terroristischen Gruppierungen das Handwerk zu legen. Seitens der Israelis gab es vorerst nicht den Mut, die Siedlungen einzudämmen oder sie gar zu räumen und wenn überhaupt, zumindest „nicht vor Ende des allmählichen Friedensprozesses".

Die Nethanjahu-Regierung zerfiel Ende 1998, nachdem sie im Rahmen des schrittweisen Friedensprozesses mit den Palästinensern Vereinbarungen über einen weiteren Rückzug aus dem Westjordanland unterzeichnet hatte, diesen aufgrund der bitteren Opposition aus dem eigenen rechten Lager aber nur teilweise in die Tat umsetzen konnte. Vor allem erwarteten die Palästinenser von Barak nach seinem Sieg über Nethanjahu 1999, dass er als ersten Schritt die Verpflichtung seines Likudvorgängers endlich respektiere. Überrascht und enttäuscht waren sie, wenn nicht gar verbittert, als Barak diese Erwartungen unerfüllt ließ. Barak wollte den mühsamen, verfehlten, allmählichen Friedensprozess beenden. Dabei hatte er doch versprochen, innerhalb eines bestimmten Zeitraums alle Probleme vollkommen und endgültig zu lösen. In Syrien erwiesen sich seine Bemühungen vorerst als ein Fehlschlag, im Libanon hatte er es geschafft, aber nicht in der Art und Weise, wie er es wollte. Nun kam der harte Kern des Nahostkonflikts, die Regelung mit den Palästinensern, und hier wollte er erfolgreich sein. „Vergessen Sie die kleinen

Schritte", sagte er in einer Ansprache an die Palästinenser, „wir werden eine Pauschalverhandlung führen, alle Probleme erörtern, alles aushandeln, um die Fehde zwischen uns endgültig zu begraben". Die Palästinenser waren frustriert, weil ihre Interessen zugunsten der Verhandlungen mit Syrien zurückgestellt wurden und skeptisch angesichts der Siedlungsbaumaßnahmen in den Gebieten. Sie empfanden die neuerlichen Äußerungen Baraks eher als eine Täuschung. In Wirklichkeit, dachten sie, wolle er ihnen das Land, das ihnen nach den letzten Verträgen legal und juristisch zustand, nicht aushändigen. So begannen die Verhandlungen zwischen der israelischen Regierung und der Palästinensischen Autonomiebehörde weder in guter, noch in hoffnungsvoller Atmosphäre – die Unterhändler waren argwöhnisch. Dennoch hatten die Palästinenser keine Alternative. Denn auch wenn sie sich Sorgen machten um die Stimmung in ihrer eigenen Bevölkerung, so wussten sie, dass ihr Verhandlungspartner von Regierungschef Barak überzeugt war. Die Israelis hielten an der Hoffnung fest, dass er ein ehrlicher Makler sei und tatsächlich eine echte, glaubwürdige Lösung finden und umsetzen wollte. Und in der Tat hatte er das Ziel, den Prozess rasant zu beschleunigen.

Um einen Durchbruch zu ermöglichen, verfolgte Barak seit Beginn des Sommers 2000 die Strategie einer direkten Inangriffnahme der Probleme. Die einzige Möglichkeit, den Erfolg zu sichern, sah er in ununterbrochenen Verhandlungen zwischen den Führungsspitzen beider Seiten. Er drängte Bill Clinton, die beiden Kontrahenten aus dem Nahen Osten nach Amerika einzuladen, um sie dort mit ihren Beratern so lange wie nötig zu isolieren. Der amerikanische Präsident sollte selbst an den Gesprächen teilnehmen, um den Prozess zu beschleunigen, damit ein endgültiger Vertrag ausgehandelt werden konnte.

Der Abrutsch

Wenige Wochen zuvor war Shimon Peres Gast bei einem Abendessen bei mir zu Hause in Tel Aviv. Der kleine Kreis der Geladenen bestand ausschließlich aus Freunden des Ehrengastes, der zu Beginn außergewöhnlich stumm und offensichtlich in Gedanken vertieft war. Schließlich fragte ihn ein Freund, was er denn habe, er erzähle doch sonst immer gern und viel, unterbreite Analysen der Situation, während man heute gar nichts von ihm höre. „Ich mache mir Sorgen", antwortete Peres, „große Sorgen. Ich fürchte, dass wir in eine Katastrophe geraten." Auf die Frage nach dem Grund seiner Befürchtungen sagte er: „Barak hat einen verrückten Plan. Er will den Palästinensern über 95 Prozent des Westjordanlands anbieten und einen Großteil der Siedlungen räumen. Sogar in puncto Jerusalem will er Zugeständnisse machen und auf Teile der ‚wiedervereinigten ewigen Hauptstadt' Israels zugunsten der Palästinenser verzichten." Alle schwiegen erstaunt. Zu diesem Zeitpunkt hatte noch niemand geahnt, dass Barak so weit gehen würde. Peres Voraussage erschien unglaubwürdig. Ein anderer Gast fragte ihn, ob er Einwände gegen eine solche Lösung habe. „Nein, keineswegs", sagte Peres, „sie ist genau richtig und am Ende werden wir auch so handeln – irgendwann. Mir macht Baraks Taktik Sorgen, es ist nicht klug, wie er verhandelt. In aller Welt muss man die Lösung einer komplizierten Situation lange und sehr vorsichtig, mit viel Empfindsamkeit vorbereiten. Und besonders in unserer Lage, die sehr kompliziert ist, ist ein solches Vorgehen unverzichtbar. Gerade wir müssen behutsam vorgehen. Selbst wenn Gewerkschaften einen Streik ausrufen, die Arbeitnehmer Meinungsverschiedenheiten mit den Vertretern der Unternehmerseite haben, gibt es lange und mühsame Verhandlungen. Beide Seiten wissen zwar im Voraus, wie der Kompromiss letzten Endes aussehen wird. Trotzdem müssen sie sich auseinandersetzen und lange taktieren, um eine Lösung zu finden. Erst nach einigen schlaflosen Nächten können sie es sich leisten, am Morgen übernächtigt und mit geröteten Augen aus den verrauchten Räumen aufzutauchen, um einen Kompromiss zu verkünden, den sie sich schon im Voraus vorgestellt hatten. Im Nahen Osten muss man nicht nur besonders lange und achtsam verhandeln, man muss feilschen. Jeder Tourist weiß, dass er handeln muss, wenn er auf einem nahöstlichen Basar einen Gegenstand erwerben will. Es wäre ein Fehler, den ursprünglich verlangten Preis zu zahlen. Nicht nur, weil der Preis zu hoch angesetzt ist und er es erheblich billiger bekommen könnte, sondern weil der Verkäufer sein Gesicht verliert, wenn ihm umgehend gezahlt wird, was er verlangt hat. Dies ist keine Frage des Geldes, sondern ein kulturelles ‚Must'. So wie Barak sich bei den Verhandlungen mit den Palästinensern aufführt, kann der Friedensvertrag nicht gelingen, seine Strategie wird unmittelbar in eine Sackgasse und letzten Endes zur Katastrophe führen." Von Peres Erklärung zeigte sich keiner meiner Gäste überzeugt. Zunächst ahnte damals noch niemand, wie weit Barak zu gehen bereit war. Zweitens war es kein Geheimnis, dass die Beziehungen zwischen Barak und Peres schlecht waren, so dass seine Äußerungen als Bitterkeit gegenüber seinem Parteigenossen, mit dem er zerstritten war, ausgelegt wurden. Als wir uns Monate später an das Gespräch mit Peres erinnerten, empfanden wir seine Worte fast als Prophezeiung.

Die Art und Weise, wie Barak das Treffen, die Verhandlungen im isolierten amerikanischen Camp David betreiben wollte, bereitete auch seinen engsten Freunden und Beratern Sorgen. Seine treuesten Anhänger versuchten ihn dazu zu überreden, eine Alternative zu finden, falls der endgültige Friedensschluss nicht gelingen sollte. Aber er wollte davon überhaupt nichts hören und kein Sicherheitsnetz in Betracht ziehen. Er war von seinem Vorhaben und dessen Erfolg vollkommen überzeugt und wollte seine weitreichenden und unerwarteten Zugeständnisse sofort auf den Tisch legen, war sogar bereit, Tabus zu brechen, vor allem was Jerusalem betraf. Bis dato galt die Wiedervereinigung Jerusalems als unantastbarer Fakt und von einer Wiederaufteilung der Stadt zu sprechen, würde allgemein als Sakrileg betrachtet. Barak aber war zu all dem bereit und ging davon aus, dass ihn weder seine Koalition noch das Parlament unterstützen würde. Sollte er dank der Zugeständnisse aber eine glaubwürdige Vereinbarung mit den Palästinensern erzielen, würde er zweifellos die Unterstützung der Bevölkerung gewinnen. Ganz selbstverständlich ging er davon aus, dass die Palästinenser sein Angebot nicht ablehnen könnten. Zunächst würden sie vielleicht versuchen, noch mehr zu bekommen, aber letzten Endes würden sie keine Alternative haben als seine Zugeständnisse zu akzeptieren, da ihnen nie zuvor derartig weitreichende und großzügige Offerten gemacht worden waren.

So verhielt Barak sich auch, als er Präsident Clinton sein Angebot für einen Frieden mit Syrien unterbreitete. Er war vollkommen davon überzeugt, dass die Syrer es sich keineswegs leisten könnten, seine Vorschläge abzulehnen. Die negative Erfahrung seiner Verhandlungstaktik hatte dennoch keinen Einfluss auf sein Denken in Bezug auf die Palästinenser. Barak berechnete im Voraus alles. Er dachte, er wisse einerseits was für Israel vollkommen unverzichtbar sei, andererseits welche Zugeständnisse sich sein Staat werde leisten können, auch wenn sie schmerzten. Genau so glaubte er, sich auch die palästinensische Position ausrechnen zu können. Natürlich müsste die Gegenseite ebenfalls Zugeständnisse machen, das ist die Natur eines Kompromisses. Er glaubte beurteilen zu können, was für die Palästinenser unentbehrlich sei und worauf auch sie verzichten könnten. Er kam möglicherweise gar nicht auf den Gedanken, dass ihm nicht zusteht, die Positionen der Palästinenser zu bestimmen, noch ihre Gefühle zu bewerten, denn er ist ein eigensinniger und nicht gerade selbstkritischer Mensch.

Der Berufssoldat, tapfere Frontoffizier mit höchsten Auszeichnungen, ein Mann von überragender Intelligenz, dem man überall und in allen Etappen seiner Karriere eine glänzende Zukunft voraussagte, war dennoch der Mann, der nur durch einen Zufall den Vorsitz der Arbeitspartei und mit noch mehr Glück die Wahlen zum Ministerpräsidenten gewonnen hatte. 1996 verlor Premier Shimon Peres die vorgezogenen Wahlen gegen einen jungen und unerfahrenen Spitzenpolitiker des Likud-Blocks – Benjamin Nethanjahu. Die Meinungsumfragen hatten Peres einen glänzenden Sieg vorausgesagt, an dem er nicht im Geringsten zweifelte. Aber nach erschreckenden palästinensischen Terroranschlägen in Großstädten, unter anderem in Bussen und Cafés, kippte die Stimmung in der israelischen Bevölkerung und der Hardliner Nethanjahu gewann die Wahlen. Die Niederlage wirkte auf die Arbeitspartei, die innerhalb eines halben Jahres einen zweiten Verlust zu erleiden hatte – am 4. November 1995 wurde ihr Premier Itzhak Rabin von einem Attentäter ermordet –, wie ein Erdbeben. Die Mitglieder forderten eine grundsätzliche Erneuerung, die Bereitschaft für eine unbekannte Führungsspitze war vorhanden. In dieser Atmosphäre konnte sich Ehud Barak bis in die ersten Ränge durchschlagen und fast konkurrenzlos den Parteivorsitz gewinnen. Er begann sofort sich auf die Wahlen des Ministerpräsidenten vorzubereiten, der damals noch direkt gewählt wurde. Der kalte, einsame Intellektuelle, der sich nur mit größten Schwierigkeiten dazu überwinden konnte, zwischenmenschliche Beziehungen zu entwickeln und zu pflegen, führte eine Wahlkampagne, die seine Berater und Freunde als katastrophal empfanden. Und dennoch wurde er mit großer Mehrheit im Frühjahr 1999 gewählt und besiegte seinen Konkurrenten Nethanjahu. Die Konsequenzen, die er aus dieser Erfahrung zog, bestärkten ihn in seinen Überzeugungen, alles besser zu verstehen als der normale Durchschnittsbürger. Dabei verkannte er, dass er seinen Sieg nicht seiner Überzeugungskraft zu verdanken hatte, sondern der einfachen Tatsache, dass die Israelis Nethanjahu überdrüssig waren. Aus diesem Grund hätten sie sich auch für jeden anderen Spitzenkandidaten der Arbeitspartei entschieden. Knapp zwei Jahre später, als Scharon die Wahlen gegen Barak gewann, verhielt es sich genauso. Auch damals hätte jeder Kandidat der Opposition die Wahlen gewinnen können, weil die Bevölkerung Barak unbedingt abwählen wollte. Der glänzende Intellektuelle Barak war ein Besserwisser, er hatte nie viel Verständnis und wenig Geduld mit anderen Menschen. Innerhalb kurzer Zeit zerstritt sich der Gewinner der 1999er Wahlen mit seiner eigenen Partei und mit dem größten Teil seiner Mitarbeiter. Dabei weiß jeder gewiefte Politiker, dass die Unterstützung aus den eigenen Reihen unentbehrlich ist, die eigene Partei ist der Ast, auf dem er sitzt. Auch mit seinen Koalitionsparteien, den Orthodoxen und Rechten aber auch mit der gemäßigten Merez-Partei, die seine Friedensbemühungen bedingungslos unterstützte, zerstritt er sich, als es politisch noch gar nicht nötig war.

Ein derartiger Charakter konnte kein gutes Omen für die Verhandlungen in Camp David sein. Als die Kontrahenten sich durch Vermittlung des Gastgebers Bill Clinton im Juli 2000 am Verhandlungsort trafen, waren schon dadurch die Voraussetzungen nicht gut. Die Palästinenser waren widerwillig gekommen, unter Druck der Amerikaner. Ihrer Meinung nach waren die Verhandlungen nicht gut vorbereitet worden, und sie waren über die negative Stimmung in ihrer Bevölkerung besorgt. Sie befürchteten, dass ihnen eine Falle gestellt werde – die Israelis würden ihnen ein Diktat unterbreiten und Clinton würde sie darin voll unterstützen. Barak betrachtete es als überflüssig, persönliche Beziehungen mit den Palästinensern zu entwickeln, mit Jassir Arafat schon gar nicht; er legte keinen Wert darauf, eine gute Gesprächsatmosphäre herzustellen. Er wollte „Tacheles" reden, sachliche Angebote machen, ohne Nettigkeiten auszutauschen.

Die Verhandlungen wurden nicht unmittelbar zwischen Barak und Arafat geführt, sondern zwischen den Beratern beider Seiten, die im Grunde genommen keine endgültigen Entscheidungen treffen konnten. Die Palästinenser wollten feilschen und gingen davon aus, dass man, wie in jeder Verhandlung mit Maximalpositionen beginnen würde, um sich hinterher auf Kompromisse einlassen zu können. Die Israelis unterbreiteten den Palästinensern auch nicht sofort alle Zugeständnisse, mit denen Barak sich schon abgefunden hatte. So legten sie zum Beispiel Landkarten vor, die gewiss nicht die endgültigen sein konnten, die aber die Palästinenser verärgerten. Insbesondere Arafat fühlte sich von Barak brüskiert und gedemütigt.

Camp David war trotz aller Bemühungen der Amerikaner ein Fehlschlag. Das bedeutete aber nicht, dass die Verhandlungen zu diesem Zeitpunkt endgültig gescheitert waren. Es gab noch weitere Treffen zwischen Barak und Arafat, eines davon fand im Oktober 2000 auf Vermittlung und unter Teilnahme der damaligen amerikanischen Außenministerin Madeleine Albright in der US-Botschaft in Paris statt. Sogar eine Zusammenkunft zwischen Spitzenpolitikern sowie Arafat und Barak in dessen Privathaus in Kochav Yair, nordöstlich von Tel Aviv, gab es. Es war ein Treffen, das als erfolgreich galt, weil es in guter Atmosphäre verlief, und an dem auch Clinton teilweise via Telefon teilnahm. Im Dezember 2000 und auch einen Monat später fanden in der ägyptischen Hafenstadt Taba intensive Verhandlungen statt, in denen weitere, entscheidende Fortschritte erzielt wurden, obwohl weder Arafat noch Barak persönlich daran teilnahmen. Im Verlauf dieser Verhandlungen legte Bill Clinton einen weitgehenden detaillierten Kompromissplan vor, den zumindest die Israelis prinzipiell akzeptierten, obwohl er zugunsten der Palästinenser noch weiter ging als das Angebot von Ehud Barak.

Taba stellte sich für viele Beobachter als ein absurdes Theater dar. Von den 120 Abgeordneten, die es im israelischen Parlament gibt, standen gerade noch 30 hinter Barak. Das war schon keine Minderheitskoalition mehr, das war in Wirklichkeit eine Regierung, die so gut wie keine Unterstützung mehr vom Parlament bekam. „Wir haben eine undemokratische Regierung, die illegitime Verhandlungen führt", protestierte die Opposition.

Wenn Barak dennoch in der Lage war, weiter zu regieren und sogar das Schicksal der Nation – und das ist keine Übertreibung – auszuhandeln, so hatte dies zwei Gründe. Laut Israels damaligem Wahlrecht wurde der Ministerpräsident unmittelbar von der Bevölkerung gewählt, ähnlich wie es sich bei der Präsidentenwahl in den Vereinigten Staaten und Frankreich verhält. Insofern erhielt Barak seine Legitimation vom Volk und nicht vom Parlament. Obwohl die Mehrheit im Parlament die Verhandlungen mit den Palästinensern zu diesem Zeitpunkt nicht unterstützte und vermutliche Zugeständnisse ablehnte, ging Barak davon aus, dass die Bevölkerung hinter ihm stehen würde, sobald sie einen glaubwürdigen Friedensvertrag vor Augen hätte. Die Meinungsumfragen gaben ihm diesbezüglich tatsächlich Recht. Dennoch standen die Verhandlungen in Taba Ende des Jahres unter ziemlichem Druck, die Bedingungen unterschieden sich fundamental von denen in Camp David im Juli 2000. Die Amtszeit von Clinton näherte sich ihrem Ende, dem Präsidenten, der den Friedensprozess leidenschaftlich unterstützt hatte, standen nur noch wenige Wochen bis zum 20. Januar 2001 zur Verfügung. Auch Barak würde sechzehn Tage später, also am 6. Februar, vor neuen Wahlen stehen und Meinungsfragen ergaben, dass er sie mit Sicherheit verlieren würde. Kein Wunder, dass einer der bedeutendsten palästinensischen Unterhändler einem Journalisten auf die Frage zum Stand der Dinge mit dem geringschätzigen arabischen Ausdruck antwortete: „Das Ganze ist nicht mehr als ‚charta-barta'", also ein nicht ernst zu nehmendes Geschwätz. Diese Bemerkung, die in Israel sofort Schlagzeilen machte, erschwerte die Bemühungen von Taba, weil er den Eindruck des absurden Theaters vor allem in den Augen vieler Israelis noch verstärkte. Zudem war zu diesem Zeitpunkt die zweite Intifada mit tagtäglicher Gewalt und Terroranschlägen schon in vollem Gange. Kurz, die Zeit für eine Lösung des Nahost-Konflikts war offensichtlich verstrichen. Und nachdem Barak am 6. Februar 2001 die schlimmste Niederlage der gesamten israelischen Wahlgeschichte erlitt, kam der Friedensprozess endgültig zum Stillstand. Hätte Taba überhaupt Erfolg haben können? Unterhändler beider Seiten sind davon überzeugt, dass ihnen nur noch wenige Wochen gefehlt haben, um eine Einigung zu erzielen. Die Meinungsverschiedenheiten waren so marginal, dass man kaum noch verstehen kann, wieso man Krieg, Terror und Leiden dem Frieden vorgezogen hat. Es gibt noch einen weiteren zu berücksichtigenden Aspekt, um die Frage, ob es wirklich nur noch ein Problem von Tagen oder Wochen war, beantworten zu können. Barak ging davon aus, dass die eigene Bevölkerung hinter einem Abkommen mit den Palästinensern stehen werde. Die Meinungsumfragen vom Dezember 2000 stützten seine These, ob sie jedoch drei Monate später genauso positiv ausfallen würden, war mehr als fraglich. Kurz vor den Wahlen war die israelische Bevölkerung so desillusioniert von dem Alltagsterror der palästinensischen Selbstmordattentäter, dass sie Taba für ‚charta-barta‘, Geschwätz, hielten und die Glaubwürdigkeit der Friedensverhandlungen ernsthaft bezweifelten. Ziemlich unklar war auch, ob Arafat die Zugeständnisse seiner Unterhändler überhaupt gebilligt hätte. Das große Problem der israelischen Delegation war stets, dass sie nie wusste, ob ihre sachlichen und sympathischen palästinensischen Gesprächspartner, mit denen sie stundenlang sprachen, tatsächlich die Vollmacht ihres Präsidenten hatten. Dies wurde oft in Zweifel gezogen, da die Gegenseite widersprüchliche Haltungen präsentierte, sobald man nicht mehr gemeinsam an einem Tisch saß. Vor allem aber wusste kein Mensch, ob Arafat, selbst wenn er seinen Unterhändlern Vollmacht erteilt hatte seine Positionen zu vertreten, nicht im Nachhinein seine Meinung ändern würde. In der Vergangenheit, insbesondere im Jahr 2000, hatte der PLO-Chef häufig Kehrtwendungen vollzogen, was dazu führte, dass Barak, zunächst im kleinen Kreis und später in der Öffentlichkeit regelmäßig wiederholte, dass Arafat in seinen Augen seine Glaubwürdigkeit völlig verloren habe.

Die Friedensverhandlungen mussten in jeder Hinsicht als ein absurdes Theaterstück erscheinen: Es verhandelte eine israelische Regierung ohne parlamentarische Rückendeckung und anscheinend auch ohne Unterstützung der eigenen Bevölkerung mit einer palästinensischen Delegation, die ein Volk vertritt, das einen grausamen Terrorkrieg gegen die israelische Zivilbevölkerung entfesselte und deren Regierungschef, freundlich ausgedrückt, sehr wankelmütig ist.

Das Ende des Friedensprozesses

Am 6. Februar 2001 wählte eine überwältigende Mehrheit der Israelis Ehud Barak wutentbrannt ab, womit sie auch ihren Protest gegen Jassir Arafat demonstrierte. Die vorherrschende Meinung in der Bevölkerung war: Wenn der PLO-Chef alle unsere Angebote und auch die des amerikanischen Präsidenten ablehnt und mit Terror erwidert, dann wollen wir ihn nicht mehr als Gesprächspartner dulden. Mit der Abwahl der Arbeitspartei, die den Ehrgeiz hatte, mit Arafat Frieden zu schließen, machen wir deutlich, dass wir diesen Gesprächspartner sowie Kontakte oder gar eine Zukunft mit ihm vollkommen ablehnen.

Seit diesen Wahlen analysieren Experten in Israel das Scheitern der Friedensverhandlungen und versuchen zu verstehen, warum Arafat die Ouvertüren Baraks und Clintons nicht aufgenommen und genutzt hat. Die verschiedenen Unterhändler der Barak-Regierung rechtfertigen sich ununterbrochen. Sie halten Vorträge, schreiben Artikel und Bücher mit der mehr oder weniger verschleierten Absicht zu erklären, dass nicht sie daran schuld waren, dass aus den großen Hoffnungen ein Scherbenhaufen geworden ist. Aus dem Lager Arafats ist zu vernehmen, dass die israelischen Angebote bei weitem nicht ausreichend gewesen seien. In der Tat gab es verschiedene Phasen der israelischen Angebote. Andere erklären, wie sehr Barak die Palästinenser insgesamt und insbesondere Arafat brüskiert und beleidigt habe. All dies aber erklärt eines nicht: Wenn man mit Angeboten unzufrieden und von dem Kontrahenten nicht begeistert ist, wieso versucht man dann nicht, die unterbreiteten Thesen zu widerlegen und verlangt weitere Verhandlungen? Warum lehnt man die Angebote des Gegners in einer scheinbar endgültigen Art und Weise ab und erwidert sie mit Gewalt? Für den israelischen Durchschnittsbürger war die Antwort auf dieses Rätsel eindeutig: Die Palästinenser wollen überhaupt keinen Frieden mit uns schließen, wollen die Existenz Israels nicht hinnehmen und haben sich grundsätzlich nie mit ihr abgefunden. Sie haben, sagte der Mann auf der Straße, die weitgehend unerwarteten Zugeständnisse der israelischen Regierung abgelehnt, ja sie wollten nicht einmal zur Kenntnis nehmen, dass man in Israel bereit war, schmerzhafte Schritte zu gehen und sogar Tabus zu brechen wie in der Frage der Stadt Jerusalem. Stattdessen erwidern sie unser Entgegenkommen mit Terror, und zwar nicht nur in den besetzten Gebieten gegen Siedler oder Besatzungssoldaten, sondern sie ermorden im Kernland Israel unschuldige Zivilisten. Daraus zog die Mehrheit der israelischen Bevölkerung den Schluss, dass man ihren Staat schlicht und einfach vernichten und das jüdische Volk aus dem Nahen Osten vertreiben wollte. So einfach kann man es sich mit der Beurteilung der Lage allerdings nicht machen, auch wenn die vorherrschende Meinung der Israelis verständlich ist, weil sie der Enttäuschung, Hoffnungslosigkeit und Verzweiflung entspringen. Aber um eine neue Zukunft gestalten zu können, muss man die Vergangenheit tiefer und umfassender analysieren und dies, völlig emotionslos, in einer nüchternen Art und Weise.

Hat Jassir Arafat die Vorschläge Ehud Baraks wirklich nur zurückgewiesen, weil er angeblich beleidigt wurde? Wenn das zutreffen würde, stellt sich die Frage, warum er kurz nach dem Scheitern in Camp David im Oktober 2000 die Verhandlungen mit ihm in Paris fortgesetzt hat. Und wieso hat er ihn kurz danach in seinem Privathaus in Kochav Yair besucht? Und warum hat er die Verhandlungen in Taba wochenlang gelotst oder zumindest geduldet? Dass Arafat unter dem eigenwilligen Charakter Baraks gelitten hat, ist klar. Dass dies aber der Grund gewesen sein soll, alles zerfallen zu lassen, leuchtet nicht ein. Wer das Agieren des Politikers Arafat im Vergleich zum Handeln des Kämpfers Arafat beobachtet hat, musste zu der Schlussfolgerung kommen, dass der PLO-Chef kein echter Staatsmann ist. Ben Gurion sagte einmal, es gäbe folgenden Unterschied zwischen einem Politiker und einem Staatsmann: Der erstere denke an die nächsten Wahlen, während der letztere für die nächste Generation sorge. Ein Staatsmann weiß, dass er, um Beschlüsse von historischer Bedeutung zu fassen, Risiken – auch persönliche – eingehen muss. Wenn man eine Weichen stellende Entscheidung für die Zukunft fällt, muss man davon ausgehen, dass dies ein schmerzlicher Prozess ist, der fast immer zu Spaltungen in der eigenen Bevölkerung führt, wenn nicht gar zum Bürgerkrieg.

Der ehemalige deutsche Bundeskanzler Konrad Adenauer war ein Staatsmann, der in die Zukunft blicken konnte. Dass er bereit war, in Hinblick auf zukünftige Generationen schmerzhafte Entschlüsse zu treffen, bewies er bei der Gründung der Bundesrepublik Deutschland. Für dieses Ziel ist er große Risiken eingegangen und zahlte zunächst einen hohen Preis. Er machte sich stark für eine deutsche Republik in nur einem Teil Deutschlands, dem westlichen, und zwar einen Staat mit eingeschränkter Souveränität, der sich unter der Besatzung der Alliierten beziehungsweise der ehemaligen Feinde befand. Darüber hinaus war er bereit, auf einen Teil Deutschlands, die russische Besatzungszone, zu verzichten und eine feindliche Grenze, die Deutschland teilte, hinzunehmen. Er war sogar bereit, den Kalten Krieg, die Bedrohung von Seiten des sowjetischen Reiches in Kauf zu nehmen. Adenauer verfuhr nicht nach dem „Alles oder Nichts"-Prinzip, sondern er sah wie ein klarsichtiger Staatsmann voraus, dass die Bundesrepublik zu einem späteren Zeitpunkt die volle Souveränität erlangen würde. Seine Zustimmung zu den Verträgen mit den Besatzungsmächten war bei der deutschen Bevölkerung unpopulär, dennoch setzte er sich durch und machte einen Anfang für weitere Optionen. Ebenso weitsichtig erwies er sich, als er die ersten Schritte zur Versöhnung mit dem jüdischen Volk erzwang und 1952 die „Wiedergutmachungs"-Verträge mit dem Staat Israel unterzeichnete, Verträge, die nur 14 Prozent der Deutschen widerwillig akzeptierten.

Als General Charles de Gaulle 1940 die Legitimität der Petain-Regierung, die vom französischen Parlament bestätigt und vom Volk unterstützt worden war, in Frage stellte und sie bekämpfte, wusste er, dass dies zweifellos zum Bürgerkrieg führen würde. Tatsächlich bekämpften französische Soldaten schon bald die französische Armee im Libanon, im Senegal, in anderen Ländern Afrikas und schließlich auch in Frankreich. Dennoch rettete der General nicht nur die Würde Frankreichs, sondern stellte auch die Unabhängigkeit und den Großmachtstatus Frankreichs wieder her. Tatsache ist, dass die Amerikaner 1944 die Absicht hatten, Frankreich als Besatzungszone zu behandeln. Sie hatten sogar schon gedruckte Besatzungsbanknoten, die ‚occupation francs‘, mit sich gebracht. Auch dieser Herausforderung hat de Gaulle, nachdem er innerhalb der französischen Bevölkerung an Ansehen gewonnen hatte, unter großen Risiken die Stirn geboten. Als er 1958 wieder an die Macht kam, erzwang er das Ende des Algerienkriegs. Damit löste er einen Bürgerkrieg unter den Franzosen in Algerien und eine Rebellion des Hauptquartiers der Streitkräfte, sowie eine Reihe von Attentaten auf sein Leben aus. Dennoch ist er unerschütterlich geblieben im Beharren auf seinem Plan, mit dem er Frankreich letztendlich wieder einmal rettete.

Auch der englische Premier Winston Churchill war 1940 in einer kritischen Lage. Viele britische Kollegen, Berater und Freunde versuchten vergeblich, ihn zu einem Kompromiss mit

Hitler zu drängen. Der Diktator war auf die eine oder andere Art Herrscher über den größten Teil Europas, verfügte über eine Militärmacht, der gegenüber die englische Armee veraltet und zwergenhaft aussah. Wäre es nicht vernünftiger gewesen, irgendeinen Kompromiss mit ihm zu schließen, anstatt allein und völlig isoliert gegen die Wehrmacht anzutreten, zumal die englische Bevölkerung den Krieg nicht favorisierte? Churchill schreibt in seinen Memoiren, dass die Vollversammlung der Studentenschaft der Universität Oxford kurz vor dem Krieg einen deutschen Studenten eingeladen hatte, eine Rede über das Dritte Reich zu halten; ein Vortrag, der natürlich reine Nazipropaganda war und infolge dessen von der Leitung der Universität unterbrochen wurde. Die unzufriedenen Studenten votierten danach fast einstimmig für einen Beschluss, der lautete: „Wir, die Jugend Englands, schwören uns zu weigern, Vaterland und König zu verteidigen."

„Little did those silly boys know that soon they were going to prove to be the finest young generation of England's history" *(Diese albernen Jungen hatten keine Ahnung davon, dass sie sich bald als die beste junge Generation in der Geschichte Englands erweisen würden),* kommentierte Churchill. Edouard Daladier, der französische Regierungschef, der zusammen mit seinem englischen Kollegen Neville Chamberlain 1938 die beschämenden Beschwichtigungs-Verträge von München mit Hitler und Mussolini unterzeichnete, beschreibt in seinen Erinnerungen die Gefühle, die er hatte, als er seine Unterschrift gab. Er selbst habe die größten Hemmungen gehabt, Hitler derartig nachzugeben, die Tschechoslowakei zu verraten und damit die Appeasement-Politik zu besiegeln. Bedrückt sei er nach Paris zurückgeflogen, wo er am Flughafen von jubelnden Menschen begrüßt wurde. Die Franzosen, die zwar stolz über ihren Sieg, aber vom ersten Weltkrieg erschöpft waren, den sie keinesfalls wiederholen wollten, empfingen Daladier, der ihnen den so genannten Frieden brachte, wie einen Helden. Auf den Fotos von seiner Ankunft sieht man Daladier, wie er mit verkrampftem Gesicht der jubelnden Bevölkerung gegenüber steht. Und tatsächlich kann man in seinen Memoiren nachlesen, wie schockiert und besorgt er über die Freude seiner Landsleute war. „Die Franzosen verstanden nicht, was da geschah", schrieb er. „Was ich ihnen brachte, war weder ein Sieg noch ein Frieden." Und dennoch wurde Daladier gefeiert und konnte seine politische Macht in Frankreich verstärken. Dem klarsichtigen Churchill war es 1940 bewusst, dass es im besten Fall nur einen kurzfristigen Kompromiss mit den Nazis geben konnte, und dass Hitler mittelfristig das kompromissbereite England wie eine reife Frucht in die Hände fallen würde. Er stand allein gegen ganz Europa, da alle Länder von Deutschland erobert oder mit ihm verbündet waren, und entschied sich für Widerstand, indem er bereit war, ohne Unterstützung von Verbündeten Krieg gegen Hitler zu führen. Er zeigte sich als ein echter Staatsmann, der seine Freunde zu brüskieren, seine Beliebtheit in der Bevölkerung in Frage zu stellen bereit war, um im Gedenken an die nächste Generation sein schwieriges Vorhaben allen negativen Vorzeichen zum Trotz durchzusetzen. Er ging die größten Risiken in der gesamten englischen Geschichte ein, hat aber sein Land, sein Volk, möglicherweise sogar die ganze Welt gerettet.

1947 hat David Ben Gurion den Teilungsplan Palästinas, den die Vereinten Nationen verabschiedeten, akzeptiert. Er blieb hart und unerschütterlich gegenüber den rechten und nationalistischen Extremisten in seinem Lager, die sich vehement weigerten, auf die heiligen und bedeutendsten Teile im biblischen Kernland des jüdischen Volkes auf ewig zu verzichten.

Es ging damals aber nicht um eine harmlose parlamentarische Opposition, sondern um Untergrundbewegungen, die ursprünglich gegen die englische Besatzungsmacht kämpften. Nachdem der Staat Israel unabhängig geworden war, entstand aus der größten dieser bewaffneten Gruppierungen, der „Hagana" (Verteidigung), die nationale Armee. Die kleine Untergrundbewegung „Etzel", deren Befehlshaber Menachem Begin war, verweigerte die Integration in die israelische Armee. Sie wollte autonom bleiben und mit eigenen Waffen und mit eigener Kommandostruktur gegen die arabischen Invasoren kämpfen, die Israel unmittelbar nach der Staatsgründung angriffen, weil sie das jüdische Land im Keim ersticken wollten.

Als „Etzel" ein Schiff namens ‚Altalena' mit Waffen und vielen freiwilligen Kämpfern aus dem Ausland nach Israel brachte, beschloss Ben Gurion, es zu beschießen, obwohl er Kämpfer und Waffen dringend brauchte, um sich gegen die Araber zu verteidigen. Er handelte so, weil es sich kein souveräner Staat erlauben kann, auf seinem Boden unabhängige, bewaffnete Gruppierungen zuzulassen. Dabei hätten die Waffen und Kämpfer in der äußerst kritischen Lage, in der sich der embryonale israelische Staat zu diesem Zeitpunkt angesichts der Angreifer aus allen Nachbarstaaten befand, überaus nützlich sein können. Aufgrund seiner Entscheidung bezichtigten ihn seit 1948 seine Gegner aus der Likud Partei jahrzehntelang des Verrats, es sei ein Verbrechen, jüdische Kämpfer zu beschießen. Interessanterweise sagen heute dieselben Leute, die Ben Gurion damals kritisierten: „Solange Machmud Abbas seine eigene ‚Altalena' hat, kann er für uns kein glaubwürdiger Gesprächspartner sein." Ben Gurion jedenfalls war bereit, im Rahmen seines politischen Plans, der Israel anhand von Zugeständnissen zur Unabhängigkeit geführt hat, die größten und unpopulären Risiken einzugehen.

Aus diesem Stoff scheint Jassir Arafat nicht gemacht zu sein. Als Gründer der Fatah-Bewegung, als Freiheitskämpfer wie auch als Terrorist, der sogar neue terroristische Methoden erfunden hat, machte er sich verdient. Als Politiker, der auch in seinem eigenen Lager zu taktieren verstand, ist er sicherlich schlau. Für seine Bevölkerung wurde er zu einem Symbol, sogar zu einer historischen Gestalt. Das sind zweifellos seltene Eigenschaften. Dennoch war Arafat nie ein echter Staatsmann. Schicksalhafte Entscheidungen, die für sein Volk und dessen Geschichte richtungweisend und von historischer Bedeutung waren, hat er nur selten gefasst – bis auf einige Ausnahmen. Dazu gehört sein Statement in Algerien 1988, mit der er das Prinzip der Koexistenz zwischen einem israelischen und einem palästinensischen Staat akzeptierte. Seine Entscheidung, in Oslo gemeinsam mit den Israelis nach einem Kompromiss zu suchen, ist ein weiteres Beispiel dafür. Aber sobald er große Risiken eingehen musste, versagte er. Schon bei der ersten feierlichen Unterzeichnung der Osloer Verträge in Kairo 1993 erschien er zögernd, unsicher und unentschieden. Es ging damals um ein Abkommen, das er mit Hilfe seiner Mitarbeiter erarbeitet hatte. Die Verabschiedung in Kairo war eigentlich nur noch eine offizielle Zeremonie, um den schon besiegelten Vertrag in Gegenwart der Amerikaner, Europäer, Russen und vor allem des jordanischen Königs und des Gastgebers, des ägyptischen Präsidenten Hosni Mubarak, zu unterzeichnen. Nachdem die Staatsoberhäupter und Außenminister, der israelische Partner, vertreten durch Ministerpräsident Itzhak Rabin und Außenminister Shimon Peres, unterschrieben hatten, entfernte sich Arafat vom Tisch, zögerte und konnte sich nicht überwinden, das Dokument zu unterzeichnen. Erst nachdem Mubarak ihn wütend beschimpft hatte, sogar mit der vulgären Beleidigung ,Sohn einer Hündin', gab er widerwillig nach und unterzeichnete. Warum hat er gezögert? Es ging doch um einen Vertrag, den er selbst ausgehandelt und infolge dessen auch akzeptiert hatte. Die Verträge bedeuteten einen großen Fortschritt für ihn, seine Bewegung und sein Volk, denn sie beinhalteten die Entstehung eines Palästinenserstaates. Aber wie jeder Vertrag, den man mühsam verhandelt, war auch der Osloer Vertrag ein Kompromiss. Zugeständnisse können einen nicht in jedem Punkt zufrieden stellen, weil niemand alles bekommt, was er sich erträumt hat.

Der Nachfolger Ben Gurions im Amt des israelischen Regierungschefs war Levi Eschkol, ein gutmütiger Mann und Liebhaber von Kompromissen. Weil er als Pragmatiker immer nach

Lösungen suchte, hatte er sich in Israel zu Unrecht den Ruf eines unentschiedenen Politikers erworben. Unter den Witzen, die man sich über ihn erzählte, lautet einer:

Frau Eschkol bereitet sich auf einen Empfang in der Residenz des Ministerpräsidenten vor. Sie macht sich Sorgen über ihre Garderobe und fragt ihren Mann, den Regierungschef: „Was meinst du Levi, soll ich Schuhe mit hohen Absätzen oder mit flachen Absätzen tragen?" „Was ist denn der Unterschied", fragt ihr Mann, etwas zerstreut. „Mit hohen Absätzen bin ich eleganter", sagt die Gattin. „So zieh' doch die mit hohen Absätzen an", erwidert der Ministerpräsident. „Aber dann werden meine Füße schmerzen, denn auf diesem Empfang werde ich doch sehr lange stehen müssen." „Dann zieh doch Schuhe mit flachen Absätzen an." „Ja, aber", jammert Frau Eschkol, „die sehen so unelegant aus." „Na gut", erwidert ihr Mann beschwichtigend, „dann trag doch den einen Schuh mit hohem Absatz und den anderen mit einem flachen." „Wie bitte? Dann werde ich doch hinken." „Was erwartest du?", antwortet Eschkol, „hast du jemals einen Kompromiss erlebt, der nicht hinkt?"

Als Witz funktioniert diese Geschichte. Im Alltag jedoch wissen wir, dass es gerade die Kompromisse sind, die nicht hinken, weil sie eine Lösung bieten. Jassir Arafat empfand dies aber offensichtlich nicht so. In Oslo befürchtete er, dass ein Teil der Palästinenser den ausgehandelten Kompromiss nicht hinnehmen werde. Was würde dann geschehen? Sollte er die Akzeptanz mit Gewalt erzwingen? Die Israelis gingen tatsächlich davon aus, dass Arafat seine Politik, seine Vision, seine Kompromisse und Verträge umsetzen und vor seinem Volk vertreten würde, wenn nötig auch mit Gewalt. Sie vertrauten darauf, dass der PLO-Chef etwas leisten könne, wozu eine Besatzungsmacht nicht in der Lage ist: Er würde die Oppositionellen, die Extremisten, die Terroristen, die von ihm unabhängigen bewaffneten Gruppierungen in seinem eigenen Lager zähmen, unterdrücken und letztendlich überwältigen – auch wenn sich die Methoden, die er dabei würde anwenden müssen, ein demokratisches Land nicht erlauben könnte. Doch Arafat, so glaubte man auf israelischer Seite, wäre gezwungen zu handeln, allein um seine Macht, seine Souveränität, ja, sein Überleben zu sichern. Man ging davon aus, dass in den palästinensischen Gebieten, die laut den Osloer Verträgen autonom verwaltet würden, Ordnung und Einstimmigkeit herrschen werde. Dieses Bild sollte sich als Illusion herausstellen, die Wirklichkeit sah anders aus. Arafat war in der Vergangenheit bereit gewesen, als Anführer extremistischer Gruppen sogar außerhalb seines Kriegsgebiets Terror anzuwenden, Anschläge auf neutralem Boden auszuüben – sogar in Ländern wie beispielsweise der Bundesrepublik, die nicht in den Nahostkonflikt verwickelt waren. Doch im eigenen Lager wandte er nur sehr selten Gewalt an. Als in den 70er und 80er Jahren palästinensische Extremisten mehrfach Spitzenmitarbeiter von Arafat ermordeten, hat er nicht zurückgeschlagen, er war nicht fähig, in seinem eigenen Lager aufzuräumen. Aus seiner Sicht waren die Extremisten ja keine Terroristen, sondern Freiheitskämpfer, die sich gegen die israelischen Aggressoren verteidigten und nicht mehr kämpfen würden, sobald der jüdische Staat ausgelöscht wäre. Dies haben die Israelis ganz schlicht übersehen, sie zogen Arafats Verhalten in der Vergangenheit nicht in Betracht und kamen deshalb zu der falschen Annahme, dass er in den autonomen Gebieten, in denen er die Macht übernehmen würde, für ‚Ruhe und Ordnung‘ sorgen werde. Arafat war nicht bereit, seine Politik mit allen Mitteln durchzusetzen, so wie es Adenauer, de Gaulle, Churchill und Ben Gurion getan haben. Er war zögerlich, er war kein Staatsmann, sondern ein Politiker, der aus opportunistischen Gründen lavierte. Mehrfach, im Verlauf der Verhandlungen im Jahr 1993, wie auch später in anderen Phasen des Friedensprozesses, ließ er die Bemerkung fallen: „Wenn ich Ihre Angebote akzeptiere, wird dies das Ende meines Lebens sein." Ein Satz, der zeigt, dass er kein Charles de Gaulle war, der sein Leben riskierte, um Ziele zu erreichen, von denen er glaubte, dass sie seinem Volk langfristig nutzen würden – obwohl zu seinen Lieblingsaussprüchen de Gaulles Algerien-Formel „Frieden den Tapferen" gehörte.

Weder in Camp David im Juli 2000 noch im Oktober desselben Jahres in Paris sowie in Taba Ende 2000 und Anfang 2001 war Jassir Arafat bereit, sich auf einen Kompromiss mit dem Nachbarn einzulassen und die bewaffnete Opposition im eigenen Land mit Gewalt niederzuschlagen. Die Angst vor unpopulären Zugeständnissen war sicherlich das Hauptmotiv für seine Ablehnung von Bill Clintons und Ehud Baraks Angeboten. Im Laufe der Verhandlungszeit beriet er sich mehrfach mit führenden arabischen Politikern. Er sprach mit dem ägyptischen Präsidenten Hosni Mubarak und mit dem jordanischen König Abdallah. Mittels Boten beriet er sich mit den Saudis und mit vielen anderen. Bei der strittigen Frage, die die Zukunft der Stadt Jerusalem und insbesondere des Tempelbergs betraf, hätte er wie Barak Zugeständnisse machen müssen: De facto, so das Angebot, könnten Palästinenser die für Juden und Moslems heilige Stätte, den Haram Al-Scharif, weiterhin verwalten; juristisch sollte er unter geteilter Souveränität bleiben. Diese empfindliche Frage bereitete Arafat besonders große Sorgen, weil er damit rechnete, wütende Proteste von der fundamentalistisch-muslimischen Opposition zu bekommen. Deshalb wollte er sich Rückendeckung von der arabischen Welt verschaffen, was ihm aber nicht gelingen konnte. Denn für jeden arabischen Politiker hatten Zugeständnisse, die das islamische Heiligtum auf dem Tempelberg betrafen, Schwierigkeiten mit Teilen der eigenen Bevölkerung zur Folge. Die arabischen Oberhäupter hatten es nicht nötig, diese Risiken einzugehen, schließlich ging es bei der Lösung dieser Frage nicht um ihr Schicksal, sondern um das der Palästinenser. Deshalb wiesen sie Arafats Aufforderung, sich auf seine Seite zu stellen, zurück mit der Begründung, es sei seine Sache, die nur von seiner Entscheidung abhängig sein sollte. Das hat den zögerlich taktierenden Arafat nicht veranlasst, entschiedener zu sein. Dennoch geben weder Baraks überhebliches Verhalten noch Arafats Unentschiedenheit eine zufrieden stellende Antwort auf die Frage nach den Ursachen des Scheiterns des Friedensprozesses. Oft hieß es, dass Scharons Besuch auf dem Tempelberg im September 2000 der Grund für den Ausbruch der zweiten Intifada gewesen sei. Nach dem Scheitern der Verhandlungen in Camp David, in denen die Zukunft des muslimischen wie auch des jüdischen Heiligtums eine große Rolle gespielt hatte, musste der Besuch eines israelischen Hardliners aus palästinensischer Sicht als Provokation empfunden werden. Scharon selbst vertrat die Position, dass es keinen Grund gebe, ihm den Zutritt zum Tempelberg zu verbieten, da dieser auch eine heilige Stätte der Juden sei und er darüber hinaus unter israelischer Souveränität stünde. Seine politischen Gegner behaupteten, er habe mit dieser Aktion zwei Ziele verfolgt: seinen Herausforderer Nethanjahu auszustechen sowie Baraks Friedensprozess zu torpedieren. Vor diesem Hintergrund ist es zunächst unverständlich, warum der damalige Regierungschef Ehud Barak Scharons Besuch – trotz aller Warnungen – genehmigte und mit einem 1000 Mann starken Polizeiaufgebot unter Schutz stellte; eine Entscheidung, mit der er die Provokation noch verschärfte. Doch Barak war durch die gescheiterten Camp-David-Verhandlungen so geschwächt, dass er jegliche Konfrontation mit religiösen oder nationalen Fundamentalisten vermeiden wollte. Der Zusammenstoß zwischen der israelischen Polizei, die auf Steine werfende Araber mit Gewehrkugeln reagierte, war absehbar. Dass dieses Blutvergießen der Auslöser für die zweite Intifada war, steht fest – doch dass er deren Ursache war, ist unwahrscheinlich. Man führt keinen dreijährigen grausamen Terrorkrieg wegen eines einzigen Vorfalls, und sei er noch so aufwühlend. Hätte es nicht diesen Auslöser gegeben, so hätte man garantiert einen anderen gefunden. Denn zu diesem Zeitpunkt saßen beide Völker schon auf einem Pulverfass.

Die bisherigen Erklärungen reichen nicht um zu verstehen,

aus welchen Gründen ein Volk, dem man mit ernsthaften und weitreichenden Angeboten entgegenkommt, dem Terror den Vorzug gibt. Wenn man den Palästinensern sorgfältig zuhört, wenn man die internen Debatten, die offiziellen Vorträge in arabischer Sprache innerhalb der palästinensischen Kreise akribisch verfolgt und zwischen den Zeilen liest, erfährt man, dass die Gründe für das Scheitern des Friedensprozesses, das in der zweiten Intifada gipfelte, bei weitem nicht nur im psychologischen, emotionalen und persönlichen Bereich zu suchen sind. Hinter der Ablehnung der Verträge standen, wenn auch nicht hauptsächlich, rationale Motive.

Wie bereits erwähnt, beharrte Ehud Barak auf seinem ursprünglichen Beschluss, den Südlibanon freiwillig ohne Gegenleistung zu räumen. Dies setzte er auch ohne Wenn und Aber kurz vor der Camp-David-Konferenz, also im Juni 2000, in die Tat um. Der Rückzug seiner Truppen wurde jedoch von den Palästinensern als Schwäche interpretiert. Sie sahen in Baraks Bereitschaft, seine Versprechen beharrlich und ungeachtet aller Schwierigkeiten umzusetzen, keineswegs ein Zeichen der Stärke. Sie nahmen seine Kompromissbereitschaft nicht zur Kenntnis, sondern meinten, dass Barak und die Israelis schwache Nerven hätten. Dem Druck der Guerilla, so hieß es in palästinensischen Kreisen, und den Angriffen der islamistischen Hisbollah-Bewegung im Libanon könnte die militärische Supermacht Israel nicht standhalten. Die Israelis hätten zwar eine große Armee mit den modernsten Waffen und mit unbegrenzter Feuermacht, aber sie seien verweichlicht und verwöhnt. Sie seien ein kleines Volk, das keine Gefallenen verkraften könne. Aus diesen Analysen zogen palästinensische Strategen den Schluss, dass die Israelis sich auch auf Dauer aus dem Westjordanland und dem Gazastreifen zurückziehen würden, genauso wie sie es im Südlibanon getan hatten. Man müsse nur hart bleiben, man brauche gar keine Vereinbarung, Kompromisse oder irgendwelche Zugeständnisse, unter dem Druck des Terrors würde die Besatzungsmacht schon aufgeben. Mit dieser Haltung taktierte Arafat; eine Intifada, so glaubte er, könnte letzten Endes erheblich günstiger sein als Verhandlungen.

Ein weiteres Ereignis, das die Palästinenser zu einer zögerlichen Haltung gegenüber Verhandlungen veranlasste, waren die Ereignisse im ehemaligen Jugoslawien. Seit Beginn seiner militärischen und politischen Tätigkeit vertraten Arafat wie auch die meisten palästinensischen und anderen Araber die Ansicht, dass der Nahostkonflikt nur durch einen vom Ausland diktierten Weg zu lösen sei. Eine erzwungene Lösung bedeutete nach ihrer Interpretation, dass man mit Israel nicht verhandeln, den Staat somit nicht anerkennen musste und auf diese Weise Spannungen innerhalb der eigenen Bevölkerung vermied. Vor allem aber war man fest davon überzeugt, dass ein vom Ausland erzwungener Kompromiss den Arabern und später den Palästinensern größere Vorteile bringen würde als die Bedingungen, die sie in einem Friedensprozess mit Israel würden aushandeln können. Jugoslawien sei doch der Beweis dafür: In Bosnien und im Kosovo hat sich die Weltgemeinschaft mit Gewalt eingemischt, gegen den serbischen Besatzer gekämpft und Fakten geschaffen. Es reiche, meinten manche Palästinenser, dass die Situation eskaliere und so gefährlich werde, dass sie die Schöngeister und Friedensapostel im Westen aufwühle und so weit alarmiere, dass sie es als humanitäre Pflicht ansähen, ihre Truppen zu schicken, um endlich ‚Ordnung herzustellen‘.

Diesen Argumenten fehlte jedoch das Mindestmaß an Realismus. Die Situation des Südlibanon ist mit der des Westjordanlands nicht zu vergleichen. Israel hat niemals Anspruch auf libanesisches Land erhoben. Israel hatte dort keine Wurzeln, keine nationalistische oder religiöse Tradition, die behauptet hätte, dass sich im Libanon auch nur ein Fleck Land befand, das in alten biblischen Zeiten Teil des historischen jüdischen Königreiches war. Es gab auch niemals israelische Siedlungen im von Israel besetzten Libanon. Die Anwesenheit der Truppen hatte dort nur eine einzige Motivation: die Sicherheit. Von südlibanesischem Gebiet haben zunächst Palästinenser, später libanesische, vom Iran und von Syrien unterstützte Extremisten israelische Städte und Dörfer im Norden des Landes bombardiert und mit Raketen beschossen. Für die israelischen Behörden war es immer klar, dass die Besatzung nur so lange eine Berechtigung hat, wie der Schutz der nord-israelischen Bevölkerung sie erforderlich macht. Aus diesem Grund strebten die verschiedenen Regierungen eine Übernahme dieses Gebietes durch eine verantwortliche Macht an: sei es die libanesische Armee oder die syrische. Hauptsache war und ist, dass Nord-Israel keine islamistischen Terrorgruppen als Gegenspieler hat, sondern eine normale legitime Regierung. Da Barak davon ausging, dass es in dieser Region auch ohne physische Besatzung durch die israelische Armee ruhig bleiben würde, entschied er sich für einen Rückzug.

Mit dem Westjordanland hingegen verhält es sich ganz anders, die Situation ist unvergleichbar komplizierter und brisanter, denn es handelt sich um ein umstrittenes Territorium. Viele israelische Bürger können nicht vergessen, dass dieser Teil des Landes das Kernland der jüdischen Königreiche war, dass in biblischen Zeiten und auch später die Juden hauptsächlich in diesem Teil des Landes gelebt, ihre Identität und Kultur entfaltet haben. Für viele Israelis, die an die göttliche Verheißung des Heiligen Landes glauben, ist das Westjordanland unverzichtbar. Aus diesem Grund existieren dort viele Siedlungen, die die demographische Situation schwieriger machen. Während im Südlibanon auf einer Seite der Grenze ausschließlich Israelis leben und auf der anderen ausschließlich Libanesen, sind das Leben und der Alltag von Palästinensern und Israelis miteinander verflochten. Selbst die Sicherheitslage im und um das Westjordanland herum ist erheblich schwieriger als an der libanesischen Grenze. Die Grenze zum Westjordanland vor Beginn der Besatzung von 1967 ist sehr lang und gewunden, während sie zwischen Israel und dem Libanon kurz, gerade und klar ist. Ein Verzicht auf den Südlibanon bedeutete – im Gegensatz zum Westjordanland – für die Israelis keine großen Entbehrungen. Aus diesem Grund hat der Druck des palästinensischen Terrors auch nie die geringste Chance gehabt, eine Wende in der israelischen Politik auszulösen. Vielmehr hat er eine Verschärfung der Lage heraufbeschworen und den Fundamentalisten auf der Gegenseite in die Hände gespielt: Nach der neuen Intifada und Selbstmordattentaten auf unschuldige Zivilisten entschied sich die israelische Bevölkerung in den Wahlen von 2001 vor allem aufgrund ihres Sicherheitsbedürfnisses für den Hardliner Ariel Scharon. Nur ein Mann, der durchgreife und dem Terror Paroli biete, so die mehrheitliche Meinung, könne Israel vor Angriffen schützen. Will man die Räumung des Westjordanlands und des Gazastreifens durchsetzen, gibt es nur ein Mittel, und das sind Verhandlungen mit den Israelis und Kompromisse. Und wer die grundsätzlichen Unterschiede zwischen der Bedeutung von Südlibanon und Westjordanland nicht begreifen kann, obwohl er selbst vor Ort lebt, der leidet unter einem bedauerlichen Mangel an Realitätssinn.

Nicht nur der Südlibanon, auch Jugoslawien war für die unrealistisch denkende, palästinensische Führung der falsche Wegweiser, mit dem sie ihr Volk in die Katastrophe geführt hat. Die Situation in Jugoslawien führte sie als ein Beispiel an, das zeige, wie man Probleme lösen könne, ohne Verhandlungen und Vereinbarungen zu treffen. Die erhoffte internationale Intervention, die ihnen die Kastanien aus dem Feuer holen sollte, war allerdings illusorisch und realitätsfremd. Der Vergleich mit den Geschehnissen in Serbien und im Kosovo beruhte nicht auf einer nüchternen Kenntnis der internationalen Situation. Ein europäischer Diplomat, der Arafat in seinem Hauptquartier in Ramallah vor zwei Jahren, als die zweite heutige Intifada schon im vollem Gange war, besuchte, erzählte mir, wie das Gespräch mit dem Palästinenserchef verlief. Der Gastgeber begann mit einer grausigen Beschreibung der Gewaltsituation. Selbstverständlich belastete er hauptsächlich, wenn auch nicht ausschließlich, die Israelis. Sein Ziel war, dem Gast den Eindruck einer tragischen Situation im Nahen Osten zu vermitteln. So erklärte Arafat dem Diplomaten: „Wie lange könnt Ihr so eine Situation dulden? Wann werdet Ihr endlich verstehen, dass ihr euch einmischen müsst, damit in diesem Heiligen Land endlich einmal Ruhe und Gerechtigkeit herrscht? Falls ihr euch nicht mit aller Macht einmischt, wird das Blutvergießen ohne Ende weitergehen. Das wird tragische Auswirkungen auf die gesamte Welt haben." Als sich der Gast nicht überzeugt zeigte, fuhr Arafat fort: „Hätten Sie vor zehn bis zwölf Jahren eine skeptische Haltung gegenüber einer internationalen Intervention gehabt, hätte ich Ihnen zwar nicht zugestimmt, aber ich hätte Ihren Irrtum verstehen können. Aber heute wissen wir es doch besser. Heute haben wir verstanden, dass man im ehemaligen Jugoslawien schon seit Anfang der 90er Jahre versucht hatte, mit gutem Willen zu vermitteln und zu beschwichtigen. Nichts hat geholfen, bis die internationale Gemeinschaft zu dem Schluss gekommen ist, dass nur eine militärische Intervention die Kontrahenten mit aller Macht und Gewalt zu einem Waffenstillstand zwingen und eine Lösung forcieren kann. Das waren die Erfahrungen mit Bosnien und später auch im Kosovo." „Das ist richtig", sagte der Gast. „Aber was hat das mit der Situation im Nahen Osten zu tun? Meinen Sie wirklich, Herr Präsident, dass die Amerikaner Truppen in den Nahen Osten entsenden würden, um Israel mit Gewalt zu beugen? Verstehen Sie die Politik und vor allem die Stimmung der Öffentlichkeit in Amerika nicht? Besonders nach dem Scheitern der Verhandlungen von Camp David und der Bemühungen von Bill Clinton unterstützen sowohl die US-Regierung als auch die Bevölkerung die israelische Regierung und ihre Politik. Aber auch vorher wäre es unvorstellbar gewesen, amerikanische Truppen gegen Israel zu schicken." „Mag sein", erwiderte Arafat, „ich würde nicht ausschließen, dass die Europäer auch bei uns, wie schon in Jugoslawien, den ersten Schritt machen müssen. Auch dort zogen amerikanische Truppen erst ein, nachdem die Europäer sich engagiert hatten. Die militärische Anwesenheit der Europäer war ein entscheidender Ansporn für die Amerikaner." „Meinen Sie", so der Besucher, „dass die Europäer Truppen gegen Israel schicken sollen? An wen genau denken Sie, an die Bundeswehr etwa? Halten Sie so etwas für realistisch?" Arafat ignorierte die ironische Frage und sagte nur: „Ihr solltet es überlegen. Das ist der einzige Ausweg, und wenn man es jetzt nicht tut, wird man es später tun müssen und in der Zwischenzeit wird noch viel mehr unschuldiges Blut vergossen werden." Der Gast, der mir diese Geschichte erzählte, fügte hinzu: „Erstaunlich. Der Mann hat in den letzten Jahrzehnten mehr Zeit auf Reisen in den Westen verbracht, als in seinem eigenen Land. Er hat Gespräche mit westlichen Politikern, Diplomaten und Journalisten geführt und besitzt ein breites Netz an diplomatischen Vertretungen, in denen ihm kompetente und erfahrene Diplomaten, die den Westen genau kennen, zur Verfügung stehen. Und dennoch sind seine Einschätzungen derartig unrealistisch, als käme er vom Mond. Oder vielleicht lebt er in einem Traum, in seinem Wunschdenken."

Wie weit Arafat von der Wirklichkeit entfernt war, von jeglicher realistischen Möglichkeit den Frieden zu gestalten, zeigte sich, als Menachem Begin den Palästinensern 1978 die Autonomie anbot. Ein Jahr zuvor hatte Präsident Sadat von Ägypten im Nahen Osten ein erfreuliches Erdbeben ausgelöst und einen Friedensprozess mit Israel ins Leben gerufen. Sadat wusste, dass er das Problem zwischen beiden Ländern letzten Endes zu seiner Zufriedenheit lösen würde. Allerdings sah er es als Hindernis an, wenn alle anderen Probleme zwischen Israel und der arabischen Welt offen bleiben würden. Dies konnte er sich nicht leisten, deshalb drängte er seinen israelischen Gesprächspartner, den Regierungs- und Likud-Chef Begin, zu Gesprächen mit den Palästinensern. Nach langem Ringen gelang ihm ein Durchbruch. Zum ersten Mal in der Geschichte des Staates Israel erkannte eine israelische und ausgerechnet eine nationalistisch gesinnte

Regierung das Recht der Palästinenser auf eine nationale Einheit und das Prinzip ihrer legitimen Ansprüche an. Begin schlug vor, als ersten Schritt zur Lösung des Problems den Bewohnern des Westjordanlandes und des Gazastreifens eine Selbstverwaltung einzuräumen.

Kurz danach flog ich zufällig nach Paris. In den Jahren meiner Pariser Amtszeit habe ich den hoch angesehenen ehemaligen französischen Regierungschef Pierre Mendès-France kennen gelernt. Der Staatsmann, der einer alten französisch-jüdischen Familie entstammte, wurde in den 50er Jahren weltbekannt, als er in Frankreich den Prozess der Entkolonisierung erzwang. Er beendete den französischen Krieg in Laos, Kambodscha und in Vietnam, brachte den marokkanischen König Mohammed V. aus dem Exil zurück nach Marokko und gewährte dem Protektorat die Unabhängigkeit. Auch die Unabhängigkeit Tunesiens leitete er in die Wege. Leider ermöglichte ihm die damalige labile Vierte Französische Republik nicht, den gleichen Prozess, den er auch in Algerien begonnen hatte, fortzusetzen. Für einen Mann seines Formats war es fast natürlich, sich auch für den Nahen Osten und für die dortigen Friedensbemühungen zu interessieren. Obwohl ich nicht der israelische Botschafter in Frankreich, sondern dessen Mitarbeiter war, lud er mich ab und zu ein, um meine Meinung über den Nahen Osten zu hören.

1978 war ich schon lange nicht mehr in Paris tätig, hatte aber eine ständige Einladung, ihn während meiner Aufenthalte in Frankreich zu besuchen. Diesmal empfing er mich etwas irritiert. „Was soll diese Idee", griff er mich sofort an, „den Palästinensern Autonomie zu gewähren? Sie versuchen schon wieder, dem Kern des Problems auszuweichen. Sie sollten über das Ende der Besatzung sprechen, über den Rückzug aus den palästinensischen Gebieten und die Anerkennung eines unabhängigen Staates". Ich erwiderte, dass ich nicht wisse, was unsere Regierung wirklich im Sinne habe. Dennoch würde ich eine Ablehnung des Angebots seitens der Palästinenser nicht verstehen. Schließlich sei die israelische Offerte ein Schritt in die richtige Richtung. Sollten die Palästinenser sie annehmen, würde das doch nicht bedeuten, dass sie sich endgültig mit dieser Lösung abfinden müssten. Sie könnten doch die Autonomie als Sprungbrett für weitere Errungenschaften benutzen. Mendès-France blieb eine Minute still, in Gedanken vertieft. Dann lächelte er und erzählte mir, wie er als Premierminister von Frankreich den nationalistischen tunesischen Widerstandskämpfer Habib Bourguiba aus dem Gefängnis geholt hatte, um ihm eine Selbstverwaltung für Tunesien anzubieten. „Bourguiba blickte mich böse an", erzählte Mendes-France, „wies mit dem Zeigefinger in meine Richtung und sagte: ,Ich kenne euch Franzosen und eure Heucheleien. Wenn Sie Selbstverwaltung sagen, dann meinen Sie damit keine Unabhängigkeit. Dennoch werde ich Ihnen die unangenehme Überraschung bereiten, die Autonomie zu akzeptieren. Sie werden noch erleben, was ich daraus machen werde.' „Sie wissen ja", fügte Mendès-France erklärend hinzu, „dass nach Gründung der tunesischen Autonomiebehörde kaum ein Jahr verstrichen ist, bis das nordafrikanische französische Protektorat seine vollständige Unabhängigkeit erreicht hatte." Etwa zehn Jahre später verblüffte Bourguiba in Kairo die arabische Welt mit einer Rede vor der Vollversammlung der Arabischen Liga, die sich aus allen Staats- und Regierungschefs der gesamten arabischen Welt zusammensetzt. Dort sagte er, dass die arabische Welt den Staat Israel als einen Fakt hinnehmen müsse, wenn auch die Frage der Grenzen dieses Staates offen bleibe. Jahrelang blieb er der einzige arabische Spitzenpolitiker der es wagte, von der Anerkennung des Staates Israel zu sprechen. Mit dieser Haltung handelte er sich jede Menge Ärger ein. Er war eben ein Staatsmann, der bereit war, für seine unpopulären aber zukunftsweisenden Positionen Risiken in Kauf zu nehmen. Ebenso weitsichtig erwies er sich, als er zunächst die eingeschränkte Souveränität von Tunesien akzeptierte, da er sie als eine Basis sah, auf der er die volle Unabhängigkeit seines Staates würde entwickeln können. Als mir Mendès-France von seinen beeindruckenden Erfahrungen mit dem ehemaligen Widerstandskämpfer und späteren Präsidenten der tunesischen Republik berichtete, schwieg ich und dachte: „Ja, aber haben die Palästinenser auch einen Habib Bourguiba?"

Anscheinend nicht. Wie unrealistisch die Palästinenser waren, deuten nicht nur ihre strategischen, sondern auch ihre taktischen Fehler an. Nach dem 11. September 2001 sollte wohl jeder eingesehen haben, dass die Zeit des Terrors gegen Zivilbevölkerungen, zumindest vorübergehend, überholt sind. Gerade, wenn man vom Westen Unterstützung erwartet, und man weiß, dass Amerika im Nahen Osten eine entscheidende Rolle spielt, dann sollte man Interesse daran haben, die öffentliche Meinung im Westen, insbesondere in den Vereinigten Staaten, nicht gegen sich aufzubringen. Nach den erschütternden Ereignissen in New York sind die Gemüter im Westen so gereizt wie nie zuvor. Selbst diejenigen, die bisher bereit gewesen sind, Terroristen als Freiheitskämpfer zu betrachten, haben ihre Duldsamkeit und ihr Verständnis für Terroranschläge völlig verloren. Und dennoch ist es den Palästinensern offensichtlich nicht eingefallen, selbst vorübergehend die Terroranschläge einzustellen. Bei der zweiten Intifada musste ich wieder an den Besuch des ausländischen Diplomaten in Ramallah denken und an seine rhetorische Frage, die er an Jassir Arafat richtete: Wie können Menschen, die in den letzten Jahrzehnten so viele tiefgehende Gespräche mit Europäern und Amerikanern geführt haben, Menschen, denen ein so weites Netz erfahrener Diplomaten zur Verfügung steht, die Stimmung in der Welt so wenig korrekt interpretieren?

3. Kapitel

Zwei Völker in einem Land

Die Israelis stellen sich zwei Fragen: Hatte die palästinensische Autonomiebehörde die zweite Intifada geplant und den Terror entfesselt? Oder stand sie nur dahinter? Für die Experten von Behörden, Streitkräften und Geheimdiensten besteht kein Zweifel daran, dass die Behörden unter Jassir Arafats Führung die Intifada selbst aktiv vorbereitet hatten und ganz berechnend die Gewalt entfesselten. Nur wenige nehmen an, dass die politische Führungsriege in Ramallah in den Terrorkrieg hineingeschlittert ist, weil sie gegen die Welle des Aufstandes in der Bevölkerung keine Wahl gehabt und sich hätte entscheiden müssen, entweder mit der Intifada zu gehen und sogar deren Führung zu übernehmen – oder als Gegner von ihr zermalmt zu werden. Diese Fragen verloren für die meisten Israelis allmählich an Bedeutung, sie setzten alle Palästinenser und mit der Intifada gleich. Für die Entwicklung einer Zukunftsperspektive ist es jedoch wichtig, diesen Aspekt zu beleuchten.

Sollten die palästinensischen Behörden die Intifada nicht für wünschenswert gehalten und sie nur widerwillig und gezwungenermaßen akzeptiert haben, so hätte es noch Hoffnung für Verhandlungen mit Arafat gegeben. Die meisten Israelis und auch Amerikaner nahmen jedoch an, dass der Aufstand von der palästinensischen Führung vorbereitet wurde und zur Folge hatte, dass beide Regierungen Arafat nicht mehr als Verhandlungspartner akzeptierten, man müsse, so die mehrheitliche Meinung, auf eine andere Führung warten. Das war die offizielle

Haltung der Scharon-Regierung, aber nicht nur ihre, und deshalb die Bemühungen, Arafat zu entmachten. So oder so war die Situation im Nahen Osten in eine Sackgasse geraten. Nach den anfänglichen großen Hoffnungen im Jahr 2000 befand man sich Anfang 2003 in einer aussichtslosen Lage, in der beide Seiten davon ausgingen, dass ihr Ziel nur mit Gewalt zu erreichen sei. Die Außenwelt schien bei diesem Prozess nur den Zuschauer zu spielen, weder die Europäer noch die Amerikaner zeigten großes Interesse sich einzumischen. 55 Jahre befindet sich der Nahe Osten nun im Krieg und nach großen Hoffnungen, den Dauerzustand der Gewalttätigkeiten zu beenden, war die Lage düsterer als je zuvor. Wie hatte es soweit kommen können?

Um diese Frage zu beantworten, ist es notwendig, einen Blick in die Geschichte zu werfen. Während Israel 1948 nach der Staatsgründung mit seinen ihm feindlich gesinnten arabischen Nachbarstaaten soviel Kontakt pflegte wie mit der dunklen Seite des Mondes, war es im Alltagsleben mit dem palästinensischen Volk stets eng verflochten. Dies schon allein deshalb, weil es nie eine politisch anerkannte Grenze gab; im besten Fall kann man sie als Waffenstillstandslinie bezeichnen. Im jüdischen Staat lebte stets eine große palästinensische Minderheit, die, auch wenn sie zu israelischen Bürgern wurde, mit ihren Familien jenseits der Grenze eng verbunden blieben. Nachdem Israel 1967 im Sechstagekrieg das Westjordanland erobert hatte, befand sich der Großteil des palästinensischen Volkes unter israelischer Herrschaft. Zunehmend fanden Palästinenser Arbeit in Israel und immer mehr Israelis besuchten als Touristen die palästinensischen Gebiete bis zum Ausbruch der ersten Intifada von 1987. Dennoch haben beide Seiten nicht die geringsten Bemühungen unternommen, etwas von der Kultur, Tradition und Geschichte des anderen zu verstehen. Beide Völker, Israelis und Palästinenser, lebten zusammen, aber Rücken an Rücken.

So weiß der durchschnittliche Israeli wenig über die Geschichte seines Nachbarn – und umgekehrt. Im Herzen der moslemischen Welt sind Generationen von jüdischen Kindern aufgewachsen ohne etwas über die arabische Geschichte, Kultur und Tradition zu erfahren, ohne die arabische Sprache zu lernen. Als Golda Meir Ministerpräsidentin war (1969-1974), erklärte sie – und nicht nur sie – voller Überzeugung, dass es überhaupt kein palästinensisches Volk gäbe. Die Moscheen auf dem Tempelberg könnten gar keine Hauptreligionsstätten des Islam sein, da sich diese in Mekka oder Medina befänden. Der Begriff „Haram Al-Scharif", wie Moslems den Tempelberg nennen, ist den meisten Israelis überhaupt nicht bekannt. Und dessen religiöse Bedeutung, wo nach der Überlieferung des Korans der Prophet Mohammed begleitet vom Engel Gabriel seine nächtliche Reise zum Thron Gottes antrat, schon gar nicht.

Genauso wenig verstehen die Palästinenser die Israelis. Sie lernen nichts über die jüdische Geschichte, kennen das Alte Testament, die Grundgeschichte des israelitischen Volkes nicht; sie erfahren nichts von dessen einzigartigen Zustand und der verstreuten Minderheit, die in allen Ländern dieser Welt lebt. Daher verstehen die Araber natürlich nicht, was die Juden heute in ihrem Umfeld zu suchen haben. Sie sind skeptisch, wenn sie die Erklärung der Juden hören, dass die moslemischen Tempel in Jerusalem auf dem Boden des biblischen jüdischen Tempels stehen, sich somit auf dem heiligsten und historisch bedeutendsten Ort der jüdischen Geschichte befinden. Wenn Juden seit 2000 Jahren in aller Welt ihr Gebet mit dem Versprechen „Nächstes Jahr in Jerusalem" beenden, so meinen sie den Tempelberg. Für die Palästinenser ist diese Geschichte im besten Fall eine Ausrede von jüdischen Heuchlern, die ihr Land und ihre Moscheen erobern wollen.

Die Palästinenser haben infolgedessen ganz natürlich die Neigung, die Juden mit den Kreuzfahrern zu vergleichen, mit ausländischen Invasoren, die in ihrem Land nichts verloren haben, weil sie dort keine Wurzeln hätten und somit wie ein wurzelloser Baum nur vorübergehend vor Ort bleiben werden. Der erste Sturm, der arabische Widerstand, würde so einen Baum hinwegfegen. Viele sind überzeugt davon, dass der Staat Israel nur eine vorübergehende Erscheinung ist, den es zu bekämpfen und auszulöschen gilt. Sie beharren darauf, die Juden aus dem Nahen Osten zu vertreiben und halten dies für realisierbar, weil sie deren emotionale, religiöse und historische Bindung an das historische Israel nicht kennen. Sie wollen nicht wissen, wer die Juden wirklich sind und was Palästina den Juden bedeutete. Beide Völker, Israelis wie auch Palästinenser, haben nur vorgefasste Meinungen über den anderen. Deshalb begegnen sie sich mit Argwohn, und Argwohn schürt Angst, Angst schürt Hass.

Die jüdische Tradition beginnt nicht mit den Juden oder dem Judentum, sondern mit der Bibel. Das Geschichtsbuch des jüdischen Volkes ist das Alte Testament. Es erzählt uns von den Anfängen der Nation, die, wenn sie nicht mit Adam beginnt, doch zumindest mit den Patriarchen – Abraham, Isaac und Jakob, letzterer hieß auch Israel. Seine zwölf Söhne waren die Kinder Israels, und ein jeder der zwölf Söhne wurde zum Gründer eines Stammes. Im Laufe der Geschichte wurde aus den Nachkommen des Jakobssohns Juda der größte Stamm. Für orthodoxe israelische Kinder ist die Bibel Religions- und Geschichtsbuch zugleich, während die mehrheitlich Säkularen sie lediglich als Geschichtsbuch kennen lernen. Hier erfahren sie, wie Moses die Juden nach ihrer Befreiung aus der Sklaverei in Ägypten vierzig Jahre lang durch die Wüste führte in das „verheißene Land". Es war das Land der Patriarchen und dessen Eroberung ähnelt der Geschichte der ‚Reconquista' im mittelalterlichen Spanien, das die Moslems besetzt hatten und 1492 von den Christen endgültig zurückerobert wurde. In Wahrheit war die Reconquista, die Rückeroberung, ein Prozess, der 800 Jahre lang andauerte. Auch das „verheißene Land" haben die zwölf Stämme Israels schrittweise im Laufe der Geschichte erobert. Die Grenzen des Landes waren nie ganz eindeutig festgelegt, die Völker, die in diesen Gebieten lebten, wurden nicht alle unterworfen oder gar vertrieben. Wer heute die Grenzen des israelitischen Reiches zu biblischen Zeiten zeichnen will, kann das fast beliebig tun. Sie änderten sich ständig, selbst die Unabhängigkeit war nicht immer gewährleistet, so dass heute ein israelischer Nationalist, der sich auf die Geschichte berufen will, willkürlich behaupten kann, wo die historischen Grenzen des Landes verliefen. Im 10. Jahrhundert vor unserer Zeitrechnung, also vor knapp 3000 Jahren, nach dem Tod des schillernden Königs Salomon und Sohn des Soldatenkönigs David, der die Dynastie des Stammes Juda gegründet hatte, rebellierten zehn der zwölf Stämme gegen Salomons Nachfolger. Daraufhin entstanden zwei Königreiche. In der Haupt- und Tempelstadt Jerusalem herrschte weiterhin ein Nachfolger des Königshauses David vom Stamm Juda, im Norden des Landes schufen zehn abtrünnige Stämme ein neues, föderales Königreich, das nach dem gemeinsamen Namen des Volkes, Israel, benannt wurde.

Das Königreich Juda und das Königreich Israel waren mal Verbündete, dann wieder Feinde, die sich bekämpften. Im siebten Jahrhundert vor unserer Zeitrechnung wurde das nördliche Königreich „Israel" von dem Kaiserreich des Nordens, Assyrien, erobert, zum Großteil zerstört und verschwand als israelitischer Staat endgültig von der Landkarte. Das südliche Königreich Juda konnte dem assyrischen Kaiser widerstehen und blieb noch 200 Jahre unabhängig, bis es von Babylon erobert wurde. 60 Jahre später erhielt es mit Hilfe der persischen Eroberer seine Unabhängigkeit zurück. Was geschah jedoch nach dem 8. Jahrhundert vor unserer Zeitrechnung mit den Nachkommen der zehn Stämme des zerstörten Königreichs Israel? Es entstanden Legenden über die „verlorenen zehn Stämme", die man irgendwann wieder finden würde. Israelische Kinderbücher erzählen bis heute von heroischen jüdischen Kindern, mittelalterlichen „Harry Potters", die in weit entfernten, unbekannten Ländern die zehn Stämme entdecken und erlösen. Nach der Entstehung des Staates Israel tauchten diese Mythen immer wieder auf und beflügelten die Phantasie. Als man im indischen Bundesland Cotchin oder in Äthiopien dunkelhäutige Juden entdeckte, sprach man von den verlorenen Stämmen. Die Wirklichkeit war natürlich prosaischer. Die zehn israelitischen Stämme blieben unter assyrischer Herrschaft, viele assimilierten sich und gaben ihre Religion auf. Andere, die die Unterdrückung Assyriens nicht hinnehmen wollten, emigrierten in das südliche Bruderreich Juda. Nun gab es nur noch ein israelitisches Königreich, das vollkommen von diesem Stamm dominiert wurde. Es hieß „Königreich Juda" und nicht „Israel" und seine Bürger waren als Judäer oder Juden bekannt. Die israelitische Religion wurde nun die „jüdische" genannt, und seither findet eine allgemeine Verwechslung der Begriffe statt: Israel und Juda, Israeliten, Israelis und Juden. 1948, als der souveräne jüdische Staat entstand, wählte der Gründer David Ben Gurion als Symbol der Einigung des Volkes den Namen Israel und nicht Juda.

Die Geschichte dieses Volkes, das zunächst als Israel bekannt war und dann als Juda oder als Juden, begann nach der Bibel in dem Land, in dem der heutige moderne Staat Israel errichtet wurde. Nicht immer lebte das Volk in der ursprünglichen Heimat. Schon die Söhne des dritten Patriarchen Jakob, oder Israel, emigrierten nach Ägypten und eroberten viel später das Herkunftsland unter Moses und Josua zurück. Im 6. Jahrhundert vor Christus, nachdem Babylon den letzten unabhängigen Teil des Landes, das Königreich Juda, erobert hatte, wurden viele Juden vertrieben, bis sie später erneut die Unabhängigkeit aufbauen konnten. Im Jahr 70, nach einem sechsjährigen Aufstand gegen den neuen römischen Herrscher in Rom, wurde der Judenstaat endgültig zerstört. Sogar den Tempel in Jerusalem, der immer im Mittelpunkt des jüdischen Lebens gestanden hatte, legten die Römer in Schutt und Asche und erbauten auf seinen Ruinen einen eigenen Tempel. Rund sechzig Jahre, 130 nach Christus, kamen die Römer nach einem weiteren, besonders blutigen Aufstand der Juden zu der Überzeugung, dass dieses widerspenstige

Volk prinzipiell als rebellisch zu betrachten sei und das sie niemals völlig unterwerfen könnten. So vertrieben sie viele Israeliten aus dem Land, untersagte ihnen jeglichen Kontakt zu ihrem Vaterland, das die römischen Besatzer umbenannt hatten. Fortan hieß die heilige jüdische Stadt Jerusalem „Aelia Capitolina" und das Land Israel wurde nach einem alten, seit 1 000 Jahren verschwundenen Volk griechischer Abstammung, den Philistern, Palästina genannt. Dieses Volk lebte damals in dem Gebiet, wo sich heute der Gazastreifen befindet. Während die Umbenennung der Stadt Jerusalem keinen Bestand hatte, hat der Name Palästina die Zeit überdauert.

Rund 1 800 Jahr lang lebte das jüdische Volk fast ausschließlich außerhalb seiner ursprünglichen Heimat. Anders als die meisten Völker der Antike, die nach ihren Wanderungen mit anderen Nationalitäten verschmolzen, blieben die Juden 2 000 Jahre lang innerhalb ihrer neuen Heimatländer eine separate Gemeinschaft mit ausgeprägter Identität. Das Bindeglied für die Erhaltung der eigenen Identität und Tradition ist die Religion. Anders als andere Glaubensgemeinschaften hat die monotheistische israelitische Religion nie den missionarischen Ehrgeiz gehabt, eine Weltreligion zu werden, ganz im Gegenteil. Von Anfang an war sie mit der jüdischen Nation verbunden, forderte von Nichtjuden lediglich die Respektierung der grundlegenden, allgemeingültigen Gesetze, um ein friedliches Miteinander zu ermöglichen. Den Juden hingegen verordnet ihre Religion ein vollständiges und verbindliches Lebensprogramm, das den Alltag in allen Details regelt. Ihre religiöse Tradition, sich als „auserwählt" zu bezeichnen, ist kein Zeichen von Überheblichkeit, sondern die Aufforderung an ihr eigenes Volk, ein Vorbild zu sein, indem man Gott sein ganzes Leben widmet. Im Mittelpunkt dieses Glaubens steht ein Land, ein Königreich, wobei Staat und Religion vollständig miteinander verwoben sind; eine Tatsache, die dem modernen, säkularen, demokratisch-israelischen Staat noch heute erhebliche Probleme bereitet.

Aus dem Judentum entstand das Christentum. Jesus wurde als Jude im Lande der Israeliten geboren und hatte ursprünglich keinen anderen Ehrgeiz, als seinen Landsleuten, seinen Religionsgenossen und den Pharisäern Gottes Weg zu predigen. Den Konflikt zwischen ihm und dem damaligen Establishment kann man als eine interne Diskussion betrachten. Den religiösen Behörden seiner Zeit galt Jesus als Reformator. Aus Luthers Zeiten wissen wir, wie schmerzlich eine Auseinandersetzung zwischen den herkömmlichen Institutionen und den Reformatoren werden kann. So verhielt es sich mit Jesus in Jerusalem. Da er und seine Nachfolger mit den Juden Differenzen hatten, verbreiteten sie ihren Glauben unter anderen Völkern. Das Christentum entwickelte missionarischen Eifer und wurde im Gegensatz zum streng nationalen Judentum zu einer Weltreligion.

Juden als Sündenböcke

Die Juden, die Jesus nicht gefolgt und ihrer Orthodoxie treu geblieben sind, befanden sich nach der Vernichtung ihres Staates in einem Dilemma. Nachdem sie begriffen hatten, dass sie langfristig im „Exil" leben würden, erhob sich im 19. und 20. Jahrhundert die Frage: Sind die Juden normale, treue Bürger Deutschlands, Frankreichs oder der Vereinigten Staaten, oder besitzen sie eine doppelte Loyalität, da sie stets ihre eigenständige Identität, Religion und Tradition beibehalten? Diese Frage war in der Antike kaum von Bedeutung. Nicht nur das römische Weltreich war ein Staat, der eine große Vielfalt von Nationen, Religionen und Traditionen umfasste und in dem alle gleichermaßen Untertanen des Kaisers waren; auch in anderen, späteren Staaten verhielt es sich so. Die Loyalität galt dem Souverän, nicht dem Staat oder der Nation, und nach dem Herrscher kam der Stamm oder die Gemeinschaft. Ursprünglich galt das auch für die Juden und funktionierte gut. Allmählich aber setzte sich die neue christliche Religion in der zivilisierten Welt durch und war der gemeinsame Nenner aller. In diesem gesellschaftlichen Rahmen blieben die Juden die einzige Ausnahme, nicht nur im christlichen Europa sondern später auch im Reich des Islam. Sie waren eine Gemeinschaft, die anders war, sich aber als Minderheit durchgesetzt hatte. Die Position der Mehrheit und der Minderheit, der allgemeinen Kultur und die Ausnahme, verhärtete sich mit der Zeit. Die Mehrheit konnte nicht begreifen, aus welchen Gründen eine kleine Gemeinschaft darauf beharrte, anders zu sein als andere, und die Minderheit verschanzte sich hinter ihrer Religion und vor allem hinter ihrer Hoffnung auf Erlösung.

Die Abgrenzung der kleinen jüdischen Gemeinden hatte eine Doppelwirkung. Den Christen oder Moslems wurden die Juden zunehmend verdächtig. Sie misstrauten dieser seltsamen Sekte mit ihren merkwürdigen Sitten, die nicht dem Pfad folgten, den alle anderen gingen. Auch hier verwandelte sich der Argwohn oftmals in Angst – und die Angst in Hass. Dieser Hass wurde von der christlichen Kirche geschürt, die den Ehrgeiz hatte, alle Menschen zu missionieren. Die Beharrlichkeit der Juden erfordere, so glaubten viele theologische Denker, immer härtere Methoden, um sie in die Knie zu zwingen. So wurden die Juden zunehmend aus der Gesellschaft ausgeschlossen, verwehrte ihnen die Ausübung von immer mehr Berufen und schaffte damit einen Teufelskreis. Je tief greifender sich das Alltagsleben von Christen und Juden unterschied, desto größer wurden Argwohn, Angst und schließlich der Hass. Für die Juden war eine nationale Lösung das Modell ihrer Hoffnung. Sie beteten für die alte Heimat, für den Wiederaufbau des jüdischen Staates, für die Wiederkehr der Dynastie Davids und für den Messias, der das Volk zurück in das Land Israel führen würde. Der Bezug zwischen Religion und Nation, zwischen Religion und Staat wurde somit vertieft. Als Napoleon die Beschlüsse der Französischen Revolution, den Juden Gleichberechtigung zu gewähren, in die

Tat umsetzen wollte, rechnete er nur mit dem Widerstand der christlichen Mehrheit und war sehr erstaunt, als er auch bei den Juden auf nur wenig Verständnis für seine Pläne stieß. Die tausendjährige Abkapselung war ihnen zur zweiten Natur, zum Selbstschutz geworden. Napoleon musste sich sehr bemühen, sie vom Segen der Gleichberechtigung zu überzeugen.

Im modernen Zeitalter der gleichen Rechte für alle, gab es nicht nur eine gegenseitige Abneigung zwischen den beiden Gemeinschaften, der Mehrheit und der Minderheit, sondern es entstanden auch philosophische Debatten zur Bedeutung der jüdischen Staatsangehörigkeit. Ein emanzipierter Jude des napoleonischen Reiches, der zum ersten Mal Militärdienst leisten durfte, war stolz darauf, die nationalen französischen Feiertage begehen zu können wie jeder andere Franzose auch. Doch er feierte zugleich noch immer seine eigenen religiösen oder nationalen Festtage wie das Channuka-Fest oder Jom Kippur, der im Gedenken an den israelischen Aufstand gegen die griechische Besatzung im 2. Jahrhundert vor unserer Zeitrechnung begangen wird. Dieser Aufstand war nach Jahren von Kriegen und Schlachten erfolgreich und stellte die Unabhängigkeit des Jüdischen Königreiches wieder her. Wenn nun der neue gleichberechtigte Bürger jüdischer Religion weiterhin diesen Tag in Frankreich feierte, bedeutete dies, dass er kein Bürger der französischen Nation war? Ist eine doppelte Staatsangehörigkeit überhaupt möglich? Für viele Juden war dies zu einer derartigen Belastung geworden, dass sie ihrer Religion und Vergangenheit entkommen wollten. Die meisten französischen Juden waren von ihrer neuen Existenz und ihrem gleichberechtigten Status so begeistert, dass sie sich gänzlich assimilierten und innerhalb eines halben Jahrhunderts als „Juden" von der Bildfläche verschwanden. Andere suchten ein neues Gleichgewicht zu finden, indem sie die nationalen Elemente ihrer Religion verdrängten, um als normale Bürger betrachtet zu werden.

Die so genannte Emanzipation der Juden, die Integration der

jüdischen Bürger in die Gesellschaft, schien gegen Mitte des 19. Jahrhunderts im Westen erfolgreich verlaufen zu sein. Viele hegten die Hoffnung, dass sich die religiöse, antijüdische Hetze schon im Prozess des Schwindens befände, der dazu führen würde, dass es zukünftig überhaupt keinen Antisemitismus mehr geben würde. In der zweiten Hälfte des 19. Jahrhunderts aber, mit der Verstärkung und Vertiefung des Mythos der Nationalstaaten, entstanden neue antijüdische Gefühle. Zu diesem Zeitpunkt tauchte zum ersten Mal der Begriff ‚Antisemitismus' auf, geprägt von Wilhelm Marr in seiner 1879 veröffentlichten Hetzschrift „Der Sieg des Judentums über das Germanentum". Bis dahin hasste oder verfolgte man die Juden, ohne eine besondere, angeblich wissenschaftliche Erklärung dafür zu haben. Einer Abneigung aus religiösen Motiven konnten die Juden begegnen; sie mussten auf ihre Religion verzichten und wurden dann zumindest schrittweise „normale Bürger", die sich durch nichts mehr von ihren Mitmenschen unterschieden. Antisemitismus hingegen definierte den Juden als ein fremdes Wesen, das „anders" war und das sie aufgrund seiner Herkunft oder der „Rasse" – wie man später sagte, ablehnten. Der Begriff Antisemitismus, eigentlich „Semitengegnerschaft", der Abneigung gegen Juden bedeutet, ist übrigens eine Fehlbildung, weil er die durch sprachliche Gemeinsamkeiten verbundene Gruppe der Araber, Äthiopier und Juden fälschlich zu einer völkischen Gemeinschaft ummünzt. Die Antisemiten jedenfalls unterstellen dem Juden, der aufgrund seiner Geburt nie zu der Nation, dem Vaterland, in dem er aufwuchs, dazugehören konnte, alle möglichen Fehler und Vorurteile. Gegen diese Stereotypen hatten die Juden keine Chance. Hatten sie bis dahin zumindest noch theoretisch die Möglichkeit ihre jüdische Identität aufzugeben, indem sie zum christlichen Glauben konvertierten, so konnten sie nun nichts mehr tun, denn seine Herkunft kann niemand ändern. Die Juden hofften, der Antisemitismus sei eine Kinderkrankheit der Emanzipation und hegten die Illusion, dass dieses neue Stigma ein vorübergehender Zustand bliebe. Man müsse nur Geduld haben und sich als besonders guter Bürger beweisen, der genau so lebt, sich kleidet, sich benimmt wie alle anderen. Ja, man müsse ein besonders überzeugender, echter gläubiger Patriot seines Landes sein, denn auf diese Weise würden die Ängste der Mitbürger allmählich verblassen. Dieser Glaube war besonders während des Ersten Weltkrieges stark, als in allen westeuropäischen Ländern Juden ihren feurigen Patriotismus dadurch zum Ausdruck brachten, dass sie leidenschaftliche freiwillige Frontsoldaten wurden und letzten Endes proportional auch mehr Gefallene zu beklagen hatten. Das war auch das erste Mal, dass Juden hemmungslos gegen andere Juden kämpften, französische und englische erschossen deutsche und österreichische. Dennoch verstärkte sich der Antisemitismus. Die Ursachen hierfür liegen in den internen, oftmals wirtschaftlichen Krisen der europäischen Länder, Antisemitismus war nur ein Vorwand, um davon abzulenken. Aber das konnte die Juden natürlich nicht trösten. In der zweiten Hälfte des 19. Jahrhunderts traf der Antisemitismus besonders die assimilierten Juden oder jene, die sich um Anpassung bemühten. Diejenigen, die nach wie vor weiter in den Ghettos mit ihrer Religion und Tradition lebten, waren weniger davon betroffen. Die Tatsache, dass die integrierte jüdische Minderheit, juristisch vollkommen gleichberechtigte und normale Bürger, von der Gesellschaft zunehmend ausgeschlossen wurden, ließ keinen integrierten Juden gleichgültig.

Ein solcher Jude war der namhafte Wiener Journalist Theodor Herzl. 1860 in einer bereits assimilierten Familie geboren, wuchs er als Habsburger Bürger auf, der von seiner jüdischen Religion und Tradition kaum etwas wusste. Diese Wurzeln seiner Familie hatten für ihn auch wenig Bedeutung, er zeigte kein Interesse für sie. Als Verehrer der österreichischen Monarchie, Bewunderer des Deutschen Kaiserreiches, Frankreichs und dessen Kultur, freute er sich über das Angebot der Wiener Zeitung *Neue Freie Presse,* als Auslandskorrespondent nach Paris zu gehen.

Dort begann im Jahr 1894 die Dreyfus-Affäre, die Frankreich noch jahrzehntelang beschäftigen sollte. Alfred Dreyfus, einem Berufsoffizier des französischen Generalstabs, wurde wegen angeblichen Landesverrates der Prozess gemacht. Scheinbar gab es ernsthafte Beweise, dass er zugunsten Deutschlands spioniert hätte. Er wurde degradiert und zu einer langen Freiheitsstrafe in Frankreichs südamerikanischen Strafkolonie Guayana verurteilt. Die Degradierung fand, wie damals üblich, im Rahmen einer öffentlichen militärischen Zeremonie statt. Der jüdische Offizier musste sich dieser traditionellen Prozedur im Hof des Invalidendoms im Zentrum von Paris unterziehen. Zur Zeremonie wurden viele ausgewählte Gäste eingeladen wie auch weltweit die Medien, Auslandskorrespondenten eingeschlossen. Für den anwesenden Journalisten Herzl war dies kein besonderes Ereignis. Ein Berufsoffizier konnte durchaus ein Verbrechen begehen, und dass dieser Offizier zufällig ein Jude war, hatte jedenfalls keine Bedeutung, denn warum soll ein jüdischer Hauptmann besser sein als jeder andere? Er sah keinen Zusammenhang zwischen dem Vorkommnis und der Religion des verurteilten Mannes. Natürlich wusste Herzl wie auch alle anderen zu diesem Zeitpunkt noch nicht, dass Dreyfus unschuldig und der Verräter ein anderer Offizier war. Dies stellte sich erst viel später heraus. Was aber den Journalisten Herzl vollkommen verblüffte war, dass im Verlaufe der Zeremonie der Pariser Mob zum Zaun des Invalidendoms marschierte und schrie: „Alle Juden sind Verräter! Tod allen Juden! Raus mit allen Juden!" Also wurde der Verräter nicht als ein Individuum gesehen, sondern als ein Stellvertreter der gesamten jüdischen Minderheit aller Franzosen, deren Religion oder Abstammung jüdisch war. Und dies geschah ausgerechnet in Frankreich, in einem Land, das als erstes den Juden Gleichberechtigung und Bürgerrechte angeboten und ihre Emanzipation in Bewegung gesetzt hatte. Es war eine Ironie des Schicksals, dass dieser Aufstand des Pöbels ausgerechnet vor dem Invalidendom stattfand, in dem derselbe Napoleon begraben liegt, der die Gleichberechtigung der Juden in Frankreich in die Tat umgesetzt und in ganz Europa erzwungen hatte. Herzl wusste, dass ein Prozess wie der des Generalstabsoffiziers Dreyfus nur in Frankreich stattfinden konnte und nicht in Deutschland, denn dort hatte ein Jude noch nicht das Recht, Offizier zu werden. Umso weniger konnte der deutsch-assimilierte Jude Herzl nicht begreifen, wieso sich ausgerechnet in diesem Land, das am fortschrittlichsten in puncto Gleichberechtigung war, solche antisemitischen Rückschläge abspielen konnten.

Die Zionistische Bewegung

Das Ereignis vor dem Invalidendom hatte Herzl nachdenklich gemacht. War die Emanzipation demnach nur eine Verschleierung der düsteren Realität, die die Juden nicht wahrhaben wollten? Lebten sie in einer Illusion? Darüber dachte er intensiv nach. Als er seine Mission in Paris beendet hatte, beobachtete er die Situation in seiner Heimatstadt Wien mit nüchternen Augen. Er kam zu der Überzeugung, dass die Integration der Juden ein Fehlschlag war. Juden konnten selbst in Ländern, die ihnen Gleichberechtigung gewährten, nicht in Würde leben. Die Konsequenz, die er daraus zog, lautete: „Würde bedeutet Souveränität". In „Der Judenstaat – Versuch einer modernen Lösung der Judenfrage", ein Buch das 1896 erschien, analysierte er: „Wir haben überall ehrlich versucht, in der uns umgebenden Volksgemeinschaft unterzugehen und nur den Glauben unserer Väter zu bewahren. Man läßt es nicht zu. In unseren Vaterländern, in denen wir ja auch schon seit Jahrhunderten wohnen, werden wir als Fremdlinge ausgeschrieen; oft von solchen, deren Geschlechter noch nicht im Lande waren, als unsere Väter da schon seufzten. Wer der Fremde im Land ist, das kann die Mehrheit entscheiden, wie alles im Völkerverkehre." Daraus folgerte Herzl, dass es sinnlos sei, sich weiterhin zu bemühen, „brave Patrioten" zu sein. „Die Juden", schrieb er, „müssen ein Volk werden wie alle anderen Völker, keine geduldete Minorität bei den anderen, sondern eine Mehrheit. Sobald die Juden ein Land, einen Staat, eine Souveränität erlangen, so wie jedes andere Volk, werden sie in echter Würde leben können. Die Emanzipation wird ihnen das niemals gewährleisten können." Herzl plädierte dafür, dass die Juden die Länder, in denen sie seit Generationen lebten und in denen sie zumindest juristisch die Gleichberechtigung erlangt hatten, verlassen und wieder ein eigenes Land aufbauen sollten. Ursprünglich war es ihm gleichgültig, wo die Juden ihre Unabhängigkeit begründen würden. Da er wenig über die jüdische Tradition wusste, war es keine Bedingung für ihn, dass die Juden in ihrer ursprünglichen biblischen Heimat siedelten. Er suchte eine pragmatische Lösung und hätte sich, wie er schrieb, mit jedem leeren „Stück auf der Erdoberfläche" zufrieden gegeben.

Doch wie es oft im Leben ist, entsprach die Theorie nicht der Realität. Viele Juden wollten von der neuen Bewegung, die Herzl ins Leben gerufen hatte, nichts wissen – die Religiösen und Traditionellen schon gar nicht. Sie hielten an dem Glauben fest, dass die Juden weder durch die Emanzipation noch durch irgendeinen von Menschen gemachten Staat erlöst werden könnten. Sie warteten auf den Messias, der das Volk in die biblische Heimat zurückführen und in Jerusalem auch den Tempel wieder aufbauen würde. Die anderen, die gemäßigten Religiösen und besonders das liberale Bürgertum, waren in zwei Lager gespalten: Die einen wollten nicht auf Integration verzichten, ihren Patriotismus noch verstärken und offensichtlicher zeigen. Die anderen lebten in der jüdischen Tradition und waren von Herzls Idee überzeugt; sie glaubten, durch die Gründung eines jüdischen Staates, durch die Erzielung einer Souveränität im Rahmen der Kriterien, die in Westeuropa am Ende des 19. Jahrhunderts geläufig waren, ihre Würde wieder zu finden. Allerdings sollte dies nicht an einem beliebigen Ort geschehen, sondern in der historischen Heimat, mit der die Juden ihre Verbundenheit nie verloren hatten. So entstand die „Zionistische Bewegung" – ‚Zion' ist einer der biblischen Namen der Stadt Jerusalem, und wurde daher auch für das Land Israel benutzt, denn die Bewegung verstand sich als eine Rückkehr zu den Wurzeln, nach Zion, Israel.

Angesichts der Diskussionen und Turbulenzen in der heutigen israelischen Innenpolitik ist es interessant, sich an das ursprüngliche Ziel der Zionistischen Bewegung zu erinnern. Es ging um die Erlösung des Volkes und nicht um die Erlösung der Steine, das heißt, die Erlösung durch Rückkehr zu Denkmälern. Anders als die Kreuzzügler, die die „Heiligen Stätten von Ketzern und Heiden befreien" wollten, war die Rückkehr zu den Überresten der ehemaligen jüdischen heiligen Tempel nicht Theodor Herzls Ziel. Er war sogar bereit, den jüdischen Staat in Südamerika oder in Afrika zu gründen. Auch der erste Ministerpräsident Ben Gurion, der 1948 die Unabhängigkeit des Staates Israel trotz aller Gefahren und Risiken in nur einem Teil der historischen Heimat ausgerufen hatte, war bereit, auf ‚Steine', die Monumente der Vergangenheit, zu verzichten, sie waren nicht wichtig, um dem jüdischen Volk ein Leben in Würde zu gewährleisten. Heute kämpfen viele ausgerechnet um die ‚Steine'.

Die Zionistische Bewegung nahm ihre Tätigkeit auf, erwarb Land in der damaligen türkisch-osmanischen Provinz Palästina und schickte Zuwanderer dorthin. Die ersten Schwierigkeiten, auf die die Bewegung stieß, machten interessanterweise nicht die dort lebenden arabischen Einwohner des Landes. Diese waren damals nicht allzu zahlreich und hatten andere Sorgen. Sie waren dabei, vor allem die Türken zu bekämpfen und zu vertreiben, wozu sie die Unterstützung der Franzosen und Engländer brauchten. Die Briten betrieben ihre typische Kolonialpolitik indem sie hinter den Kulissen zwei feindlich gesinnte Gruppierungen gleichzeitig unterstützten: Innerhalb der arabischen Bewegungen, die ihnen verbunden waren, gab es die der Haschemiten, die Arabien beherrschten, sowie deren Gegner, die Saudis, die letzten Endes die Haschemiten aus Arabien vertrieben hatten. Die Araber jedenfalls waren viel zu sehr mit ihren eigenen Problemen beschäftigt, als dass sie die Briten gebeten hätten, die Zionisten, die damals ohnehin sehr wenig Gewicht im Nahen Osten hatten, nicht zu unterstützen. Erst 1918, nachdem sich die arabische Nation vom Joch des türkischen Reiches befreit hatte, zeigte sich Prinz Faisal, der neue Hoffnungsträger und Sohn des ehemaligen haschemitischen Königs von Arabien, wohl gesonnen gegenüber der Idee des Präsidenten der Zionistischen Bewegung Chaim Weizmann, Palästina mithilfe jüdischer Siedler urbar zu machen.

Nicht die Araber, sondern die türkischen Besatzer waren es, die den Zionisten Schwierigkeiten bereiteten. Großherzog Friedrich I. von Baden vermittelte seinem Freund Herzl eine Audienz beim deutschen Kaiser, der um Fürsprache bei der ‚Hohen Pforte‘, einem Rat in Istanbul, in dem Deutschland, Österreich und die Türkei vertreten waren, werben wollte und der in eine Allianz während des Ersten Weltkrieges mündete. Als Kaiser Wilhelm II. Palästina im Jahr 1898 besuchte, empfing er Theodor Herzl in Jerusalem. Den richtigen Schwung bekam die Zionistische Bewegung aber erst nach dem Ersten Weltkrieg.

Nachdem die Briten Palästina erobert hatten, unterstützten sie anfangs die Zionistische Bewegung. Schon während des Ersten Weltkrieges hatten sie dem Patriarchen der Familie Rothschild in England, Baron Lionel W. Rothschild, einer Persönlichkeit, die in ihren Augen der Vertreter des jüdischen Volkes war, einen Brief im Namen des Ministers des Auswärtigen Amtes geschrieben. In dem offiziellen Schreiben verpflichtete sich das Empire, dem jüdischen Volk eine nationale Heimat in Palästina zu gewähren. Dieser Brief, benannt nach dem Unterzeichner des Briefes, dem damaligen Außenminister Lord Arthur James Balfour, ist als „Balfour-Erklärung" in die Geschichte eingegangen. England hatte mehrere Gründe, die Zionistische Bewegung zu unterstützen. Es ist ein israelischer Mythos zu behaupten, dass die Balfour-Deklaration ein Zeichen der Dankbarkeit für die Verdienste von Chaim Weizmann gewesen sei. Der Universitätsprofessor hatte als Chemiker bedeutende Erfindungen gemacht, die der britischen Armee im Ersten Weltkrieg nützlich gewesen waren. Dass sich Weizmann in London deshalb während des Krieges großer Beliebtheit erfreute und zu den Kriegsbemühungen beigetragen hatte, steht außer Frage. Dennoch war dies nicht der ausschlaggebende Grund, warum ihn die Briten unterstützten, zumal sie sich mit dieser Entscheidung nicht nur Freunde geschaffen hatten. Großbritannien war klar, dass es mit seiner pro-zionistischen Politik, die es aufgrund seiner ehrgeizigen Kolonialpläne im Nahen Osten betrieb, nach dem Krieg auf Widerspruch stoßen werde.

Die Ursachen für die britische Unterstützung der zionistischen Bewegung sind nur vor dem Hintergrund des Ersten Weltkrieges zu verstehen. Wie schon erwähnt, waren die Juden im Westen begeisterte Patrioten, die jeweils für ihr Heimatland kämpften. Im Österreichischen und Deutschen Kaiserreich lebten verhältnismäßig große jüdische Gemeinschaften, die als patriotische Bürger im Krieg auf Seiten ihrer Vaterländer standen. Auch in den Vereinigten Staaten, die sich zunächst neutral verhielten, waren die amerikanischen Juden eher geneigt, Deutschland und Österreich zu unterstützen und ihren Einfluss gegen das Eingreifen der USA an der Seite der Alliierten geltend zu machen. Ein Grund dafür waren die Pogrome im Zaristischen Russland, das seinerzeit als das antisemitischste Land der Welt galt und seine damals weltweit größte jüdische Gemeinde offen unterdrückte. 1905 wurden in Russland die „Protokolle der Ältesten von Zion" veröffentlicht, ein Buch, das eine von der in Paris ansässigen russischen Geheimpolizei verfasste Fälschung war, die sicherlich als die verheerendste antisemitische Hetzschrift aller Zeiten gilt und die später von den Nazis verwendet wurde. Deutschland und Österreich waren also die Länder, die in den

Augen der Juden das „Reich des Bösen" bekämpften. Abgesehen von jenen, die in der englischen, französischen, belgischen oder italienischen Armee kämpften, waren sie Anhänger der Deutschen. Um diese Tendenz zumindest in Amerika umzukehren, wollten die Briten die Zionisten auf ihre Seite ziehen und mit der Balfour-Deklaration beweisen, dass es von Vorteil sei, sich mit ihnen zu verbünden. Nach dem Krieg stellte sich die Sachlage völlig anders dar. Allmählich gewannen die arabischen Ölproduzenten die Oberhand und die britische Realpolitik zeigte nur noch wenig Verständnis für die kleine zionistische Minderheit.

Mit oder ohne britische Unterstützung, später sogar im Rahmen eines Widerstandskrieges gegen die englische Besatzung, entfalteten sich die Zionisten in Palästina. Neue Zuwanderer, hauptsächlich aus Europa, betrieben energisch die Durchsetzung einer Autonomie, entwickelten das Land durch die Trockenlegung der Sümpfe und die Urbarmachung der Wüste. Mit ihren Erfolgen schuf die jüdisch-zionistische Gemeinschaft allmählich eine politische Tatsache, langfristig konnte man ihnen einen unabhängigen Staat nicht mehr verweigern. Die Machtübernahme der Nationalsozialisten in Deutschland, der Holocaust und die Flucht der verhältnismäßig wenig Überlebenden, verstärkten die Zionistische Bewegung und verschafften ihrem Streben nach einem Staat die größte Dringlichkeit.

Zwei nationale Bewegungen

Doch nicht nur die jüdische Bevölkerung im Palästina unter britischer Herrschaft wuchs. Als die Briten das Land eroberten, lebten dort etwa 60.000 Juden und mehr als 200.000 Nichtjuden, hauptsächlich muslimische Araber. 1948, nach Beendigung der Besatzung, lebten in Palästina 600.000 Juden und rund 1,2 Millionen Nichtjuden, die meisten von ihnen Moslems. Es scheint weitgehend unbekannt zu sein, aber es existierten zwei Zuwanderungsbewegungen – die jüdische, die eine organisierte und ideologisch motivierte Bewegung war, und die arabische, eine Bewegung individueller Nachbarn und die aus Menschen bestand, die sich auf Arbeitssuche befanden, vergleichbar mit den heutigen Gastarbeitern in Europa. Diese Araber fanden in Palästina Arbeit bei den Zionisten, die das Land entwickelten und moderne europäische Wirtschafts- und Arbeitsmethoden einführten. Allerdings waren diese Gastarbeiter, anders als in Europa, keine ‚richtigen‘ Fremden. Sie befanden sich in einem ihnen verwandten religiösen, kulturellen und nationalen Umfeld, lebten unter Menschen ihrer Herkunft, die auch die Mehrheit der Bevölkerung seit der arabischen Eroberung im 7. Jahrhundert bildeten. Die Integration dieser Zuwanderer vollzog sich automatisch und selbstverständlich, ohne großes Aufsehen zu erregen. Die Entwicklung des Landes durch die Zionistische Bewegung hatte nicht nur im wirtschaftlichen Bereich Einfluss auf die arabischen Nachbarn, sondern weckte auch deren nationalen Gefühle, denn die Ressentiments gegen die „europäischen Eindringlinge" wurden zunehmend größer. So entwickelten sich zwei nationale Einheiten und Identitäten im selben Land, die jeweils den Ehrgeiz hatten, das Gebiet, das sie als ihres betrachteten, allein zu beherrschen. Beide Gemeinschaften hegten ähnliche, abwehrende Gefühle gegenüber dem britischen Kolonialherrn, den sie schon wenige Jahre nach dessen Machtergreifung als überflüssig und störend empfanden, so dass sie gemeinsam mit dem Nachbarn ein Gefühl der Feindseligkeit gegenüber der Besatzungsmacht entwickelten.

Schon in den 30er Jahren hatten die Engländer klarsichtige Politiker die begriffen, dass sich das Empire nicht ewig als Herrscher des Landes würde halten können. Unter der Leitung von Lord William Robert Welesley Peel versuchte 1936 ein von der Regierung kaum geduldeter Untersuchungsausschuss des britischen Parlaments, Arabern und Juden eine Teilung des Landes

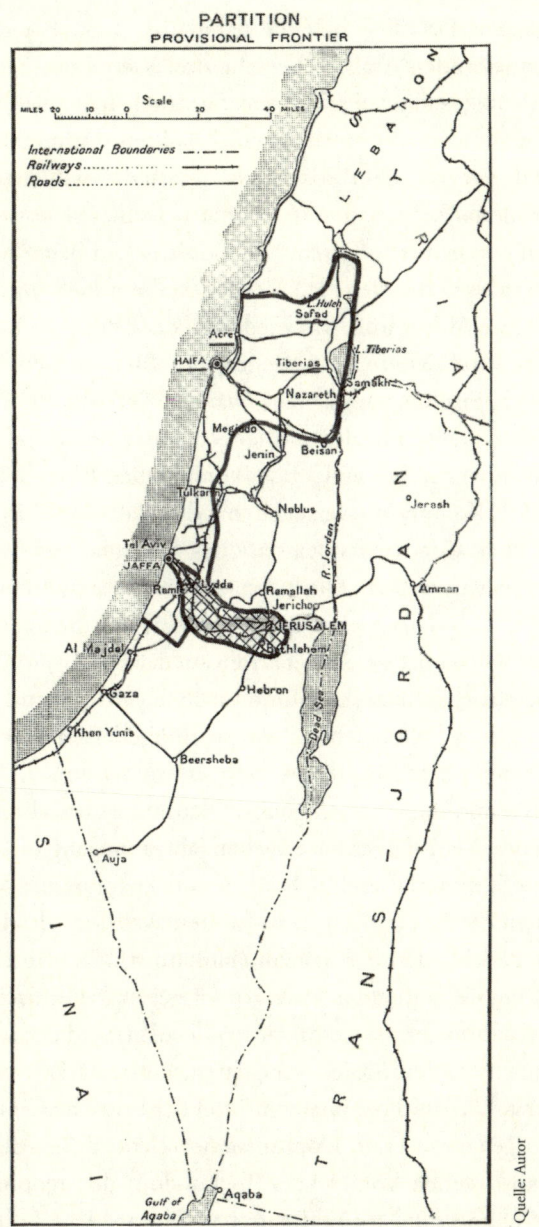

Aufteilung des Landes nach dem Vorschlag der Peel-Kommission

anzubieten. Da die Juden die Minderheit war, bot die Peel-Kommission den Arabern beinahe drei Viertel des Landes an. Beide Völker sollten einen eigenen Staat erhalten, allerdings mit einer zugunsten Englands eingeschränkten Souveränität. Vor dem Hintergrund des Britischen Mandats, das nichts anderes als eine Kolonialherrschaft war, konnte man diesen Vorschlag als großen Fortschritt auffassen. Die Zionistischen Behörden in Palästina akzeptierten den Plan. Bei den Arabern stieß er jedoch auf vehemente Ablehnung, was wiederum der britischen Regierung den Vorwand lieferte, eine Beendigung ihrer Herrschaft auszuschließen. Für Juden und Araber war der Vorschlag des Peel-Ausschusses ein Novum, das sich jedoch wiederholte und zur Gewohnheit wurde. Im Verlauf der kommenden Jahrzehnte gab es mehrfach Kompromissversuche, die den Bau einer Brücke zwischen dem widerstreitenden nationalen Ehrgeiz der Juden und den Araber anstrebten. Die Juden zeigten sich stets kompromissbereit, während die Araber, die sich später Palästinenser nannten, unzugänglich blieben. Sie beharrten auf der Forderung, das Land gehöre ausschließlich ihnen und es käme gar nicht in Frage, einem anderen Volk einen Teil davon zu überlassen oder sich die Herrschaft zu teilen. Ihnen ging es immer um „Alles oder Nichts", und diese unnachgiebige Haltung verursachte die Tragödie der Palästinenser, sie erhielten jahrzehntelang nichts.

Aus Sorge um ihre Beziehungen mit der arabischen Welt verriegelten die Briten nach dem Zweiten Weltkrieg das Land vor den Überlebenden der Schoah (Holocaust). Dies forcierte die Rebellion des jüdischen Untergrunds gegen die britische Herrschaft. Je brutaler die Kolonialisten den Aufstand der Juden militärisch zu unterdrücken versuchten, desto stärker wurde der Widerstand. 1946 bat in einem Brief der britische Gouverneur, der so genannte High Commissioner General Sir Allan Cunningham, seinen Vorgesetzten in London, den renommierten Verteidigungsminister Feldmarschall Bernard Law Lord Montgomery of Alamein, erneut darüber nachzudenken, wie man den „Terrorismus" in Palästina bekämpfen könne. Er behauptete, der jüdische Aufstand sei nicht allein mit militärischen Mitteln niederzuschlagen. Vielmehr wollte er sich mit allen jüdischen Gruppierungen an einen Tisch setzen, selbst mit den extremistischen unter ihnen sprechen, um zu sondieren und herauszufinden, ob ein Kompromiss mit ihnen möglich sei. Wütend erwiderte Montgomery seinem Untergebenen, er sei naiv und verstehe nichts von Politik. Anstatt die Empfehlung des Gouverneurs in Betracht zu ziehen, entsandte er weitere 100 000 Soldaten zur Bekämpfung der Zionisten in Palästina. Es sollte nur ein Jahr dauern, bis sich die Vereinten Nationen und Schirmherren des britischen Mandats mit dem Problem Palästina beschäftigten, da die Lage im Nahen Osten weitgehend unkontrollierbar geworden war.

Die Vollversammlung der Vereinten Nationen beschloss am 29. November 1947 die Beendigung der britischen Herrschaft in Palästina. Nach der Befreiung vom Kolonialismus legte die UNO fest, das Land in zwei ungefähr gleich große Teile aufzuteilen: Den einen würde man den Juden Palästinas anbieten, damit sie dort ihren Staat verwirklichen können, den anderen Teil den Arabern. Die Führung der Juden wie auch die Mehrheit der Bevölkerung begrüßte den Beschluss der UNO wie eine messianische Erlösungsbotschaft und stimmte ihm freudig zu. Natürlich wusste man, dass man nach dem Verlust auf einen Teil des Landes endgültig verzichten musste – obwohl man mit ihm durch historische Wurzeln und Erinnerungen verknüpft war, die 2 000 Jahre lang in der Geschichte des jüdischen Volkes tradiert und gelehrt wurden. Nur eine rechtsnationalistische Minderheit wollte dies nicht hinnehmen. Die Mehrheit war pragmatischer und fand, dass mit der Teilung des Landes das Ziel der Zionistischen Bewegung im Grunde genommen erreicht war. Ihr Ziel war es, Menschen zu erlösen und nicht Steine; sie wollten einem Volk eine Existenz in Würde bieten, anstatt historische Monumente zurückzuerobern. Die Umsetzung dieses Vorhabens war

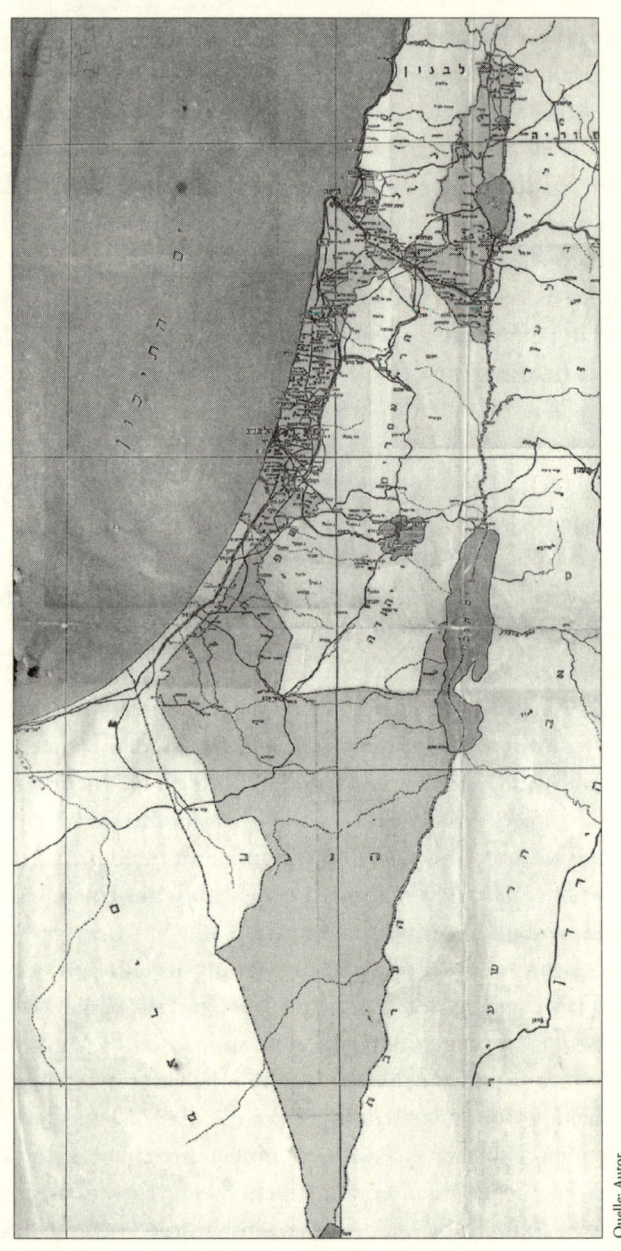

Teilungsplan der UNO von 1947

auch auf bedrückende Weise dringlich geworden. Schon während des Zweiten Weltkrieges hatten die Juden Palästinas ihre Geduld verloren. Bis dahin dachten sie, dass es der sichere Weg sei, die Unabhängigkeit nicht im Sturm zu erobern. Sie wollten das Land Schritt für Schritt aufbauen, die Zuwanderung langsam entwickeln, eine neue Nation mit einer eigenen Identität aufbauen, bis sich die Autonomie des Staates als eine selbstverständliche Realität ergeben werde. Doch der Holocaust gab den Juden in Palästina das Gefühl, auf tragische Weise versäumt zu haben, einen eigenen Staat zu gründen. In einem jüdischen Palästina hätten viele Juden, die den Nazis zu entkommen suchten und kein Asyl finden konnten, Zuflucht gefunden. Nach dem Krieg konnte man keine Juden mehr retten, aber die Überlebenden, die Flüchtlinge, denen man woanders eine Aufnahme verwehrte, wollte man im Land ihrer Vorväter aufnehmen. Das verhinderten die Briten. Die Unabhängigkeit war also zu einer Frage des Überlebens geworden.

Die selbst zugefügte Tragödie der Palästinenser

Die in Palästina lebenden Araber wiesen den Vorschlag der Vereinten Nationen rigide zurück, so wie sie es elf Jahre zuvor mit dem Plan der Peel-Kommission gehandhabt hatten. Hätten sie 1947 das UNO-Angebot akzeptiert, würde es heute kein heimatloses palästinensisches Volk geben. Stattdessen reagierten sie mit Gewalt, vergleichbar mit dem Terror im Jahr 2 000, mit dem sie die Angebote von Ehud Barak und Bill Clinton erwiderten. Die Gewalt, die kurz nach der Verkündung des Teilungsplans der Vereinten Nationen begann, hatte ein deutliches und klar deklariertes Ziel: Israel sollte im Keim erstickt werden, die Juden sollten von der Bildfläche im Nahen Osten verschwinden. Als es nach monatelangen Kämpfen nicht gelang dieses Ziel zu erreichen, riefen sie ihre so genannten Brüder, die Nachbarstaaten, zu Hilfe. Mit dem Abzug der Briten am 15. Mai 1948 und der Unabhängigkeitserklärung des Staates Israel durch David Ben Gurion begann die Invasion aller Nachbarstaaten, der sich auch der Irak anschloss. Wieder einmal war es das erklärte Ziel, den jüdischen Staat zu vernichten. Doch die nationalen Armeen von fünf Ländern konnten nach fast einem Jahr heftiger Kämpfe die kleine jüdische Gemeinschaft von Palästina, der nur ehemalige Untergrundkämpfer zur Verfügung standen, nicht in die Knie zwingen.

Die Nachbarstaaten kämpften nicht nur für ihre Brüder, die Araber in Palästina, wenn sie überhaupt an deren Interessen dachten. Oft waren sie nur ein Vorwand, um die eigenen egozentrisch-nationalen Ambitionen zu befriedigen. Entweder wollten sie für sich selbst ein Stück Palästina erobern oder deren Alliierten daran hindern, das Gleiche zu tun. Das Ergebnis des Krieges war, dass der Staat Israel entstand und dass die Araber insgesamt weniger Territorium erhielten, als ihnen die UNO ursprünglich zugesprochen hatte. Ein weiteres Resultat war, dass Ägypten und besonders Jordanien große Teile Palästinas annektierten, wie das Westjordanland oder wie Ägypten im Fall des Gazastreifens, und ihre protektionistische Herrschaft ausrichteten. Wer wirklich alles verloren hatte, das waren die Araber Palästinas.

Es stellt sich hier die Frage, warum die Araber Palästinas im Gegensatz zu den Juden das UNO-Angebot nicht akzeptiert haben. Ihre Probleme, ihr Ziel und ihr Ehrgeiz hatten mit denen der Juden nichts gemeinsam. Die Zionisten brauchten dringend und unbedingt eine Heimat, eine Souveränität, und dabei waren die Dimensionen ihres Landes nicht von Vorrang. Die Araber Palästinas dachten nicht an eine palästinensische Heimat, denn sie betrachteten sich damals weder als ein Volk noch als Palästinenser. Sie waren arabische Patrioten, vielleicht sogar die fortschrittlichsten und ehrgeizigsten, allerdings im panarabischen und nicht in einem begrenzten palästinensischen Sinn. Der Begriff „Palästinenser" war damals nicht nur unbekannt, sondern hatte auch verächtliche Konnotationen. Im Laufe der Geschichte hatte es nie einen Palästinenserstaat gegeben. Nachdem die Römer das Land der israelitischen Königreiche in ‚Palästina' umbenannt hatten, war es immer nur eine belanglose Provinz wechselnder Reiche geblieben. Nach den Römern war Palästina eine abseits gelegene Provinz des byzantinischen Reiches, und genau so war es im 7. Jahrhundert nach der arabischen Eroberung der gesamten Region und ebenso im Osmanischen Reich bis hin zur britischen Eroberung am Ende des Ersten Weltkrieges. Die Briten, eine vom Völkerbund beauftragte Mandatsmacht in dieser Provinz, verwalteten das Land wie eine regelrechte Kolonie. Sie nannten ihre Kolonialbehörde eine „palästinensische Regierung", auch wenn diese ‚Regierung' nicht mehr als ein Kolonialbeamtengremium war, dessen Funktionsträger nur vorübergehend aus London entsandt wurden. Alle, die damals in Palästina lebten, wurden „Palästinenser" genannt, und auch die, die während der 30jährigen britischen Herrschaft im Land geboren wurden, nannte man so nach dem Vermerk ‚palästinensische Nationalität' in ihrer Geburtsurkunde, die sie im Übrigen als ‚british subject', britische Untertanen, auswies. Kein Bewohner des Landes war auf diesen Kolonialtitel stolz. Die Juden wollten so schnell wie möglich Israelis werden, und die Araber Palästinas wollten Bürger eines arabischen Reiches sein, mit dem sie eine Vereinigung anstrebten. Nach dem Zerfall des Türkischen Reiches wollten sie, wie viele Patrioten in zahlreichen arabischen Ländern, eine neue Kolonialherrschaft, nämlich die der Franzosen und der Briten, verhindern und im Sinne der glorreichen Geschichte der ersten arabischen Königreiche ein neues, vereintes Reich gründen, das sich über den gesamten Nahen Osten erstreckte. Angesichts dieses Ziels machte es keinen Sinn, eine separate Identität, einen kleinen arabischen Staat in einem Teil Palästinas zu gründen. Und wenn erst der gesamte Nahe Osten ausschließlich arabischer Boden wäre, warum sollten sie dann dulden, dass sich dort ein „fremder" Staat, nämlich Israel etablierte? Die panarabische Perspektive war der Grund für die Verweigerung des UNO-Teilungsplans und des Angriffs auf den entstehenden jüdischen Staat.

Das Scheitern des Krieges zerschmetterte die Pläne der Araber Palästinas. Die Entstehung eines jüdischen Staates im Nahen Osten hatte nicht verhindert werden können, wie auch die Idee eines einheitlichen arabischen Reiches eine Illusion war. Es gab offensichtlich fest zementierte separate arabische Identitäten, zementiert in verschiedenen Staatsgebilden. Jede arabische Nation von Syrien bis Ägypten hatte ihren eigenen Staat, ihre Flagge, ihre Nationalhymne, ihre Uniformen, ihre Währung; einzig die Araber Palästinas standen mit leeren Händen da. Ein Teil ihrer Bevölkerung wurde zu Flüchtlingen, Menschen, die vor den Schrecken des Krieges geflohen oder gar vertrieben wurden. Eigenes Land besaßen sie schon gar nicht mehr, da das ehemalige britische Palästina sich entweder in den Händen der Israelis befand oder in denen der Jordanier oder der Ägypter. So entstand die Tragödie eines Volkes ohne Heimat, das nicht in Würde leben kann.

Der ewige Kriegszustand

Nach dem Scheitern des Versuches der Araber Palästinas und der Nachbarstaaten Israels, die Entstehung eines jüdischen Staates zu verhindern, hätte normalerweise wie nach jedem Krieg ein Friedensprozess eingeleitet werden können. In der Geschichte gibt es verschiedene Friedensprozesse und Verträge. Gelegentlich lösen Friedensvereinbarungen grundsätzliche Probleme, öfter jedoch noch verdrängen sie diese, und unter Druck schließen die Feinde einen oberflächlichen Frieden der nicht lange hält. Im Nahen Osten war weder das eine noch das andere möglich. Nach dem Krieg von 1948, den die Israelis den „Unabhängigkeitskrieg" nennen, gab es zwar mühsame Verhandlungen zwischen Israel und den Nachbarstaaten, die aber nur zu einem so genannten ‚armistice', einem Waffenstillstand führten. Man versuchte nicht einmal, den Waffenstillstand mit dem Wort ‚Frieden' zu tarnen. Es ging den Aggressoren tatsächlich nur um eine vorübergehende Waffenruhe die so lange halten sollte, bis sie wieder im Stande sein würden, erneut anzugreifen, eine zweite Runde zu führen, um das Ergebnis von 1948 zu korrigieren. Angesichts der grundsätzlichen Einstellung der arabischen Welt durfte es nicht den kleinsten Ansatz eines Friedensprozesses geben, nicht einmal theoretisch. Die Charakterzüge der Fehde im Nahen Osten waren jahrelang überaus eigenartig, und vielleicht sind sie das noch immer: Kriege werden normalerweise zwischen Feinden geführt, die etwas voneinander verlangen. Sie können religiöse, wirtschaftliche oder demographische Ansprüche erheben, meistens aber sind es territoriale. Sobald der Sieger erreicht hat was er anstrebt, ist er bereit, mit dem Gegner Frieden zu schließen. Der Verlierer dagegen wird bereit sein Frieden zu schließen, sobald er die Schlussfolgerung gezogen hat, dass er erschöpft ist und physisch keinen Krieg mehr führen kann. Ob er den Frieden ehrlich akzeptiert und sich mit ihm abfindet, ist eine andere Frage. Was im Nahen Osten jedoch anders war ist die Tatsache, dass eine Seite von der anderen gar nichts erwartete, dass die eine Seite überhaupt keine Ansprüche an die andere stellte. Die arabischen Länder und die Araber Palästinas haben von den Israelis überhaupt nichts verlangt. Es gab keine Forderungen, denen die Israelis nachgeben konnten, nichts, das die Feinde zufrieden stellen konnte. Was die Araber von Israel verlangten, war eigentlich nur das Eine: Israel und die Juden sollten verschwinden. Solange man davon ausgeht, dass dieses Ziel realisierbar ist, hat man natürlich keinen Grund, mit dem Feind zu verhandeln. Sobald er vernichtet ist, bekommt man ja ohnehin alles, was man sich vorstellen kann. Verhandeln? Wozu? Man konnte mit den Israelis doch nicht ihr Verschwinden aushandeln!

Die Wurzel des Nahostkonflikts deutet darauf hin, dass die Ursache des Kriegszustandes im Nahen Osten nicht, so wie viele Menschen sogar in Israel meinen, das palästinensische Problem ist. Die Araber Palästinas haben von der UNO das gleiche Angebot bekommen wie die Juden Palästinas: Ihnen wurde eine Heimat, ein unabhängiger Staat zugesagt. Sie selbst haben den palästinensischen Staat verweigert. Die Ursache der Nahostkrise war das israelische Problem – die Tatsache, dass weder die Araber Palästinas noch die arabischen Nachbarstaaten bereit waren, die Existenz eines Staates Israel zu akzeptieren. Erst im Nachhinein entstand aus dem israelischen das palästinensische Problem; und dieses Problem, das heute im Vordergrund des Nahostkonflikts steht und das schmerzlichste der gesamten Region ist, ist ein Ergebnis und nicht die Ursache des Nahostkonflikts. Der Krieg im Nahen Osten hatte von Anfang an kein Streitobjekt, und diese Tatsache ist dafür verantwortlich, dass kein Kompromiss möglich war, dass es keine Lösung geben konnte und dass der Kriegszustand noch immer andauert. Der Staat Israel ist seit 55 Jahren unabhängig und hat während der gesamten Dauer seiner Existenz noch nie einen umfassenden Friedenszustand gekannt. Diese Situation ist wahrscheinlich ohne Präzedenzfall. Nach dem Krieg von 1948 wurden fast ununterbrochen Guerilla- und Terrorkriege gegen Israel geführt. Es wurde ein permanenter diplomatischer und wirtschaftlicher Boykott gegen den jüdischen Staat verhängt. Es gab weitere Kriege 1956, 1967 und 1973, in denen, besonders 1967, die arabischen Staaten ihre eroberten Gebiete in Palästina oder, wie Syrien, Teile ihrer Staatsgebiete an die Israelis verloren haben.

Ein Friedensprozess konnte nicht in Gang kommen, solange die arabische Welt nicht nur davon ausging, dass ihr Ziel, den Staat Israel aus dem Nahen Osten wegzufegen, gerechtfertigt war, sondern dass dies auch machbar war. Die ersten Friedensverhandlungen zwischen Israel und Ägypten, dem größten arabischen Staat, begannen, nachdem der damalige ägyptische Präsident Anwar as-Sadat laut eigenem Bekunden zu dem Schluss gekommen war, dass der Staat Israel eine endgültige Realität im Nahen Osten sei. Ob es wünschenswert war, den Staat Israel zu vernichten oder nicht, hatte für ihn keine Bedeutung mehr sobald er einsah, dass die arabische Welt ihr Ziel nicht durchsetzen konnte. Schließlich hatten alle arabischen Nachbarstaaten mit insgesamt fast 100 Millionen Einwohnern schon die kleine jüdische Gemeinschaft in Palästina mit insgesamt 600 000 Einwohnern und ohne nationale Armee nicht besiegen können. Auch nach Israels Staatsgründung hatte die arabische Welt alle späteren Kriege gegen das Land verloren. Inzwischen stand sie einem jüdischen Staat mit fünf Millionen Einwohnern gegenüber, der über ein ultramodernes Berufsheer verfügte und eine Volkswirtschaft, deren Bruttosozialprodukt größer war als das aller seiner Nachbarn insgesamt. Nach einer nüchternen Analyse dieser Fakten war Sadat zu dem Ergebnis gekommen, dass es sinnlos sei, Israel zu bekämpfen. Allerdings war er der Meinung, dass die Israelis für den Frieden, den sie anstrebten und brauchten, den höchst möglichen Preis bezahlen sollten. Er forderte die Räumung der Siedlungen auf ägyptischem Boden, die Rückgabe aller durch den Krieg an Israel verlorenen Gebiete und stellte die Bedingung, eine ernsthafte Lösung des palästinensischen Problems zu suchen.

Macht eine Schwalbe einen Sommer?

Als Präsident Sadat 1977 die Initiative ergriff, um mit den überraschten aber jubelnden Israelis zu verhandeln, isolierte ihn die arabische Welt, denn deren Entscheidungsträger und Meinungsmacher waren damals noch nicht so weit. Kurz bevor er nach Jerusalem flog, traf er sich in Syrien mit Präsident Hafis al-Assad um ihn davon zu überzeugen, dass gemeinsame Verhandlungen mit Israel für die arabische Seite erheblich günstiger ausfallen würden als ein Alleingang beider Staaten. Assad wie auch andere arabische Staatsoberhäupter jedoch glaubte damals noch an die Möglichkeit, Israel zu vernichten und verurteilte die Bemühungen des ägyptischen Präsidenten. Anwar as-Sadat aber gelang es, die Israelis von der Ehrlichkeit seiner Ansichten zu überzeugen; in glaubwürdiger Art und Weise bot er nicht nur den Frieden, sondern auch Sicherheit an und konnte deshalb alle seine Forderungen durchsetzen. Er erhielt tatsächlich seine gesamten Gebiete zurück, nachdem die Israelis nicht nur alle Siedlungen auf ägyptischem Boden geräumt und auch abgebaut hatten, damit die Siedler erst gar nicht in die Lage versetzt wurden, nostalgische Gefühle für ihre verlorenen Häuser zu entwickeln. Dass die Israelis grundsätzlich bereit waren, um eines sicheren Friedens willen nachzugeben, zeigt die auch Tatsache, dass Menachem Begin die Verhandlungen leitete und alle Bedingungen Sadats erfüllte. Der Premier einer rechtskonservativen Regierung mit dem damaligen Verteidigungsminister Ariel Scharon war einer der größten Nationalisten, Gründer des Likud und früherer Befehlshaber der extremistischen Untergrundorganisation „Etzel", die Ben Gurion in die Knie gezwungen hatte.

Noch viele Jahre hatte es gedauert, bis weitere arabische Spitzenpolitiker zur gleichen Schlussfolgerung kamen wie der ägyptische Präsident und bereit waren, die Existenz des Staates Israels hinzunehmen und mit dessen Regierung zu verhandeln. Der in der arabischen Welt isolierte Sadat bestand darauf, dass sich auch die ägyptischen und israelischen Kontrahenten mit dem palästinensischen Problem beschäftigten, um eine friedliche Lösung zu finden. Nach langem Zögern verkündete Begin seinen Beschluss, den ersten Schritt einzuleiten – er bot den Palästinensern eine Autonomie, die Selbstverwaltung aller besetzten Gebiete an. Damit war er der erste israelische Ministerpräsident, der die Palästinenser als Volk anerkannte. 1948 betrachteten sie sich aber noch nicht als ein eigenständiges Volk, sondern als Teil und Bannerträger der gesamten arabischen Nation. Nachdem die Palästinenser im Krieg das ihnen von der UNO zugesprochene Territorium wie auch ihre großarabische Identität verloren hatten, stellten sie fest, dass die Araber innerhalb ihrer Staaten eine eigenständige Nationalität entwickelt hatten und nur sie, die Araber Palästinas, weder Teil einer arabischen Vereinigung waren noch einen eigenen Staat besaßen. Und so entfalteten sie allmählich ein palästinensisches Selbstverständnis. Als sie endlich so weit waren, stellte sich das Problem ein, dass die verschiedenen israelischen Regierungen – bis auf Menachem Begin – inzwischen nicht mehr bereit waren, sie als ein Volk zu betrachten und ihre Ansprüche anzuerkennen.

Aus den Palästinensern wurde ein Volk im Elend, ohne Souveränität, ein Volk, das zum Teil aus Flüchtlingen besteht. Ihr stures Verhalten und ihre eigensinnige Politik änderten sie jedoch nicht. Sie wollten wie immer „Alles oder Nichts". So wie sie die Idee der Peel-Kommission von 1936, die ihnen drei Viertel des Landes anbot, abgelehnt und das UNO-Angebot von 1947, ihre Unabhängigkeit auf der Hälfte des Landes zu gründen zurückgewiesen hatten, so weigerten sie sich auch, Begins Angebot einer Autonomie in den besetzten Gebieten als ersten Schritt auf dem Weg zur Lösung des Problems anzunehmen. Aus diesen Zeiten stammt die zum Sprichwort gewordene Bemerkung des langjährigen israelischen Außenministers Aba Eban, die er über die Palästinenser machte, nachdem sie auch die Angebote von Barak und Clinton im Jahr 2000 ablehnten: „They never miss a chance to miss a chance" *(Sie versäumen keine Gelegenheit, eine Chance zu verpassen)*. Es musste noch viel Blut vergossen werden, die so genannte Intifada Ende 1987 ausbrechen, ein Aufstand, der den Palästinensern nur weiteres Elend einbrachte, bis sie bereit waren, sich grundsätzliche Überlegungen zur Natur eines Kompromisses zu machen. Diese Wende in ihrem Denken ermöglichte die Verhandlungen in Oslo von 1992 und 1993, aber erst nachdem auch die Israelis eine Metamorphose vollzogen hatten.

Die Position der Israelis, die jahrzehntelang kompromissbereit gewesen waren, hatte sich aufgrund ihrer wiederholten militärischen Überlegenheit und der arabischen Uneinsichtigkeit verhärtet. Vor dem Sechstagekrieg im Juni 1967 herrschte im Land eine überaus düstere Stimmung. Israel und die Weltöffentlichkeit waren beeindruckt von der offensichtlich riesengroßen ägyptischen Armee, die sich, ausgerüstet mit den modernsten Waffen der Sowjetunion, vor den Kameras internationaler Fernsehreporter am 19. Mai mit großer Überlegenheit in Richtung der israelischen Grenze in Bewegung setzte. Die UNO beeilte sich ihre Beobachter aus der Region zurückzuordern, die Syrer und später auch die Jordanier schlossen sich den Ägyptern an, und die Meinungen, die die Weltgemeinschaft dazu äußerte, wurden in Israel als recht defätistisch empfunden. Die Stimmung im Land war wie am Vorabend einer historischen Katastrophe. Viele Israelis wurden von Freunden und Verwandten in aller Welt aufgefordert, bei ihnen Zuflucht zu suchen. Innerhalb von sechs Tagen siegten sie aber an allen Fronten. Die syrischen Golanhöhen, die ägyptische Halbinsel Sinai einschließlich Westjordanland und Gazastreifen – eine Gesamtfläche, die viermal so groß war wie ganz Israel, wurde erobert. Dass dabei auch die verlorenen historischen Gebiete der alten israelitischen Königreiche zurückgewonnen wurden, löste ein Erdbeben aus: Mit dieser 2000 Jahre alten Erinnerung an biblische Landschaften waren die jüdischen Kinder aufgewachsen, auch wenn man auf diese Gebiete aus realpolitischen Erwägungen und unter großen Schmerzen verzichtet hatte. Dieser Blitzsieg, über den auch die Welt staunte, machte die Israelis trunken vor Freude. Sowohl die Errettung der Nation als auch die als wundersam empfundenen Errungenschaften der Armee wurden zum Mythos und haben die Mentalität der Bevölkerung über lange Jahre hin zutiefst geprägt.

Und dennoch – hätten die besiegten arabischen Nachbarstaaten unmittelbar nach dem Krieg das Angebot gemacht, den jüdischen Staat anzuerkennen und mit ihm über einen Frieden zu verhandeln, auch unter der Bedingung „bis zum letzten Zentimeter" (Anwar as-Sadat) alle verlorenen Gebiete zurückzubekommen, wären die Israelis zumindest in der unmittelbaren Nachkriegszeit mit aller Leidenschaft dafür eingetreten. Stattdessen erbrachte der Gipfel von Karthum im November 1967 das gegenteilige Resultat. Am Ende der Tagung verkündeten alle arabischen Staaten einstimmig, dass es niemals Verhandlungen geschweige denn eine Anerkennung Israels oder einen Friedensschluss geben würde. Diese Erklärung vor der Weltöffentlichkeit wirkte wie eine eiskalte Dusche auf die Israelis. Seit diesem Zeitpunkt verschanzten sie sich hinter ihrer angeblichen militärischen Übermacht. Die Fronten verhärteten sich; der Nationalismus, besonders der religiöse breitete sich weiter aus und verstärkte sich. Damals hatte die Siedlungsbewegung Konjunktur, die orthodoxen Juden schlugen in den wieder gefundenen historisch-biblischen Gebieten ihre Wurzeln. Zunächst begann sie mit einer winzig kleinen extremistischen Minderheit, die allmählich immer größere Teile der Bevölkerung von ihrer Ideologie überzeugte und die verschiedenen Regierungen Israels zur Unterstützung überredete oder unter Druck setzte, bis sie nach einigen Jahren mächtig genug war, jede weitere Regierung einzuschüchtern. Und trotzdem, als der ägyptische Präsident Anwar as-Sadat 1977 Geheimkontakte mit den Israelis aufnahm, die zu seiner die ganze Welt überraschenden Initiative führten, als er den Stier an den Hörnern packte und in die Hauptstadt des Feindes flog, um mit ihm unmittelbar zu verhandeln, führte diese Initiative zu einem überaus positiven Ergebnis. Angesichts des als glaubwürdig empfundenen Angebots Sadats, ihnen Frieden und Sicherheit zu gewähren, verzichteten die Israelis auf alle Gebiete, die sie in Ägypten eingenommen hatten. Sie räumten und bauten alle Siedlungen ab, die sie auf ägyptischem Boden errichtet hatten. Dasselbe geschah 1994 beim Friedensschluss mit Jordanien.

Nur mit den Palästinensern sah alles anders aus. Die rechte Likudregierung unter ihrer historischen Führungspersönlichkeit Menachem Begin bot den Palästinensern eine Selbstverwaltung als ersten Schritt in Richtung einer dauerhaften Lösung an. Das Angebot wurde abgelehnt, danach gab es so gut wie keine Verhandlungen mehr und die Siedlungen in den palästinensischen Gebieten vermehrten sich zunehmend. Ein Großteil der Israelis gewöhnte sich an den Gedanken, dass sie in diesen Gebieten eigentlich so gut wie zu Hause waren. Schließt man die vorübergehenden Waffenstillstandslinien zwischen Israel und Jordanien oder zwischen Israel und dem Gazastreifen aus, hatte es in der Geschichte noch nie einen Palästinenserstaat und zwischen den besetzten Gebieten und Israel keine festgeschriebene Grenze gegeben. Demnach konzentrierte sich das Interesse Israels auf einen Friedensschluss mit den Nachbarstaaten Syrien und Libanon. Zwar gab es immer noch einige Terrorangriffe auf die israelische Zivilbevölkerung, aber damit hatten sie schon immer gelebt, das war nichts Neues. 1987 brach der erste Aufstand der Palästinenser aus, der eher ein Zivilaufstand war. Er wurde „Aufstand der Steine" genannt, weil das Charakterisierende daran Steine waren, mit denen die Palästinenser die Israelis bewarfen. Dieser Aufstand hat die grundlegende Haltung, die die damalige Likudregierung unter Vorsitz von Itzhak Schamir gegenüber den palästinensisch besetzten Gebieten einnahm, zwar nicht verändert, aber die israelische Bevölkerung war verunsichert und wurde sich des Problems sehr viel bewusster.

Der kurze Osloer Frühling

Mit der Arbeitspartei-Regierung von Itzhak Rabin und Shimon Peres, die Premier Schamir und die Likudregierung 1992 ablösten, kam es in der israelischen Politik zu einer Wende. Zunächst verkündete die Rabin-Regierung, sie würde neue Prioritäten im Budget des Staatshaushaltes setzten. Anstatt in die besetzten Gebiete zu investieren und den Siedlungsbau zu unterstützen, würde man eher für die schwächeren Schichten der Bevölkerung im Land sorgen und Geld in die Infrastruktur stecken. Gleichzeitig begann man darüber nachzudenken, nicht nur mit den Palästinensern zu verhandeln – das hatte Menachem Begin ja schon versucht – sondern auch mit der verhassten PLO, mit der „Bewegung der Terroristen und Mörder, die nur Israel vernichten will". Die neue Regierung nahm die ihr unangenehme Wahrheit zur Kenntnis, dass man nur einen glaubwürdigen und wirksamen Dialog mit den Palästinensern führen könnte, wenn man bereit wäre, die PLO als Gesprächspartner zu akzeptieren. Daraus folgte letzten Endes auch der Osloer Vertrag, der zwar keinen Frieden aber einen Friedensprozess ins Leben rief. Es war ein historischer Durchbruch auf beiden Seiten: Israel erkennt seither die PLO als Vertreter des palästinensischen Volkes an und die Palästinenser die Existenz des Staates Israel.

Doch warum kam es dann nicht zu einem endgültigen Friedensschluss? Warum konnte man mit den Palästinensern nicht so verhandeln, dass Frieden geschlossen wurde wie mit den Ägyptern und mit den Jordaniern? Man glaubte, die Probleme zwischen Israelis und Palästinensern seien viel komplizierter, empfindlicher und brisanter als die Unstimmigkeiten, die zwischen Israel und den Nachbarstaaten bestanden hatten. Man könne sich deshalb nicht leisten, sofort alle Karten auf den Verhandlungstisch zu legen und alle problematischen Fragen auf einmal zu verhandeln. Mit einem solchen Vorgehen würde man einen möglichen Frieden letztendlich torpedieren. Man müsse, so sahen es sowohl die Palästinenser als auch die Israelis, die Probleme schrittweise, vorsichtig und behutsam lösen. Und so begann der Osloer Friedensprozess damit, dass die Palästinenser, oder besser gesagt die PLO, als Ansatz zwei Autonomiegebiete erhielten – Gebiete im Gazastreifen und die Stadt Jericho im

Westjordanland. Es ging lediglich um eine Selbstverwaltung in einem Teil der besetzten Gebiete, ohne vollständige Souveränität. Diese Selbstverwaltung sollte allmählich auf weitere Teile der besetzten palästinensischen Gebiete ausgeweitet werden, bis hin zur Unabhängigkeit, also zum Palästinenserstaat. Im Verlauf des allmählichen Friedensprozesses wollte man vor allem das tiefe Misstrauen, um nicht zu sagen den Hass, der zwischen den beiden Völkern herrschte, langsam abbauen, die Kluft zwischen den unterschiedlichen Mentalitäten und Verhaltensmustern beider Völker verkleinern. Im Prozess der Annäherung sollten als letzter Schritt auch die heikelsten Probleme angetastet werden, ohne die bisher erzielten Errungenschaften zu riskieren: Die Zukunft der Stadt Jerusalem, den Abbau der Siedlungen und das Rückkehrrecht der palästinensischen Flüchtlinge.

Im Jahr 2003 gingen nur noch die wenigsten auf beiden Seiten davon aus, dass der Friedensprozess, der in Oslo zehn Jahre zuvor ins Leben gerufen wurde, endgültig gescheitert und begraben sei. Ob das tatsächlich so ist, wird die Zukunft zeigen. Vielleicht ist es keine Übertreibung, wenn der ehemalige Justizminister der Regierung Barak, Yossi Beilin, den Friedensprozess von Oslo als ‚verletzte Taube' bezeichnet. Dass sie langsamer fliegt, ist jedenfalls eine Tatsache. Der Prozess ist ins Stocken geraten und das Schlimme ist, dass die meisten Bürger, Israelis und Palästinenser, geringschätzig über den Friedensprozess sprechen und ihn gelegentlich sogar verabscheuen. Natürlich beschuldigt jede Seite die andere, den Prozess torpediert und von Anfang nie die Absicht gehabt zu haben, ihn ehrlich fortzusetzen und unterzeichnete Übereinkommen zu respektieren. Bei den Israelis heißt es, die Palästinenser hätten nie auf Terror verzichtet, obwohl sie die Existenz des Staates Israel offiziell anerkannt hätten. Auch auf die Aufhetzung und Erziehung ihrer Jugend zum Hass sowohl gegen den Staat Israel als auch gegen die Juden hätten sie nie verzichtet. Die Palästinenser bezichtigen die Israelis, trotz ihrer erklärten Verpflichtung, die Entwicklung der palästinensischen Autonomie in allen besetzten Gebieten bis hin zur Gründung eines souveränen Palästinenserstaats zu fördern, die Siedlungsbewegung nie gestoppt zu haben. Im Gegenteil, sie hätten weitere Siedlungen gebaut, die ein Widerspruch zur Entwicklung der palästinensischen Autonomie seien und einen Palästinenserstaat langfristig verhindere. Im Laufe der Jahre, in denen der Friedensprozess von Oslo fortschritt und ununterbrochen Verhandlungen zwischen Israelis und Palästinensern geführt wurden, gab es immer Stimmen auf beiden Seiten, die jeweils der anderen Seite vorwarfen, die unterschriebenen Verträge nicht in die Tat umzusetzen und insgeheim zu behindern.

Was geschah in Wirklichkeit? Im Nachhinein kann man sagen, dass beide Seiten tatsächlich nicht den Mut oder die Macht besaßen, die Verträge, die man immer weiter verhandelte und unterschrieb, ehrlich und pünktlich umzusetzen. Für die Israelis hatte in jedem Friedensprozess mit den Nachbarn die Sicherheit Priorität, sie war die wichtigste aller Bedingungen und ein Prüfstein für den guten Willen und die Glaubwürdigkeit des Verhandlungspartners. Die besetzten ägyptischen und jordanischen Gebiete wurden nur sehr vorsichtig und allmählich abgetreten. Hätte es während der Jahre der Rückgabe besetzten Landes seitens der Ägypter oder Jordanier Angriffe oder Terroranschläge gegen Israel gegeben, hätte man den Rückzug gestoppt und der Friedensprozess wäre ins Stocken geraten. Die andere Seite hat jedoch alle ihre Verpflichtungen streng eingehalten und seither setzen sie ihre eigenen Streitkräfte dafür ein, dass die Grenze zu Israel nicht von Terroristen angegriffen wir und lässt darüber hinaus internationale Beobachter auf ihrem Terrain zu. Als die PLO-Behörde und Jassir Arafat selbst nach Unterzeichnung des ersten Oslo-Vertrags in die Autonomiegebiete im Gazastreifen und in die Stadt Jericho im Westjordanland einzogen, ging man in Israel davon aus, dass sie dort „Ordnung herstellen" würden und erwartete, dass sie den verschiedenen extremistischen Gruppierungen das Handwerk legen würden. Um Arafat den

Rücken zu stärken, hatten die Israelis in den Osloer Verträgen auch für ein palästinensisches Heer gesorgt, Streitkräfte, die sich zwar Polizei nannten, die aber viel zahlreicher und besser bewaffnet war als üblich und überdies von Geheimdiensten unterstützt wurden. Die Israelis selbst trugen dazu bei, diese Polizei auszurüsten und förderten die Zusammenarbeit zwischen deren Geheimdiensten und israelischen Kollegen. Sie waren zuversichtlich, nicht nur weil sie annahmen, dass Arafat genau wüsste, dass die Grundbedingung für die Erweiterung der Autonomie und die Erlangung eines unabhängigen Staates Ruhe und Sicherheit sei. Sie gingen davon aus, dass es in seinem Interesse sei, unabhängige bewaffnete Gruppierungen im eigenen Land auszuschalten um die Macht zu übernehmen und sich dauerhaft als Staatsoberhaupt zu behaupten. Es gibt keine Regierung der Welt, die unabhängige bewaffnete Gruppierungen innerhalb ihres Staates dulden oder zulassen kann. Umso mehr müsste nach israelischer Meinung Arafat so klug sein zu wissen, dass die Extremisten im palästinensischen Lager, sei es die Hamas oder der islamische Dschihad, seine Macht unmittelbar bedrohen könnten, um ihn abzulösen.

In den 70er und 80er Jahre ist es schon fast zur Tradition geworden, dass Mitglieder dieser extremistischen Gruppierungen Arafats engste Mitarbeiter umbrachten. Als dann im Gegensatz zum ägyptischen und jordanischen Beispiel während der Umsetzung der Osloer Verträger palästinensische Terroristen im israelischen Kernland Anschläge verübten, glaubten viele Israelis und auch die Rabin-Peres-Regierung, es handle sich nur um einen vorübergehenden Zustand, um eine Art Kinderkrankheit der neuen Palästinensischen Autonomiebehörde, denn man war ja davon überzeugt, dass die Beseitigung der Extremisten in Arafats persönlichem Interesse liege. Mit der Zeit schrumpfte die Zuversicht und Geduld der israelischen Öffentlichkeit und der Behörden. Offensichtlich war Arafat nicht bereit oder er war nicht machtvoll genug, um die unabhängigen Terrororganisationen zu bekämpfen, die nicht so wie er selbst bereit waren, die Existenz des Staates Israel zu akzeptieren und sich mit den Osloer Verträgen abzufinden. Besonders besorgt und verärgert waren die Israelis darüber, dass die palästinensische Regierungsbehörde nichts tat, um ihre Bevölkerung auf den Frieden und die Koexistenz mit Israel vorzubereiten. In der Öffentlichkeit, in den Moscheen und an Schulen wurde Hasspropaganda gegen Israel und die Juden betrieben, ein Vorgehen, das unter israelischer Besatzung zumindest nicht offiziell erlaubt gewesen wäre. Die von der palästinensischen Behörde geduldete Hetzpropaganda führte beispielsweise angebliche Zitate aus dem Koran an, in denen die Juden als ein „niederträchtiges Volk oder als ‚Hunde‘ “ oder „Eselsöhne“ bezeichnet wurden. Zudem forderte sie Kinder offen dazu auf, sich als Selbstmordattentäter zu opfern. Diese Tiraden wurden auch in Radio- und Fernsehsendungen ausgestrahlt und mit Karikaturen illustriert die so aussahen, als seien sie dem nationalsozialistischen Hetzblatt *Der Stürmer* entsprungen. Insofern begannen sich Israelis die Frage zu stellen, ob es nur eine Schwäche von Arafat sei dies zuzulassen, oder ob man hier von Betrug sprechen konnte, derselben Doppelzüngigkeit, mit der der PLO-Chef das Problem der bewaffneten Extremisten behandelte.

Die geplanten Schritte, die den Palästinensern weitere Teile der besetzten Gebiete zur Ausweitung ihrer Selbstverwaltung übergeben sollten, wurden verschoben und verzögert. „Es gibt keine heiligen Termine“, sagte Jitzhak Rabin des Öfteren, eine Bemerkung, die die Weltöffentlichkeit nicht immer verstehen wollte. Auch die Siedlungsfrage wurde von der israelischen Regierung nicht so gehandhabt, wie es die Palästinenser erwarteten. Zwar reduzierte Rabin die israelischen Investitionen für den Siedlungsbau erheblich und versuchte zudem, weder neue noch die Erweiterung alter Siedlungen zuzulassen. Aber die Rechten und die Orthodoxen in Israel, besonders die Siedler und ihre Anhänger liefen zunehmend Sturm. Rabin und Shimon Peres konnten nicht behaupten, dass sie die fundamentalistischen Oppositionsparteien und Siedlerbewegungen nicht eingeschüchtert hätten. Die problematischste Siedlung in den Gebieten war und ist immer noch eine kleine, aber hoch motivierte religiös-extremistische Gruppe, die sich inmitten der arabischen Stadt Hebron festgesetzt hat. Ein paar Hundert jüdische Extremisten leben dort mitten in einer arabischen Stadt von 150 000 Einwohnern, und alle – Juden und Moslems – beten an einer für beide Religionen heiligen Stätte, der Gruft der Patriarchen. 1967 hatte es die israelische Besatzungsmacht den Juden, die 1929 nach einem von den Moslems verübten Pogrom vertrieben worden waren, wieder ermöglicht, in der Gruft zu beten. Dabei hatten sie die Moslems nicht ausgeschlossen, es wurde lediglich für beide Glaubensgemeinschaften eine Teilung der Gebetszeiten eingeführt. Dennoch sorgt sie für ständige Reibereien: dass sich Juden in die Belange und Verwaltung eines aus arabischer Sicht ausschließlich ihnen zugehörigen muslimischen Heiligtums einmischen und es für ihre religiöse Zwecke benutzen. Dass sich Juden rund um die Gruft in der Mitte des Altstadtkerns von Hebron niederließen, verstärkte das Problem. Gewalttätigkeiten zwischen den beiden Gemeinschaften kann nur dank strenger Kontrollen von Streitkräften in Grenzen gehalten werden.

Anfang 1994 war die Mehrheit der israelischen Bevölkerung schon soweit, die Osloer Verträge zu akzeptieren oder sie zumindest als unvermeidbare Realität hinzunehmen. Die Israelis, die begeistert waren als ihre Armee die heiligen Stätten, das historisch biblische Kernland des jüdischen Volkes, das Westjordanland 27 Jahre zuvor erobert und unter ihre Herrschaft gebracht hatte, erkennen mittlerweile, dass es mit der dort lebenden arabischen Bevölkerung erhebliche Schwierigkeiten gab. Zunehmend sahen die Meisten ein, dass sie niemals über eine andere Bevölkerung herrschen sollten und können – auch wenn es um die historische Heimat des jüdischen Volkes geht. Viele haben begriffen, dass die Besatzung eines Landes, dessen Menschen die

Fremdherrschaft natürlicherweise nicht akzeptieren, auch für die israelische Gesellschaft verheerend ist. Doch im Frühjahr 1994 schlug eine Nachricht aus Hebron wie ein Blitz aus heiterem Himmel ein und alarmierte die israelische Bevölkerung und die Welt: Ein jüdischer Siedler amerikanischer Herkunft kam zur Gebetszeit der Moslems in die Gruft der Patriarchen, erschoss 29 Gläubige, verletzte weitere und wurde danach von Überlebenden selbst umgebracht. Die israelische Bevölkerung war wie gelähmt, die Regierung befürchtete mögliche Racheakte seitens der Palästinenser gegen die Siedler und verhängte über die ganze Stadt eine Ausgangssperre. Für die Rabin-Peres-Regierung bot sich die Gelegenheit, diese gefährliche und höchst problematische Siedlung im Herzen der Stadt Hebron zu räumen. Es wäre ein guter Zeitpunkt gewesen, da eine große Mehrheit der Israelis die Räumung unterstützt, ihr sogar zugejubelt hätte. Rabin wagte nicht, diesen Schritt zu gehen und lieferte damit den rechten Oppositionsbewegungen den Beweis, dass sie ihn tatsächlich eingeschüchtert hatte. Die zunehmende Verwegenheit der extremistischen Opposition, die Hetzkampagne gegen die Rabin-Regierung und gegen die Osloer Verträge gipfelte letzten Endes am 4. November 1995 in dem tödlichen Attentat auf Jitzhak Rabin. Dessen Schwäche und mangelnde Durchsetzungskraft gegenüber der Siedlungsbewegung und deren Anhänger konnte die Palästinenser natürlich nicht in ihrem Glauben an den Friedensprozess bestärken.

Blickt man heute auf die so genannten guten Jahre des Oslo-Prozesses zurück, muss man feststellen, dass weder die Israelis noch die Palästinenser wirklich auf den Friedensprozess vorbereitet waren. Die Rabin-Regierung, die 1992 nur knapp die Wahlen gegen das rechte Lager gewonnen hatte und nur über eine sehr geringe Mehrheit im Parlament verfügte, war nicht bereit, den Gegnern im eigenen Lande die Stirn zu bieten. Es herrschte das Prinzip des unumkehrbaren Weges, den man eingeschlagen hatte. Er würde zwar steinig, aber eine Einbahnstraße in Richtung

Frieden sein. Man ging davon aus, dass sich die Bevölkerung mit der Zeit an den Gedanken der Räumung und des Abbaus der Siedlungen gewöhnen würde. War das ein Fehler? Hätte man schneller und entschiedener handeln sollen? Zu diesem Schluss ist in späteren Jahren Ministerpräsident Ehud Barak gekommen. Dennoch steht nicht fest, ob die sich allmählich positiv entwickelnde Stimmung, auf die die Rabin-Peres-Regierung gesetzt hatte, nicht schon im Voraus zum Scheitern verurteilt gewesen ist. Hätten die Palästinenser die Friedensangebote nicht mit Steinen beworfen, wäre es wahrscheinlich anders gekommen. Zwar können diese behaupten, die Unentschiedenheit der Israelis gegenüber den eigenen Extremisten hätte sie behindert. Dennoch hätten sie wissen müssen, dass sie ihr Ziel nie erreichen konnten, solange sie den Terror nicht entschieden bekämpften, so wie es die Ägypter und Jordanier getan haben. Die Tatsache, dass die Israelis während des Osloer Friedensprozesses weiter unter Anschlägen auf ihre Zivilbevölkerung litten, musste dazu führen, dass sie ihren Glauben daran verlieren. Und ohne klare Unterstützung der Bevölkerung konnte es sich keine Regierung leisten, auf historische Teile des Vaterlandes zu verzichten.

Als Präsident Anwar as-Sadat 1977 nach Israel reiste, setzte er die ganze Welt in Erstaunen. Vor allem aber die Israelis wollten ihren Augen nicht trauen, als sie den Regierungschef ihres größten und gefährlichsten Erzfeindes, mit dem sie sich jahrzehntelang im Kriegszustand befanden, auf ihrem eigenen Boden sahen. Und mit seinem Besuch begann die Überraschung aber erst. In all seinen Reden während verschiedener Veranstaltungen, die zu seinen Ehren ausgerichtet wurden, sprach Sadat die israelische Bevölkerung unmittelbar an. Natürlich machte er keinen Hehl daraus was er erwartete, insbesondere wollte er die verlorenen Gebiete seines Landes zurückbekommen. Aber er sprach vom Frieden – wozu hätte er sich auch sonst nach Israel bemühen sollen? Das Erstaunliche jedoch war, dass er immer wieder das zentrale Thema der Israelis, die Sicherheit, ansprach. Dieses Thema, so stellte er es dar, habe für ihn die oberste Priorität. Wie er selbst sagte, hatte er sich schon vor seiner Reise bemüht, die israelische Mentalität zu verstehen. Dabei war ihm sehr deutlich geworden, dass seiner Forderung, Ägyptens Gebiete „bis zum letzten Zentimeter" zurückerstattet zu bekommen, nur nachgegeben würde, wenn er die Israelis davon überzeugen konnte, dass sie von diesem Territorium aus nie wieder überfallen würden. Es musste unmissverständlich sein, dass Frieden für die ägyptische Regierung nicht nur ein Lippenbekenntnis war, sondern ein Vertrag und eine glaubwürdige Verpflichtung, die Ruhe und Sicherheit garantiere. Und genau das vermittelte er der israelischen Bevölkerung; nur aus diesem Grund hatte er letzten Endes alle seine Gebiete „bis zum letzten Zentimeter" zurückbekommen und Israel räumte und baute alle Siedlungen ab.

Merkwürdigerweise nahmen sich Arafat und die palästinensischen Spitzenpolitiker kein Beispiel an Sadat. Er und seine engsten Berater hatten den israelischen Medien im Laufe der Jahre unzählige Interviews gegeben, und sie machten immer Schlagzeilen. Doch die Palästinenser hatten die Israelis mit ihren Ansprachen und Interviews – im Gegensatz zu Sadat und König Hussein – nie berührt. Der Erfolg, den ihre Öffentlichkeitsarbeit in Europa hatte, konnte in Israel nie gelingen. Wie den Europäern versuchten sie den Israelis ihre Rechte zu erklären. Sie schilderten ihr großes Elend und wie sehr ihre Bevölkerung leide. All dies bewegte und bewegt den neutralen europäischen Beobachter, während es die Israelis völlig gleichgültig ließ. Sie sagten dazu: „Na gut, das mag ja alles legitim sein, was mir da erzählt wird. Ich will aber zunächst hören, was mir geschieht, wenn die Palästinenser ihr Ziel erreicht haben. Gibt es eine Garantie für meine Sicherheit?"

Nach den Jahren des Algerienkriegs wollten die Palästinenser von der algerischen Untergrundbewegung Front de Liberation D'Algerie (FLN) aus deren Befreiungskrieg lernen, Lehren daraus ziehen. Vielleicht haben sie von den Algeriern die Methoden der Gewalt gelernt, nie aber die wirkliche Ursache ihres Erfolges verstanden. Gegenüber ihrer Besatzungsmacht, den Franzosen, waren die Algerier nie erfolgreich. Am Ende des Krieges beherrschte die französische Armee das ganze Land. Die algerischen Kämpfer saßen entweder hinter Gittern oder mussten nach Marokko oder Tunesien fliehen. Den Erfolg ihres Befreiungskrieges hatten die Algerier allein ihrer Öffentlichkeitsarbeit zu verdanken, vor allem in Frankreich selbst. Erst nachdem sie die französische Bevölkerung davon überzeugt hatten, dass es für die Kolonialmacht von Vorteil wäre, sich aus Algerien zurückzuziehen, gelang es ihnen, französische Extremisten und vor allem die Siedler der eigenen Bevölkerung zu isolieren, so dass sie ihr Ziel erreichen konnten. Die Palästinenser haben nie erkannt, dass sie nur ein Mittel haben um ihr Ziel zu erreichen: Sie müssen die israelische Bevölkerung überzeugen. Es wäre zwar nicht ungünstig, wenn sie die öffentliche Weltmeinung auf ihrer Seite hätten, aber dies wird nicht ausreichen. Denn ihre Terrormethoden sind völlig kontraproduktiv, sie verursachen Rückschläge, die für die Palästinenser verheerend sind.

Entgegen dem Vorgehen der Ägypter und Jordanier haben die Palästinenser die Israelis in puncto Sicherheit beunruhigt. Trotz des Friedensprozesses gingen die Terroranschläge weiter, das verstand niemand. Konnte Arafat die Terroristen nicht überwältigen, oder wollte er es nicht? Dies war für den durchschnittlichen Israeli eine interessante, aber keine entscheidende Frage. Durch den Terror wurde der Friedensprozess zunehmend unglaubwürdig, denn für die Israelis ist ein Friedensprozess ohne Sicherheit nichts als ein Täuschungsmanöver.

Mit folgender Geschichte erreichte ein bekannter israelischer Komiker in diesen Jahren besonders große Popularität:

Ein Lehrer wird im Klassenzimmer gefragt: „Was bedeutet das Wort ‚Dialog?‘“ Der Lehrer zögert ein wenig und fragt dann den Schüler: „Weißt du denn was ein Monolog ist?“

„Wenn ein Mensch eine Ansprache an Zuhörer richtet", erwidert der Schüler. „Falsch", sagt der Lehrer, „ein Monolog ist, wenn ein Mensch mit sich selbst spricht. Ein Dialog ist, wenn zwei Menschen mit sich selbst sprechen."

Dieser Witz karikierte den „Dialog" zwischen Israelis und Palästinensern während des Friedensprozesses: Beide Seiten redeten aneinander vorbei. Natürlich hat es gute und fruchtbare Gespräche zwischen Spitzenpolitikern gegeben, auch zwischen den Sicherheitsbehörden beider Seiten. Insgesamt aber haben sich die Kontrahenten nie richtig zugehört und das Ergebnis war, dass sie die Hauptsorgen und Empfindlichkeiten des anderen nicht richtig verstehen oder einschätzen konnten. Ein Rabbiner, der von Europa nach Jerusalem ausgewandert war, erzählte mir, dass er in seinen ersten Jahren in Israel den Ehrgeiz gehabt hätte, Brücken zwischen den Geistlichen beider Seiten zu schlagen und dem Dialog mit den Palästinensern viel Zeit widmete. Immer wieder verblüffte ihn, dass seine Gesprächspartner von der jüdischen Geschichte im gemeinsamen Land, von ihren heiligen Stätten so gut wie gar nichts wussten, ja weder an deren Echtheit noch an ihre historische Bedeutung glaubten, so dass sie die Empfindlichkeiten der Juden überhaupt nicht verstehen konnten. Dabei geht es hier doch um unmittelbare Nachbarn, die mit Israel verflochten sind. Wie, fragte sich der Rabbiner, kann es möglich sein, dass sie so wenig von uns wissen, dass sie die elementarsten Grundzüge der Mentalität ihres Nachbarn nie zur Kenntnis genommen haben? Nur etwas erschien ihm noch gravierender und überraschender: Die noch größere Ignoranz der Israelis in Bezug auf die Palästinenser.

Der ewige Terror

Neben all den Missverständnissen im Friedensprozess blieben die unabhängigen, bewaffneten extremistischen Terrororganisationen das größte Minenfeld in Jassir Arafats Lager. Heute sind fast alle Israelis fest davon überzeugt, dass Arafat diese Gruppierungen, die weder Israels noch seine Unterschrift in Oslo respektieren wollten, gar nicht stoppen wollte, und dass er den Terror als ein Verhandlungsmittel einsetzte. Anders als Sadat war er nie bereit, sein Ziel nur mit diplomatischen Mitteln zu erreichen. Er wollte beides, so glauben die meisten Israelis.

Nach der Ermordung Jitzhak Rabins im November 1995 kam Shimon Peres an die Macht. Der neue Regierungschef, Bannerträger der ‚Tauben‘ in der Arbeitspartei, war wahrscheinlich die beste Chance, die die Palästinenser in Israel jemals hatten. Peres dachte, er würde innerhalb kurzer Zeit sowohl mit Syrien wie auch mit den Palästinensern einen endgültigen und dauerhaften Frieden schließen. Er war davon überzeugt, dass ihn die Mehrheit der israelischen Bevölkerung, die über das Attentat auf Rabin so empört und entrüstet war wie nie zuvor in der gesamten Geschichte ihres Staates, ihn auch auf diesem Wege unterstützen würde. Um genug Spielraum zu haben, rief er vorgezogene Wahlen aus. Zu diesem Schritt veranlassten ihn Meinungsumfragen, die ihm mit großem Abstand einen Sieg gegen seinen jungen und unerfahrenen Herausforderer Benjamin Nethanjahu vorhersagten. Kurz vor den Wahlen aber wiederholte sich das gleiche Szenario, das Peres schon in der Vergangenheit erlebt hatte: Im Februar und März 1996 erlebte die israelische Zivilbevölkerung in den Großstädten eine Reihe von besonders grausamen und blutigen Terroranschlägen. Die Konsequenz war, dass die Israelis die Palästinenser für unglaubwürdige, ja tückische Gesprächspartner hielten, die überhaupt nicht an einem Friedensprozess interessiert seien. Peres, so die mehrheitliche Meinung, sei viel zu gutgläubig und naiv um mit diesen doppelzüngigen Leuten zu verhandeln, und demzufolge der falsche Mann. Ein Friedensprozess ohne Sicherheit wurde nicht ernst genommen sondern als bedrohlich empfunden. Die Sympathien, die der Premier der Arbeitspartei angesichts der Terroranschläge einbüßen musste, konnte er bis zu den Wahlen nicht mehr ausgleichen. Und so kam Hardliner Nethanjahu, der sich öffentlich dazu bekannte, ein Gegner der Oslo-Verträge zu sein, an die Macht. Im Jahr 1996 wiederholte sich das, was sich auch in der Zukunft ereignen sollte: Der Terror fanatischer palästinensischer Extremisten ermöglichte die Abwahl einer gemäßigten, kompromissbereiten israelischen Regierung und verhalf einer Koalition von rechts bis orthodox zur Macht, Parteien, die einem autonomen Palästinenserstaat grundsätzlich skeptisch gegenüberstehen. So setzt sich die Spirale der Gewalt fort. Aus dem Nahen Osten nichts Neues: Jeden Anschlag von Selbstmordattentäter beantwortete die israelische Armee mit dem Niederwalzen von „Terroristennestern" – Kollateralschäden, wie die Zerstörung von palästinensischen Häusern, die unschuldigen Zivilisten gehörten, inbegriffen.

Die dreijährige Regierungszeit Nethanjahus waren schlechte Jahre für den Friedensprozess, aber auch für Israel insgesamt. So empfanden es auch diejenigen, die ihn im Frühjahr 1999 vorzeitig abwählten. Zwar verhandelte der Likud-Premier auch ab und zu mit den Palästinensern. Aber unter massivem Druck, insbesondere von Seiten der Amerikaner, machte er hin und wieder Zugeständnisse, übergab den Palästinensern weiteres Territorium und ermöglichte die Ausdehnung ihrer Autonomie. Gleichzeitig baute er weitere Siedlungen, respektierte die Verträge mit den Palästinensern nur teilweise und setzte sie nicht immer um unter dem Vorwand, der Nachbar habe die Verträge mit Terror beantwortet. In der Tat hatten oft beide Seiten mit ihren Beschwerden Recht. Als ein deutscher Journalist die Politik Nethanjahus als ein Vorgehen mit ‚Zuckerbrot und Peitsche' beschrieb, sagte ich ihm, es wäre richtiger, sie als ‚Zuckerbrot und

Zuckerbrot' zu beschreiben. Einmal gab er dem Druck der Palästinenser nach, dann wieder tat er das Gegenteil und machte seinen Anhängern aus dem rechten und rechtextremistischen Lager Zugeständnisse, die nur auf Kosten der Palästinenser gehen konnten. Die Palästinensische Autonomiebehörde war selbst erschrocken über die Terroranschläge, die zu Peres' Machtverlust geführt hatten. Deshalb ging sie vielleicht zum ersten Mal, zumindest kurzfristig, ernsthaft gegen den Terror und die extremistischen Gruppierungen vor. Dieser Umstand war für Nethanjahus Ansehen in der ersten Phase seiner Amtszeit günstig. Doch allmählich verloren die Palästinenser ihre Zielstrebigkeit was die Terrorbekämpfung anlangte. Es kam sogar soweit, dass die Polizei der Autonomiebehörde bei Kämpfen auf israelische Soldaten mit Waffen schoss, die sie von Israel erhalten hatten.

Die Lage verschlechterte sich aber nicht nur im politischen- und im Sicherheitsbereich. Der große Aufschwung, den die israelische Wirtschaft in den Jahren der Rabin- und Peres-Regierungen verzeichnet hatte, ließ allmählich nach, begab sich mit Nethanjahu auf eine rasante Talfahrt. Diese Krise wurde nur ein Jahr lang unterbrochen, als Barak an der Macht war. Mit Beginn der zweiten Intifada und der Abwahl der Arbeitspartei zugunsten Scharons im Februar 2001 geriet sie erneut in eine Phase der Rezession. Obwohl alle Likud-Regierungen sich mit ihrer Öffentlichkeitsarbeit heftig bemühten, eine Trennungslinie zwischen Politik und Wirtschaft zu setzen, ist es jedem objektiven Beobachter und Experten klar, dass die Verschlechterung der Sicherheitssituation und die Verdüsterung der Friedensperspektiven nicht nur Investoren aus dem Ausland sondern auch israelische entmutigt. Jede moderne Wirtschaft ist aber auf Investitionen angewiesen, denn ohne sie schrumpft die Wirtschaft.

Seit Jahrzehnten gibt es in Israel eine traditionelle Aufteilung der öffentlichen Meinung bezüglich des Nahostkonflikts. Ein Teil der Bevölkerung ist von den Friedenbemühungen überzeugt, steht hinter ihnen und ist aus Überzeugung zu Zugeständnissen bereit. Pauschal darf man davon ausgehen, dass die Arbeitspartei und die noch gemäßigtere Merez-Partei traditionell meist die Stimmen dieser Wähler, die etwa 40 Prozent der Bevölkerung ausmachen, bekommen. Auf der anderen Seite der Skala befinden sich rund 20 Prozent der Bevölkerung, die aus nationalen oder religiösen Gründen daran glauben, dass der Krieg ein Ringen um das Vaterland ist, dass dafür gekämpft, sogar ein Opfer gebracht werden muss, um den historischen Teil der biblischen, von Gott verheißenen Heimat zu bewahren – man zieht das Vaterland dem Frieden vor. Diese Menschen offenbaren der Öffentlichkeit diesen echten Glauben aber nicht, und ganz sicher nicht dem Ausland. Sie werden ihren Kampf immer mit ihrem Sicherheitsbedürfnis begründen und den Terror als Vorwand benutzen. Die verbleibenden in etwa 40 Prozent entscheiden die Wahlen. Dieser Teil der Bevölkerung ist weder von der einen noch von der anderen Ideologie motiviert, ihre einzige Sorge ist ihre Sicherheit. Da der Staat Israel noch nie im Frieden gelebt hat, haben sie, die ohnehin durch die empfindliche jüdische Leidenstradition geprägt wurden, eine besondere Sensibilität gegenüber der Sicherheitsfrage entwickelt. Überzeugt man sie, dass ein echter, glaubwürdiger Schutz garantiert werden kann, so sind sie zu Zugeständnissen bereit. Zwar glauben auch sie, dass ihnen die besetzten Gebiete aus historischen Gründen gehören, doch vorwiegend betrachten sie diese als einen Vorposten des Staates Israel, einen Puffer für strategische Positionen, der für die Verteidigung unentbehrlich ist und sie vor dem bedrohlichen Nachbarn, der sie vernichten will, schützt. Die dort lebenden Siedler werden im Kriegszustand ein wenig als Frontsoldaten betrachtet. Sollte es Frieden geben, so braucht man aber weder strategische Positionen noch Frontsoldaten; man kann auf die besetzten Gebiete verzichten. Deshalb wurde die israelische Regierung bei ihrem Verzicht der Rückgabe von besetztem Land an Ägypten oder Jordanien von 80 Prozent der Bevölkerung unterstützt. Die restlichen 20 Prozent blieben die ideologisch motivierten Vaterlandsverteidiger und Gegner des Friedensprosses, wie sie es heute noch bezüglich des Westufers sind. Im Fall Ägyptens waren sie in den späten 70er und Anfang der 80er Jahre sogar zum Bürgerkrieg bereit. Als sie aber feststellen mussten, dass die Mehrheit der Bevölkerung den Friedensvertrag, Zugeständnisse eingeschlossen, befürwortete, fühlten sie sich isoliert und machtlos. Was die Palästinenser anlangt, verhält es sich jedoch anders: 40 Prozent unterstützten entschieden die Osloer-Verträge, 20 Prozent bekämpften sie verbittert und vehement und die 40 Prozent der Unentschiedenen – die meisten von ihnen sind Likud-Wähler – zögerten und gaben dem Friedensprozess zunächst eine Chance. Die Terroranschläge jedoch, die den Osloer Friedensprozess begleiteten, führten zu ihrer Verunsicherung. Da die Rabin- und Peres-Regierungen von diesem Teil der Bevölkerung immer weniger unterstützt wurden, verloren sie an Spielraum in den Verhandlungen und in ihren Möglichkeiten, Zugeständnisse zu machen. Diese unentschiedenen Wähler waren 1996 auch für Peres' Niederlage verantwortlich; sie brachten erst Nethanjahu und fünf Jahre später Scharon an die Macht. Sie sind der entscheidende Faktor der israelischen Politik: Sie schwanken zwischen rechts und links, zwischen Friedensstiftern und Siedlungsbefürwortern und können nur von Sicherheitsargumenten überzeugt werden.

Diese Verhältnisse, die jahrzehntelang die politische Grundlage Israels waren, haben in den letzten zwei Jahren ihre Basis verloren. Als die Scharon-Regierung zu vorgezogenen Wahlen gedrängt wurde, konnte man nicht mehr von der traditionellen Aufteilung in Gemäßigte, Hardliner und Abwartende sprechen. Die Unentschiedenen, die traditionell in der Mitte standen, haben sich den Extremisten angeschlossen, die Gemäßigten sind unsicher geworden und sagen heute: „Wir wären bereit gewesen, den Palästinensern Zugeständnisse zu machen, sind aber zu der Schlussfolgerung gekommen, dass das keinen Sinn hat. Es gibt niemanden auf der anderen Seite, mit dem man verhandeln könnte. Die Palästinenser wollen keinen Kompromiss, keinen Frieden, sie wollen uns schlicht vernichten. Auch wenn wir traditionell gemäßigte Wähler der Arbeits- oder Merez-Partei sind, unterstützen wir Scharon, dessen Politik unter Umständen vielleicht die einzig mögliche ist."

Ein palästinensischer Bantustaan

Worin aber besteht die Politik Scharons? Gibt es eine solche? Mit dem Kampf gegen den Terrorismus ist jedermann in Israel einverstanden. Zwar gibt es Leute, die über Nachrichten von Übergriffen der israelischen Streitkräfte in den besetzten Gebieten empört sind. Selbst die israelische Armee gesteht öfter ein, dass ihr viel zu häufig tragische Fehler unterlaufen, für die sie sich offen entschuldigt. Gelegentlich verkündet der Sprecher der Streitkräfte, dass Soldaten und Offiziere, die im Verdacht stehen, für Menschenrechtsverletzungen verantwortlich zu sein, vor Gericht gestellt werden. Dennoch halten andere das Militär in den palästinensischen Gebieten für gerechtfertigt und unverzichtbar. Krieg ist keine sterile medizinische Operation in einem Krankenhaus. Menschen in Gefahr, mit der Angst im Nacken, reagieren anders als jene, die das Geschehen in ihrem bequemen Wohnzimmersessel vor dem Fernsehgerät verfolgen.

Über den Kampf gegen Terrorismus hinaus gibt es aber auch eine klare Scharon-Politik. Am Vorabend der Wahlen im Jahr 2003 waren die meisten Israelis einschließlich der Gemäßigten davon ausgegangen, dass ihr Ministerpräsident keine Strategie habe und nur mit Verteidigung reagiere. Er habe, so ihre Meinung, keinen konkreten Plan, um aus der Zwickmühle herauszukommen und die Krise zu lösen. Diese Annahme war in den Augen der Mehrheit erstaunlicherweise eher ein Vorteil, während die Minderheit, die geschrumpfte Gruppe der Gemäßigten,

Idea: Palestinian state between the Jordan River and the Mediterranean.
Result: A tiny, overcrowded, dissected and demilitarized Israeli protectorate
alongside a threatened Jewish state devoid of strategic depth.

Idee: Ein Palästinenserstaat zwischen dem Jordan und dem Mittelmeer.
Resultat: Ein winziges, überfülltes, zergliedertes und entmilitarisiertes israelisches
Protektorat neben einem bedrohten jüdischen Staat ohne strategische Tiefe.

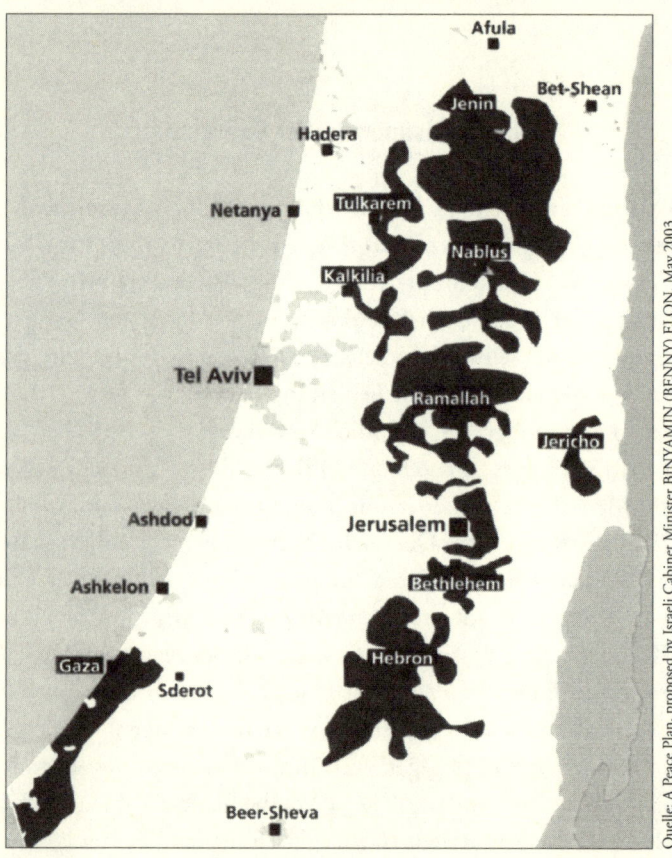

The areas of the "Palestinian state" (in dark) according to the Sharon pro-
posal. This area is designated for over 2.5 million (!) Palestinian Arabs prior
to the absorption of those dispersed in Arab lands.

Die Bereiche des „palästinensischen Staates" (dunkel) entsprechen dem Scha-
ron- Antrag. Dieses Gebiet ist für über 2,5 Millionen (!) palästinensiche Ara-
ber vorgesehen, deren Aufnahme vorrangig behandelt wird vor solchen, die zer-
streut in den arabischen Ländern leben.

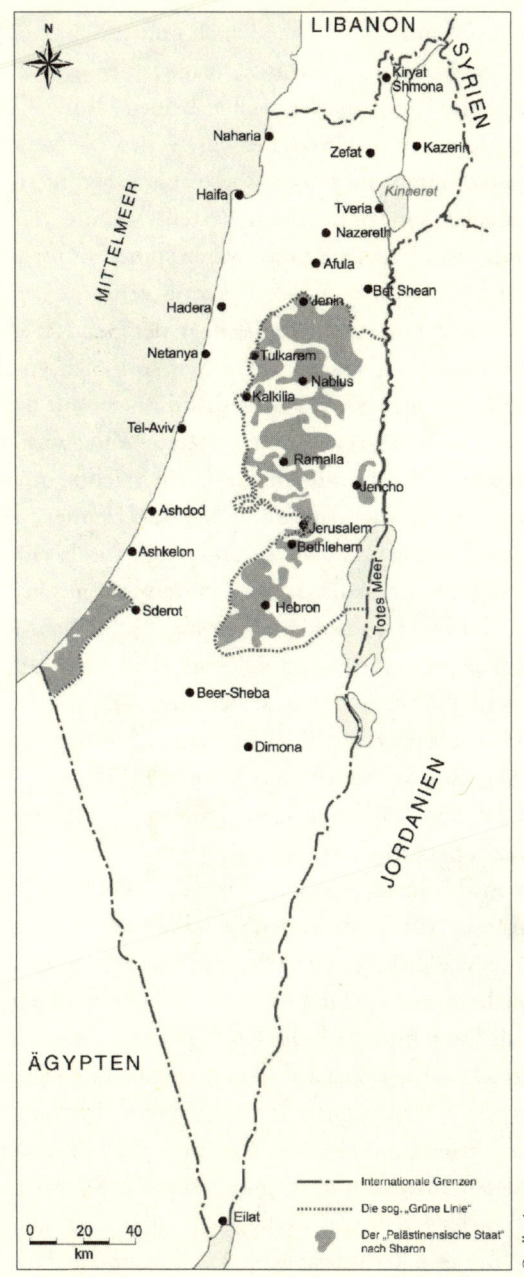

Quelle: Autor

LIBANON

SYRIEN

Kiryat
Shmona

Naharia

Zefat   Kazerin

Kinneret

Haifa

MITTELMEER

Tveria

Nazereth

Afula

Bet Shean

Hadera   Jenin

Netanya   Tulkarem

Nablus

Kalkilia

Tel-Aviv

Ramalla

Jericho

Ashdod

Jerusalem
Bethlehem

Ashkelon

Totes Meer

Sderot   Hebron

Beer-Sheba

Dimona

JORDANIEN

ÄGYPTEN

Internationale Grenzen

Die sog. „Grüne Linie"

Der „Palästinensische Staat"
nach Sharon

0   20   40
km

Eilat

141

Scharon Versagen vorwarf. Wann auch immer Scharon mit diesem Vorwurf konfrontiert wurde, reagierte er gelassen, wenn nicht gar zufrieden. Zunächst weil er keinen Grund hatte, sich deswegen Sorgen zu machen da er wusste, dass die Mehrheit der Bevölkerung hinter ihm stand. Wieso aber sahen die Israelis in einer strategielosen Politik einen Vorteil? Sie, die vom Osloer Friedensprozess bitter enttäuscht waren, unter Terror und Intifada nicht mehr auf den Friedensprozess vertrauten, glaubten, dass sie verdammt seien, mit der Waffe in der Hand zu leben und das Beste daraus zu machen. Da Scharon nicht mehr von Friedensplänen, auch nicht von Verhandlungen mit den Nachbarstaaten, mit denen Israel immer noch im Kriegszustand lebt, redete, geschweige denn Projekte in Gang brachte, um mit den Palästinensern zu einer Verständigung zu kommen, empfand ihn die Bevölkerung als nüchtern und pragmatisch, ehrlich und glaubwürdig. Dieser Mann, so hieß es, versucht uns keine Märchen und Illusionen zu verkaufen, er spricht die Wahrheit, Illusionen haben wir bereits satt. Dies ist aber nicht der einzige Grund, weshalb Scharon mit seiner aussichtslosen Politik im Reinen und zufrieden war. In Wirklichkeit verfolgte er seit geraumer Zeit eine Strategie, eine die nicht nur Theorie oder ein Entwurf ist, sondern seine Alltagspolitik, die er seit seinem Machtantritt beharrlich in die Tat umsetzt.

Scharon ist ein ideologisch motivierter Politiker. In jedem Amt, das er im Laufe der letzten 28 Jahren innehatte, tat er alles, um die Siedlungsbewegung zu stützen, bekämpfte er heftig jeden Friedensprozess. Sein historisches Ziel ist es, die besetzten Gebiete als Besitztum des jüdischen Volkes für immer und ewig zu sichern. In seinem Lager findet man zunehmend Leute, die entweder aus ideologischen Gründen oder aus Verzweiflung über den Terror daran glauben, dass man die Palästinenser aus den Gebieten ausweisen muss und benutzt dafür das harmlose Wort „Transfer". Scharon weiß genau, dass eine solche „Lösung", an die er in der Vergangenheit schon einmal dachte, zwar wünschenswert aber schlicht und einfach technisch nicht machbar ist. Eine Bevölkerung, die zahlenmäßig etwa 60 Prozent der gesamten israelischen Bevölkerung ausmacht, kann man nicht mit Gewalt ausweisen – ganz davon abgesehen, dass eine derartige Aktion eine weltweite Entrüstung auslösen würde. Wie also kann man die Gebiete behalten, sie auch irgendwann annektieren, ohne deren Bewohner zu vertreiben? Soll man aus den Palästinensern israelische Bürger machen? Schon heute leben in Israel innerhalb der Grenzen von 1967 mehr als eine Million Araber, 20 Prozent der Gesamtbevölkerung sind also hauptsächlich Moslems mit israelischer Staatsbürgerschaft. Würden zu den fünf Millionen Juden noch dreieinhalb Millionen Palästinenser kommen, gäbe es fast so viele Moslems wie Juden in einem Staat. Da die demographische Entwicklung der Moslems erheblich schneller voranschreitet als die der Juden, wäre es dann vorstellbar, dass Israel von einer arabischen Mehrheit dominiert und regiert würde – und das wäre das Ende des jüdischen Staates.

Wäre dann die Einführung eines Apartheidregimes die Alternative? Ein Israel, das die besetzten Gebiete annektieren würde, ohne der annektierten Bevölkerung die Staatsbürgerschaft zu gewähren? Davon ist so gut wie kein Mensch in Israel überzeugt. Scharon hingegen hat Südafrika zur Zeit der Burenherrschaft bereist, und vor diesem Hintergrund dachte er über eine Möglichkeit nach, wie man die palästinensischen Gebiete behalten könne, ohne die demographische Situation in Israel grundsätzlich zu verändern. Dabei war ihm natürlich klar, dass ein Apartheidregime nicht akzeptabel ist. Dennoch gab ihm Südafrika Anschauungsmaterial, aufgrund dessen Scharon eine Strategie entwickelte, die er seit er im Amt ist Schritt für Schritt in die Tat umsetzt. Und obwohl sein Plan vorliegt, wird er überraschenderweise von den meisten Israelis sowie auch von ausländischen Beobachtern ignoriert. Doch man muss nur seine eigenen Erklärungen ernst nehmen und sorgfältig beobachten, welche

Politik er in den besetzten Gebieten akribisch verfolgt. Dabei sind seine Verlautbarungen widersprüchlich: Der Likud-Premier verspricht den Palästinensern, was sie in ihrer Geschichte noch nie hatten, einen Staat. Dies allerdings mit der Einschränkung, dass zuvor der Terror vollkommen beseitigt werden müsse und ernst zu nehmende, friedliche palästinensische Gesprächspartner gefunden werden. Mit einer geradezu churchillianischen ‚Chuzpe' (Dreistigkeit) mahnt er das israelische Volk, dass es schmerzliche Zugeständnisse hinnehmen müsse. Gleichzeitig sagt er, dass die kleinste abgelegene Siedlung in den besetzten Gebieten für ihn die gleiche Bedeutung habe wie Tel Aviv, die größte Stadt des Landes, und dass er weder die eine noch die andere räumen werde. Wie sind diese Erklärungen vereinbar?

Viele meinen, dass Scharons Versprechungen, die ihm gelegentlich Schwierigkeiten im eigenen Lager bereiten, nur Lippenbekenntnisse gegenüber den Amerikanern sind, weil diese Zugeständnisse von israelischer Seite für ihre Politik in den arabischen Ländern brauchen. Diese These entspricht jedoch nicht der Realität. Seit seinem Amtsantritt im Frühjahr 2001 betreibt Scharon in den besetzten Gebieten beharrlich eine sehr klare Politik. Da gibt es unregelmäßige Aktionen, wie das Verhängen von Ausgangssperren, das Eindringen in palästinensische Städte und Dörfer als Vergeltung für Attentate. Diese „Strafmaßnahmen" kommen häufig vor, werden dann aber wieder aufgehoben. Die Belagerung der palästinensischen Städte, aus denen niemand, selbst wenn dort keine Ausgangssperre herrscht, frei hinein- oder herausfahren darf, ist seit zwei Jahren ein Dauerzustand. Zugleich wurde permanent die Palästinensische Selbstverwaltung untergraben und deren Infrastruktur zerstört. Die Autonomiebehörde hätte Scharon schon längst gern eliminiert; das ließen aber die Amerikaner nicht zu, weil sie vorerst Kritik seitens der Amerika freundlichen arabischen Staaten befürchteten. Allerdings duldete Washington die Aushöhlung der Palästinensischen Behörde, solange sie keine Aufmerksamkeit erregte. Dies sollte zu einer unvermeidlichen Entwicklung führen: In den belagerten Städten, die der Palästinensischen Autorität nicht mehr unterstellt waren, müsste eine örtliche Behörde entstehen, die für die Befriedigung der notwendigsten Bedürfnisse sorgen, Nahrungsmittel, Strom, Wasser, Müllabfuhr, Medikamente organisieren sollte. Unter ihrem von Scharon vorgegebenen eingeschränkten Handlungsspielraum sollte eine von der Besatzungsmacht abhängige städtische Behörde entstehen, die gezwungen sein würde, außerhalb der belagerten Stadt mit israelischen Behörden zu kollaborieren. Diese Kollaborateur-Behörden in den umzingelten Städten sollten der Kern des Scharon-Palästinenserstaates darstellen. Städte wie Jenin im Norden, Nablus, Ramallah, Jericho, Hebron, Gaza und Rafah werden, so die Strategie, gemeinsam zum Palästinenserstaat ausgerufen. Was bleibt ist ein zerstückelter Staat, der aus rund 40 Prozent der besetzten Gebiete bestehen soll. Wenn sich die Palästinenser innerhalb dieses ‚Staates' bewegen wollen, müssen sie von ihren eigenen Verwaltungsbehörden, die vollkommen von Israel abhängig sind, eine Genehmigung beantragen. Scharon nennt ein solches politisches Gebilde einen „Palästinenserstaat mit begrenzter Souveränität". Diese Splitter, Gebiete, die unter palästinensischer Verwaltung stehen, nehmen 40 Prozent der historischen biblischen Heimat ein – für Scharon ist dies ein schmerzliches Zugeständnis. So also soll der „Palästinenserstaat" aussehen, den Scharon verspricht. Er wird auf einzelne Städte ‚verzichten', ohne auch nur eine Siedlung räumen zu müssen, denn dort befinden sich ja keine – abgesehen vom Zentrum in der Stadt Hebron.

Nach diesem Plan verliert der „Palästinenserstaat" 60 Prozent von der Gesamtfläche des Westjordanlandes. Was geschieht damit? Dazu äußert Scharon sich heute noch nicht, aber eines darf man seinem Plan zweifellos entnehmen: Diese 60 Prozent bleiben in israelischer Hand. Irgendwann, so das Modell, wird man sie ohnehin annektieren, deshalb eilt die Sache nicht. Deshalb können auf diesem Boden ohne politische Schwierigkeiten die

Siedlungen bestehen bleiben, und ohne Hemmungen weitere Nachbarsiedlungen gebaut werden. Was jedoch geschieht mit den palästinensischen Bewohnern in diesem Territorium? Wird man sie annektieren und ihr die israelische Staatsbürgerschaft gewähren, so wie man mit ihren Brüdern, den heute in Israel lebenden israelischen Arabern verfahren ist? Da dieses Modell aus demographischen Gründen das Ende des jüdischen Staates bedeuten würde, kommt es selbst für begeisterte Anhänger der Siedlungsbewegung nicht infrage. Aber auch für dieses Problem denkt man an eine Lösung: Palästinenser, die auf dem Land innerhalb der von Israel annektierten Gebiete leben, werden willkürlich zu Bürgern des zerstückelten Palästinenserstaates gemacht. Sie werden in den von Israel kontrollierten Teilen des Westjordanlands und auch in Gaza geduldete Ausländer sein, die allerdings berechtigt sind, die Vertreter ihrer von der Besatzungsmacht abhängigen Behörde zu wählen, oder sich selbst zur Wahl aufzustellen. Auf diese Weise kann man Siedlungs-Land behalten und ausschließen, dass Araber die demographische Entwicklung des Staates Israel bedrohen.

Kann eine solche „Lösung" halten? Hierfür gibt es natürlich keinen Präzedenzfall, abgesehen von den Bantustaanen in Südafrika, die später „Homelands" genannt wurden. Warum hatte das Apartheidregime dieses Modell erfunden? Eine Minderheit von 13 Prozent Weißen kann eine Mehrheit von 30 Millionen auf Dauer nicht beherrschen ohne seinen Bürgern elementare Zivilrechte zu geben. Die Buren jedoch verabscheuten das Prinzip „One man one vote", sie wollten nicht jedem „Mann eine Stimme" geben. So kamen sie auf die „Lösung" der Bantustaan, in denen sie der schwarzen Bevölkerung keine Bürgerrechte gewährten, ohne sie offiziell unter die rassistischen Arpartheidgesetze, die für die Ghettos, die so genannten Townships galten, stellen zu müssen. Ihr Modell war eine Schein-Unabhängigkeit für einen kleinen Teil der Schwarzen, die sie in kleinen Enklaven auf dem Land, in Städten und Dörfern verfrachteten. Damit der

Großteil der Schwarzen nicht zu südafrikanischen Bürgern und damit auch mit Bürgerrechten ausgestattet wurde, machte man sie automatisch zu Bürgern von Bantustaanen. Sie waren geduldete Ausländer die in Südafrika lebten, eine eigene „Staatsbürgerschaft" erhielten. Das Territorium wurde von einem Stammeshäuptling regiert, der keine Alternative hatte, als mit dem südafrikanischen Staat zu kollaborieren, weil „sein Land" materiell abhängig war. Es verfügte zwar über die offiziellen Symbole der Unabhängigkeit, wie Flaggen, eine Nationalhymne, Pässe und eine Regierung, die auch internationale diplomatische Beziehungen aufnehmen sollte. Selbstverständlich wurden die Bantustaan aufgrund ihrer Scheinunabhängigkeit international nie anerkannt. Einzig mit Südafrika nahmen sie „diplomatische Beziehungen" auf.

Es gibt tatsächlich Israelis die sich vorstellen, dieses gescheiterte Modell sei auf die palästinensischen Gebiete anzuwenden. Unabhängig von der humanitären Frage und den großen Unterschieden zwischen der Situation und den Umständen beider Länder ist es jedoch absurd zu glauben, dass ein solcher Zustand stabile politische Verhältnisse oder gar Frieden garantiere. Die Palästinenser würden sich mit einer Scheinunabhängigkeit in einem kleineren Teil ihres Landes nie zufrieden geben. Damit bliebe die Wunde des Nahen Ostens offen, Terror und Aufstand wären vorprogrammiert.

Scharon hat seinen Masterplan, das Bantustaan-Modell auf die palästinensischen Gebiete anzuwenden, nie offiziell eingestanden. Vom linken Lager geäußerte Verdächtigungen wurden bisher meist heftig geleugnet. Dennoch gab es immer wieder Hinweise die zeigten, wie sehr dieses Programm in Scharons innerem Zirkel zum Meilenstein seiner politischen Strategie geworden ist. Am 21. März 2003 veröffentlichte die angesehene israelische Zeitung *Ha'aretz* ein Interview mit dem langjährigen, scheidenden Minister Dan Meridor. dem Sohn des legendären Mitgründers der „Etzel"-Untergrundbewegung, aus der der Likud entstand. Meridor war Generalsekretär der Regierung unter Begin, Justizminister unter Schamir, Finanzminister unter Nethanjahu und in der ersten Scharon-Regierung Minister für strategische und geheimdienstliche Angelegenheiten.

„Ist", fragte *Ha'aretz,* „mit dem Palästinenserstaat, den Sie vor Augen haben, das Land der zweiundvierzig Scharon-Prozente gemeint?" Meridor erwiderte daraufhin „... der Palästinenserstaat muss wie ein echter Staat aussehen. Er kann keine Sammlung von Enklaven sein. Er kann nicht lediglich aus vierzig Prozent des Territoriums bestehen. Er muss ein lebensfähiges Gebilde sein..."

Der Minister versuchte den Plan seines Regierungschefs weder zu vertuschen oder gar zu leugnen, im Gegenteil, er bestätigte ihn durch seine Ablehnung. Einen Monat später besuchte der ehemalige Regierungschef Italiens, Massimo D'Alema, Israel. Am 30. April 2003 versuchte er in einem Gespräch mit verschiedenen israelischen Meinungsmachern zu verstehen, wie sich die Israelis die Lösung des Nahost-Konflikts vorstellen würden. Ein Anhänger Scharons bemühte sich, den italienischen Gast davon zu überzeugen, dass Scharon eine ernsthaft politische Lösung anstrebe und bereit sei, Zugeständnisse zu machen und einen Palästinenserstaat nicht nur anzuerkennen, sondern sogar selbst zu seiner Gründung beizutragen. Eine Minute lang lächelte D'Alema als erwäge er, ob er darauf reagieren solle oder nicht. Dann sagte er: „Vor etwa drei Jahren, als ich in Rom noch Regierungschef war, empfing ich den damaligen Chef der israelischen Opposition Ariel Scharon in meiner Hauptstadt. Schon damals hat er mir persönlich erklärt, dass er einen Palästinenserstaat befürworten würde. Auf Landkarten, die er eigens mitgebracht hatte, zeigte er mir, wo genau dieser Staat entstehen und wie er aussehen soll. Es war ein zerstückeltes Land in einem Bruchteil der besetzten Gebiete, dessen Splitter keinen unmittelbaren Kontakt zueinander hatten. Scharon erklärte mir wörtlich, die einzig mögliche Lösung für die Palästinenser sei die Einrichtung von Bantustaanen." Daraufhin protestierte der Scharon-Anhänger heftig und behauptete, der italienische Gast würde seinen Ministerpräsidenten einseitig interpretieren. „Nein", erwiderte D'Alema ruhig, „ich interpretiere gar nicht. Ich zitiere genau. Der Begriff ‚Bantustaan' kommt nicht von mir. Den hat Scharon benutzt und ich zitiere ihn wörtlich."

Südafrika kann Israel nicht als Beispiel dienen. Apartheid ist eine Methode, die selbst orthodoxe Rechtsextremisten im Land nicht in Betracht ziehen können. Dennoch wird die Lösung der Enklaven erwogen, auch wenn sie in Südafrika nicht überleben konnte. Das muss einen Scharon aber nicht unbedingt beunruhigen. Schließlich unterschied sich die demographische Situation in Südafrika von der in Israel. Die weißen Herrscher waren in der Minderheit, in Israel sind die Juden in der Mehrheit noch bevor man die arabischen Bewohner in den besetzten Gebieten zu Bürgern von „Bantustaanen" macht. Das könnte nach Meinung der Rechten die Enklavenlösung ermöglichen. Ist eine solche „Lösung" überhaupt machbar? Wird sie die palästinensische Bevölkerung langfristig hinnehmen, selbst wenn sie mit israelischer Gewalt durchgesetzt würde? Und was wird die Weltgemeinschaft dazu sagen? Vor dem Ausbruch der zweiten Intifada im Oktober 2000 hätten Israelis eine Enklavenlösung mit Ausnahme der extremistischen Kreise mental nicht verkraftet. Nachdem sie jedoch mit ständigem Terror leben müssen, ist alles möglich geworden. Und seit dem 11. September 2001 ist auch in aller Welt und insbesondere in den Vereinigten Staaten sehr viel möglich geworden. Dort hat sich im Januar 2001 mit der Machtübernahme der Bush-Regierung auch die Einstellung gegenüber dem Nahen Osten grundsätzlich geändert.

4. Kapitel

Das Netzwerk der Terroristen

Seit dem 11. September 2001 haben nicht nur die amerikanischen, sondern auch die größten europäischen Geheimdienste wesentlich umfangreichere finanzielle Mittel erhalten. Ihre Zusammenarbeit hat sich vertieft und auch die Meinungsverschiedenheiten zwischen manchen EU-Staaten und den Vereinigten Staaten bezüglich des Irak-Kriegs haben diese enge Kooperation keineswegs gelockert, ganz im Gegenteil. Ende 2002 erklärte ein CIA-Sprecher, dass seit den Anschlägen mehr als 3 000 Al-Qaida-Terroristen, Aktivisten und Drahtzieher in mehr als 100 Ländern verhaftet wurden. Er nannte Länder wie die Philippinen, Marokko, Saudi-Arabien, Malaysia, Pakistan, Jemen, Kanada, Deutschland, Italien, Holland, Frankreich, Singapur und natürlich die Vereinigten Staaten. Wie der renommierte Terrorexperte Boaz Ganor vom angesehenen israelischen Interdisciplinary Center in Herzliya in seinem Buch „Das Dilemma der Terrorbekämpfung" erklärt, ist die Welt seit diesem 11. September mit Schrecken auf eine neue Gefahr aufmerksam geworden, die sie schon längst hätte ernst nehmen sollen. Nach dem „schwarzen September" ist der Terrorismus ein völlig anderes Phänomen als das, was er vorher war. Das liegt nicht nur an der Größenordnung der Verbrechen, bei denen 3 000 Menschen an einem einzigen Tag getötet wurden, sondern auch an der Tatsache, dass sie auf amerikanischem Boden stattgefunden haben. Damit wurde die Botschaft überbracht, dass kein Ort sicher, nicht einmal eine Supermacht immun ist.

Die Angriffe vom 11. September waren für den internationalen Terrorismus eine Überschreitung des Rubikon. Er hat einen Punkt überschritten, von dem es kein Zurück mehr gibt. Nach den Anschlägen auf das World Trade Center und auf das Pentagon wurden Anthrax-Briefe über das Postsystem der Vereinigten Staaten verschickt – der erste fatale Vorfall von Terrorismus mit einer biologischen Massenvernichtungswaffe und der erste nicht-konventionelle Angriff seit vielen Jahren. Zwar gab es Giftgasanschläge in japanischen U-Bahnschächten, aber die Auswahl des Ziels, eine Supermacht wie die USA, sowie das Ausmaß dieser Angriffe waren außergewöhnlich beunruhigend.

Seit diesem Tag, dem 11. September 2001, befindet sich die Welt in Gefahr. Sie basiert auf einer Kombination von drei Hauptfaktoren, die dem modernen, internationalen Terrorismus zu eigen sind: Die bloße extreme Ideologie des islamistisch-radikalen Glaubens, der vom heiligen Krieg im Namen Allahs, des „Dschihad" überzeugt ist; die Methode des Selbstmordattentates, bei dem der Täter so fanatisch ist, dass er seinen eigenen Tod in Kauf nimmt, und die Möglichkeit, dass diese Extremisten zu nicht-konventionellen Mitteln, wie biologischen und nuklearen Waffen greifen. Damit hat die Gefahr eine Dimension erreicht, mit der sich die Menschheit noch nie zuvor konfrontiert sah und für die sie noch nicht die Werkzeuge hat, um adäquat mit ihr umgehen zu können. Zwar haben in den 70er und 80er Jahren des letzten Jahrhunderts einige gefährliche Terrornetzwerke wie die Baader-Meinhof Gruppe in Deutschland, die Brigate Rosse in Italien und die Rote Armee in Japan operiert. Aber sie sind nicht der gleichen Kategorie zuzuordnen wie die globalen fundamentalistischen Krieger, mit denen wir es heute zu tun haben. Der Terrorist jener Jahre hatte nicht geglaubt, dass er dem Willen Gottes folge, wenn er unschuldige Zivilsten in die Luft sprengt; er hatte seine Anschläge auch nicht als eine heilige Pflicht verstanden. Von diesem Terrorist unterscheidet sich der moderne Islamist völlig und er ist auch bei weitem gefährlicher.

Der afghanische Wendepunkt

Um die Ursprünge dieses Netzwerkes zu begreifen, das jetzt den größten Teil der zivilisierten Welt bedroht, muss man zurückgehen auf die Zeit der Besetzung Afghanistans durch sowjetische Streitkräfte Ende der 70er Jahre. Die Invasion sollte die kommunistische Agenda unterstützen, und sie war die letzte große Sackgasse für die UdSSR und die USA. Das russische Militär traf auf heftigen Widerstand seitens der afghanischen Mudschaheddin. Aus einer Splittergruppe dieser islamistischen Kämpfer sind letztendlich die Taliban entstanden. Während des Krieges hatte der pakistanische Geheimdienst ISI Moslems in aller Welt aufgerufen, in Afghanistan an der Seite der Mudschaheddin gegen die sowjetischen Besatzer zu kämpfen. Diese Initiative wurde auf Weisung des CIA-Chefs William Casey vom amerikanischen Geheimdienst unterstützt, letztendlich finanzierte Washington den Widerstand in Afghanistan mit drei Milliarden Dollar. Zehntausende radikale Muslime aus 43 islamischen Ländern des Nahen Ostens, Afrika und Asien folgten dem Aufruf und strömten nach Pakistan und Afghanistan, um die Sowjets abzuwehren. Mehr noch, sie gewannen den Krieg. Eine Pöbel-Armee islamischer Krieger schlug die Armee einer Supermacht, die in der blutigen Schlacht 14 000 Männer verlor. Am 15. Februar 1989 verließ der letzte sowjetische Soldat das Land. Zwei Monate später, im April 1989, war der pakistanische Journalist Ahmed Rashid, der als einer der besten Kenner Afghanistans gilt, zu Gast bei einem Abendessen, das die pakistanische Premierministerin Benazir Bhutto in Islamabad gab und traf dort General Hamis Gul, den leidenschaftlichen Islam-Ideologen und Chef des pakistanischen Geheimdienstes ISI. Auf Rashids Frage, ob es nicht ein Spiel mit dem Feuer gewesen sei, Radikale aus der ganzen Welt zu rekrutieren, die auch in seinem eigenen Land Schwierigkeiten machen und zu einer Bedrohung der Regierung werden könnten, antwortete der General: „Wir kämpfen den

Dschihad, und dies ist die erste internationale Brigade der modernen Zeit. Die Kommunisten haben ihre internationalen Brigaden, der Westen hat die NATO, warum sollen wir Muslime uns nicht zu einer gemeinsamen Front vereinen?" Das bedeutet, dass hochrangige Militärs in der islamischen Welt fundamentalistischen Terroristen den Status eines demokratischen Verteidigungsbündnisses wie die NATO geben. Diese Form der ‚Legalisierung' verstärkt die Notwendigkeit, Gesetze zu schaffen, um die Bekämpfung des Terrors auf eine solide juristische Grundlage stellen zu können. Darauf gehe ich später noch ein.

Der Sieg der Mudschaheddin gegen die Sowjets machte einen enormen Eindruck auf die gesamte muslimische Welt – er wurde als ein Ausdruck des Willens Gottes betrachtet. In ihrem Siegesrausch hatten die radikalen Kämpfer drei Optionen. Die Erste war, in ihre Herkunftsländer zurückzukehren und dort islamischen Terror-Organisationen beizutreten. Auf diese Weise bildeten Afghanistan-Veteranen, wie man sie im Laufe der Zeit nannte, Terroristengruppen in moslemischen Ländern von Ägypten bis Malaysia. Unter ihnen gab es allerdings auch einige, die scheiterten, weil ihnen ihre Herkunftsländer, wie Ägypten, Jordanien, die Philippinen oder Indonesien, die Einreise verweigerten. Die Regierungen dieser Staaten weigerten sich, diese jungen Brandstifter aufzunehmen, damit sie auf ihrem Territorium Unruhe stifteten. So suchten viele Afghanistan-Veteranen Zuflucht in der westlichen Gesellschaft, besonders in den Vereinigten Staaten. Es ist nicht überraschend, dass die amerikanischen Behörden einige dieser Asylgesuche bewilligten, schließlich waren die Mudschaheddin ja „Verbündete" im Kampf gegen die sowjetischen Invasoren gewesen. Jetzt musste Washington den Preis zahlen – eine Green Card und politisches Asyl. Nicht nur die Vereinigten Staaten, sondern auch Deutschland, Großbritannien, die Schweiz und eine große Anzahl weiterer westlicher Länder gewährte den islamistischen Söldnern Aufenthaltsrecht. Eine dritte Gruppe der Kämpfer blieb in Afghanistan.

1996 reiste der Saudi-Araber Osama Bin Laden aus dem Sudan nach Afghanistan ein. Sein Vater, ein aus dem Jemen geflohener Bauunternehmer, hatte in Saudi-Arabien ein Familienimperium aufgebaut, aus dem nach seinem Tod ein milliardenschwerer Konzern, die Saudi Bin Ladin Group (SBG) entstand. Osama war schon als Geschäftsführer in die Firma eingetreten, als er 1982 ein Ausbildungslager für muslimische Rekruten in Pakistan errichtete und auch finanziell unterstützte. Besessen von der Vorstellung, dass Ungläubige mit dem „Flammenschwert" bestraft werden müssen, hatte ihn der Kampf einer rückständigen Bevölkerung gegen die gottlose, kommunistische Weltmacht angezogen. Der Sieg hatte ihn darin bestärkt, dass keine Macht der Erde Glaubenskriegern auf Dauer widerstehen kann. Diesmal ließ er sich in Kandahar nieder, wo er radikale Muslime, Männer aus Tschetschenien, Bangladesch, den Philippinen, Algerien, Kenia und Pakistan um sich scharte. Ideologischen Beistand erhielt er aber auch von einflussreichen Persönlichkeiten, Mentoren wie Aiman al-Sawahiri, den ägyptische Behörden als Führer der verbotenen Untergrundgruppe „Dschihad" und als Drahtzieher des Attentats auf Präsident Sadat 1981 in Kairo verdächtigen.

1998 versammelte sich im Lager „Khost" Bin Ladens 1988 gegründete Al-Quaida-Truppe (arabisch ‚Die Basis') und alle mit ihr verbundenen Gruppen. Sie gaben sich den Namen „Internationale Islamische Front für den Dschihad gegen Juden und Kreuzritter" und verabschiedeten in einem Manifest die nach dem 11. September weltweit bekannt gewordene „Fatwa", einen religiösen Erlass, mit dem sie der ganzen, nichtislamischen westlichen Welt den Krieg erklärten: „Der Entscheid, die Amerikaner und ihre Verbündeten – Zivilisten und Militärs – zu töten, ist die Pflicht eines jeden Muslims; in jedem Land, in dem es möglich ist. Dies gilt so lange, bis die Aksa-Moschee (auf dem Tempelberg in Jerusalem) und die Haram-Moscheee (in Mekka) aus ihrem Würgegriff befreit sind und bis die amerikanischen Armeen geschlagen aus allen Ländern des Islam abziehen, unfähig einen Muslim zu bedrohen." Al-Quaida und ihre Anhänger riefen zur „Befreiung" des gesamten muslimischen Nahen Ostens auf: „Seit mehr als sieben Jahren besetzen die USA Grund und Boden des Islam an den heiligsten Orten der Arabischen Halbinsel, plündern seinen Reichtum, befehligen seine Herrscher, demütigen seine Bewohner und machen ihre Militärbasen auf der Halbinsel zu einer Speerspitze, mit der die umliegenden muslimischen Völker bekämpft werden sollen."

Mit Al-Quaida entstand eine völlig neue Gattung des internationalen Terrorismus, ein Netzwerk, das Zehntausende muslimischer Aktivisten in Anspruch nehmen konnte, die gemeinsame Ziele und eine fanatische Ideologie verband. Jetzt importierten sie keine zu allem bereite Gotteskrieger mehr nach Afghanistan, sondern exportierten sie in alle Welt, zum Kampf nach Somalia, in den Jemen, auch in den Kosovo. Mehr als 35 000 militante Mudschaheddin wurden in Lagern ausgebildet und in religiösem Fundamentalismus geschult. Viele unter ihnen waren nach dem Abzug der Sowjet-Truppen hoch motiviert im afghanisch-pakistanischen Grenzgebiet zurückgeblieben. Diese Veteranen, mit einem Jahrzehnt Kampferfahrung, kannten alle Strategien der Kriegsführung, vielleicht der wichtigste Aspekt ihrer Schlagkraft: Sie hatten in den Schützengräben Afghanistans gelegen, dabei gemeinsame Erfahrungen gesammelt und sich gegenseitig genauestens kennen gelernt – der eine wusste, wie der andere dachte. Diese kampferprobten Fanatiker, die sich über die ganze Welt verstreut hatten, bilden den Kern des modernen islamistischen Terrorismus.

Das Ziel der Fundamentalisten

Das Terror-Netzwerk bedroht heute sowohl die westliche, wie auch die moderaten moslemischen Regierungen in der arabischen Welt. Nach geheimdienstlichen Erkenntnissen kann Al-Quaida unmittelbar über rund 5 000 Aktive in etwa 50 Ländern verfügen. Bin Laden nutzt sein aus inzwischen 60 Firmen bestehendes Wirtschaftsimperium sowie sein auf 300 Millionen Dollar geschätztes Vermögen, um weltweit Terrorzellen zu finanzieren: Er baute die Infrastruktur von Ausbildungslagern für islamistische Kämpfer auf, beschaffte Waffen, Satellitentelefone und Computer und sorgte mit seinem internationalen Finanznetz auch für die Logistik und Durchführung der Angriffe vom 11. September.

Was aber bezweckte Osama Bin Laden mit seinen Anschlägen auf die Zentren der amerikanischen Supermacht? Auch wenn er seine Absichten unzählige Male proklamiert hat, so klingen sie doch so phantastisch wie ein Science-Fiction Roman. In einfachen Worten: Bin Laden will die Welt erobern, um den extremistischen Islam in jeder Region auf der Erdkugel zu verbreiten so dass es keinen Ort mehr geben wird, der nicht unter der Scharia, der religiösen Gesetzgebung des Islam steht. Seine Vision gründet auf einer Unterscheidung zwischen „Dar el-Harb" (Bereich des Krieges) und „Dar el-Islam" (Bereich des Islam). Die Sphäre des Islam – jenes Teils der Welt, in dem das fundamentalistisch-muslimische Gesetz regiert – steht für immer im Gegensatz zur Zone des Krieges – jenen Regionen, die sich noch nicht unter islamischer Kontrolle befinden. Im Heiligen Krieg gibt es keine Grauzone – entweder ist man ein muslimischer Radikaler oder man ist ein Feind.

Natürlich gab es derartige fanatische Bewegungen auch in anderen Religionen. Die jüdische Geschichte kennt die terroristische Gruppe „Sicarii" („Dolchträger" oder „Assassins", wie die Römer sie mit einem aus dem Griechischen stammenden Wort nannten), die vor und während des großen Aufstandes von Israel gegen Rom im Jahr 70 n. Chr. die eigene Bevölkerung begeisterte, aber auch terrorisierte. Sie wurden „Sicarii" genannt, weil sie ständig einen Dolch im Ärmel versteckt hielten, und damit Mitbürger, die ihnen nicht religiös, rein oder patriotisch genug erschienen, erstachen. Die geistliche Führungsspitze der besiegten jüdischen Bevölkerung legte diesen Fanatikern das Scheitern des Aufstandes zur Last und machte sie verantwortlich für die Tragödie ihres Volkes.

Die christliche Welt fürchtete noch lange Jahre nach der Hinrichtung des fanatischen Predigers Savonarola allein die Erinnerung an ihn. Der florentinische Mönch, der dafür eintrat, dass die religiösen Gesetze in ihrer strengsten und puritanischen Auslegung auf das Alltagsleben angewandt wurden, wandte Mord und Folter als Mittel an, um sie durchzusetzen. Eine Zeit lang wurde er von der Bevölkerung verehrt und von den Mächtigen, den Fürsten, Königen und sogar vom Papst, gefürchtet. Auch die Inquisition in Spanien war eine extremistische Bewegung, die im Mittelalter begann und ihre Spuren bis ins 19. Jahrhundert hinterlassen hat. Sie wurde von Joseph Bonaparte, Napoleons Bruder, der von 1808 bis 1814 König von Spanien war, abgeschafft, 1814 von der zurückgekehrten spanischen Monarchie wieder eingesetzt und erst 1834 endgültig aufgehoben.

Vor diesen historischen Hintergründen sollte zwischen Islamismus, islamischem Extremismus und dem Islam als Religion unterschieden werden. Der Islam ist grundsätzlich nicht mehr oder weniger gewalttätig als irgendeine andere Religion, sei es nun das Juden- oder Christentum. Das Problem für die große Mehrheit traditioneller Moslems besteht in dem weit verbreiteten Missverständnis, dass der Islamismus, die radikale Version von Fanatikern, und der Islam identisch sind. Extremisten vertreten die Meinung, dass der Dschihad die oberste religiöse Pflicht sei, die sie über und jenseits alle anderen Werte des traditionellen Islam stellen. In der Tat sehen sie in moderaten Moslems nicht weniger ungläubige Feinde als in Juden und Christen, sondern eher noch größere, da sie sie als Ketzer betrachten. Deshalb steht für sie an erster Stelle die Eroberung der traditionellen moslemischen Länder, um dort fundamentalistische Regime zu errichten.

Auf dieser Idee basiert Osama Bin Ladens Fanatismus und sein globales Netzwerk, das dem Rest der Welt den Krieg erklärt hat. Bin Laden hat zwei verschiedene Positionen: Er steht an der Spitze seiner eigenen terroristischen Organisation Al-Qaida, führt aber auch eine andere Gruppierung, die der breiten Öffentlichkeit weniger bekannt ist. Im Jahr 1998 gründete der Saudi-Araber eine globale Bewegung, die bereits erwähnte „Internationale Islamische Front für den Dschihad gegen Juden und Kreuzritter". Zu dieser Dachorganisation gehören über ein Dutzend islamistisch-terroristische Gruppen, die mit der Al-Quaida eng verbunden sind. Dazu zählen die Abu Sayyaf auf den Philippinen, Jaish-e-Muhammad in Pakistan, die Dschihad-Gruppen in Ägypten, die Groupe Islamiste Armée in Algerien und weitere weniger bekannte Gruppen. Darüber hinaus ist die „Weltfont" keine hierarchisch straff geführte politische Organisation. Die von Bin Laden in der Vergangenheit durchgeführten Attacken auf ein amerikanisches Kriegsschiff im Jemen oder auf die amerikanischen Botschaften in Afrika wurden von Aktivisten durchgeführt, die verschiedenen Nationalitäten und terroristischen Organisationen angehörten. Dies sollte im Auge behalten werden, wenn man von der „Kultur des modernen Terrorismus" spricht.

Strategie des heiligen Krieges

Zur Verwirklichung seines obersten Ziels, den islamischen Extremismus überall auf der Welt zu verbreiten, verfolgt Bin Laden eine dreistufige Strategie. Die erste Stufe ist die Verbreitung seiner Version des Islam in den moslemischen Ländern in Zentralasien und im Nahen Osten, denn sie sind bereits Heimstätten radikaler islamischer Organisationen, von denen einige eine sehr große Anhängerschaft haben. Zu diesen Ländern mit islamistischen Bewegungen gehören Afghanistan, Pakistan, Saudi-Arabien, die Golf-Staaten, Ägypten, Israel, die palästinensischen Gebiete und Jordanien. Sobald diese erste Stufe genommen ist, sollen diese „islamisierten" Länder als Gerüst für die zweite Phase dienen – die Verbreitung des radikalen Islam in Ländern mit großen moslemischen Minderheiten wie dem Kosovo, Bosnien, der Türkei und den ehemaligen muslimischen Republiken der UdSSR. Immer mehr Länder werden diesem Kreis hinzugefügt werden: Xinjiang – die westlichen Landstriche Chinas, die Philippinen, Indonesien, Malaysia und Nordafrika. Erst mit der Vollendung dieser Phase wird der islamische Extremismus bereit sein für die letzte Phase – für den Endkampf zur Verbreitung seiner Herrschaft über den Rest der Welt.

Aber aus welchem Grund hat Bin Laden die Vereinigten Staaten angegriffen? Schließlich gehören sie doch in die dritte und nicht in die erste Phase seines Spielplans. Wahrscheinlich hat er angenommen, dass er, um die erste Stufe nehmen zu können, die Amerikaner davon abhalten muss, sich in seine Pläne für die moderate muslimische Welt einzumischen. Deshalb musste er sie zum Abzug ihrer Streitkräfte vom arabischen Boden zwingen – zuerst und vor allem aus dem Heiligen Land Arabien, aber auch aus Kuwait und aus anderen Ländern. Tatsache ist, dass die Verbreitung des radikalen Islam in diesen muslimischen Staaten nicht vollzogen werden kann, wenn die Vereinigten Staaten nicht zurückgedrängt werden können.

Um sein Ziel zu verwirklichen, entwickelte Bin Laden den Plan, eine Terrorkampagne gegen die Bevölkerung auf dem Boden der USA zu inszenieren, verbunden mit einem Propagandablitzkrieg, der seine Botschaft verstärken sollte. Am 11. September 2001 erfolgte mit den furchtbaren Anschlägen die Umsetzung seiner Strategie. Um seine Botschaft zu untermauern, wollte Bin Laden sie der amerikanischen Öffentlichkeit mittels Videoaufnahmen verkaufen, in denen er die Zuschauer aufforderte: „Zieht euch aus den arabischen Ländern zurück – hört auf, eure Werte in unserer Region zu verbreiten; unterlasst es, die traditionellen moslemischen Regierungen zu unterstützen – und ihr werdet in Sicherheit sein." Die US-Medien ließen sich jedoch nicht zum Handlanger des fanatischen Terroristen machen, sie weigerten sich, diese Aufnahmen auszustrahlen, so dass der geplante Propagandafeldzug scheiterte. Außerdem ließ sich die Bevölkerung nicht von den Angriffen einschüchtern. Zwar hatte sie Angst, aber sie reagierte mit einer Welle des Patriotismus – und das war genau das Gegenteil von dem, was der Al-Quaida-Chef hatte bezwecken wollen.

Bin Ladens Strategie erinnert an die Überlegungen der kaiserlichen japanischen Regierung, die zum Angriff auf die Vereinigten Staaten und zur Zerstörung der US-Kriegsmarine im Pazifik am 7. Dezember 1941 in Pearl Harbor führten. Die Befehlshaber des Heeres dachten nicht, dass sie im Stande wären, die Amerikaner militärisch zu besiegen. Schon gar nicht Admiral Isoroku Yamamoto, Befehlshaber der siegreichen Attacke gegen Pearl Harbor. Selbst als gefeierter Nationalheld blieb er pessimistisch und besorgt; er war überzeugt von der militärischen und wirtschaftlichen Unterlegenheit Japans gegenüber den Vereinigten Staaten. Die japanische Führung verfolgte mit ihrem Angriff auf Pearl Harbour das strategische Ziel, die Amerikaner zumindest vorübergehend aus dem asiatischen Kontinent zu entfernen, um dort freie Hand zu haben und ihre Vorherrschaft über ganz Asien sicherzustellen. Doch ihre Mission scheiterte; die USA ließen sich weder abschrecken noch betrachteten sie Asien als Nebenschauplatz, der keinen Krieg wert ist. Zeigt die amerikanische Reaktion auf den 11. September und insbesondere der US-Angriff auf Afghanistan, dass Bin Laden einer ähnlichen Fehleinschätzung unterlag, wie 1941 die Japaner? Er selbst und seine Anhänger sehen es offensichtlich nicht so.

Es sieht eher so aus, als ob die Welt vor der ernsthaften Gefahr weiterer terroristischer Angriffe des weltweit operierenden islamistischen Netzes steht. Es stellt sich nicht die Frage, „ob" die nächste Gräueltat stattfindet, sondern „wann" und „wo". Dabei ist nicht zu vergessen, dass Al-Qaida erst nach dem Irak-Krieg von 1991 begann, konkrete Anschläge zu planen und den ersten großen Angriff, den am 11. September, führte sie erst zehn Jahre später aus. Wie viele Jahre werden wir jetzt in der Unsicherheit leben müssen, bis der nächste traumatische Schlag erfolgt? Der Krieg in Afghanistan und insbesondere der im Irak haben die Fanatisierung und die Gefahr des Terrorismus mit Sicherheit nicht abgeschwächt, sondern verstärkt. Dies lässt sich anhand der Grundformel des Terrorismus verdeutlichen, die aus der Kombination von zwei Faktoren besteht: Die Motivation anzugreifen und die Operationsfähigkeit, dies zu ermöglichen. Sollte einer dieser beiden Faktoren fehlen – wenn eine Gruppe hoch motiviert ist, es ihr aber an Operationsfähigkeit fehlt oder wenn sie fähig ist, Angriffe durchzuführen, aber keinen Anlass dazu hat – wird es keinen Terror geben.

Welche Auswirkung hatte der Afghanistan-Krieg auf die Motivation und Operationsfähigkeit der Al-Quaida? Ohne voreilige Schlüsse zu ziehen lässt sich mit Gewissheit sagen, dass die Motivation der islamistischen Terroristen durch die militärische Intervention der USA im Nahen Osten noch gestiegen ist. Denn der Krieg Ungläubiger aus dem Westen gegen ein muslimisches Land war für die extremistischen Aktivisten und ihre Anhänger eine große Demütigung und hat einen neuen Nährboden für fanatisierte Freiwillige geschaffen. Und wie steht es um ihr Operationsvermögen? Die Kämpfe in Afghanistan trugen viel dazu bei, ihre militärische Infrastruktur vor Ort zu zerstören. Das bedeutet aber noch lange nicht, dass der Krieg vorbei ist; die Amerikaner haben ihr Hauptziel, Osama Bin Laden aufzuspüren, eben so wenig erreicht wie die Vernichtung der Al-Qaida. Die Terrororganisation hat sich nur regional aufgelöst, ihre Mitglieder sind in verschiedenen Ländern in aller Welt untergetaucht. Da der islamistische Terrorismus auf einem globalen Netzwerk beruht, und die Organisation nicht von einem einzigen, individuellen Anführer abhängt, ist ihre Schlagkraft von der regionalen Zerstörung der afghanischen Heimatbasis unberührt geblieben.

Strategie zur Terrorbekämpfung

Wie aber kann die Welt der Gefahr des globalen, islamistischen Terrors begegnen? Dazu ist eine aus vier Phasen bestehende, umfassende internationale Operation erforderlich. Die erste Phase, der militärische Feldzug gegen die Al-Qaida, wurde bereits gestartet, aber nicht vollendet. In der zweiten sollte man gegen alle anderen islamistischen Terror-Organisationen in der arabischen Welt vorgehen. Dieser Einsatz kann nicht von den Amerikanern oder den westlichen Ländern geleistet werden. Vielmehr ist es die Aufgabe der eher traditionellen moslemischen Regierungen, Extremisten auf ihrem eigenen Territorium zu bekämpfen. Die westliche Gesellschaft kann hier lediglich Unterstützung bieten.

Auf dieser Stufe genügen militärische Mittel nicht, um dem Terror zu begegnen. Zeitgleich muss ein Erziehungs- und Bildungsprogramm ins Leben gerufen werden. Im Verlauf der letzten ein, zwei Jahrzehnte haben radikale islamische Bewegungen die Massen der moslemischen Welt infiltriert. Ihre Einflussnahme zielt ganz besonders auf junge Menschen ab, die für ihre Propaganda besonders empfänglich sind, zumal die Mehrheit keine Zukunftsperspektiven hat. In einigen moslemischen Ländern ist die Regierung noch nicht einmal in der Lage, die Grundbedürfnisse ihrer großen Bevölkerung zu befriedigen, für Nahrungsmittel und Unterkünfte zu sorgen. An ihre Stelle sind religiöse Gemeinschaften gerückt, die zunehmend unter fundamentalistischem Einfluss stehen, die mit finanziellen Mitteln ausgestattet werden, die Helfer im Westen und in wohlhabenden arabischen Staaten aufbringen. Diese Organisationen sind es, die für Nahrung, für ein Dach über dem Kopf und für die Erziehung der Jugend von frühester Kindheit an sorgen, einer Erziehung, die aus religiösem Hass und Geschichtsfälschung besteht. Sind die Kinder dann zu Jugendlichen herangewachsen, haben sie bereits eine totale „Gehirnwäsche" hinter sich. Dieses Phänomen zu bekämpfen, ist vor allem die Aufgabe des gemäßigten Islam, obgleich er westliche Rückenstärkung erhalten sollte.

Heute ist die Hauptaufgabe des gemäßigten Islam, dem islamistischen Anspruch, der annimmt, im Besitz des einzigen wahren Glaubens zu sein, sein Wertesystem entgegenzusetzen und die fundamentalistischen Führer und ihren Einfluss überall in der moslemischen Welt zu bekämpfen. Unglücklicherweise zögern viele moderate Regierungen in der arabischen Welt dies zu tun. Vielleicht haben sie Angst vor Bürgerkriegen; oder sie glauben, diese Angelegenheit sei das Problem anderer. Und doch bilden die Gemäßigten die Mehrheit, wenn auch eine schweigende.

Die dritte Phase zur Bekämpfung des radikalen islamistischen Terrors ist eine Kampagne gegen die Staaten, die den Terroristen Asyl geben, wie der Iran, Syrien, Nordkorea, Libyen oder der Sudan. Um damit Erfolg zu haben, müssen zwei fundamentale moralische Normen festgeschrieben werden. Erstens muss allgemein akzeptiert werden, dass Terrorabwehr den Vorrang vor wirtschaftlichen oder diplomatischen Interessen eines Staates haben muss. Zweitens müsste es eine internationale, universell akzeptierte Definition geben, die eindeutig festlegt, was

Terrorismus ausmacht. Nur wenn die Weltgemeinschaft darin übereinstimmt, wer genau der Feind ist, können wir kooperieren, um ihn gemeinsam wirksam zu bekämpfen und strafrechtlich zu verfolgen. In der Terrorabwehr gibt es zwei Varianten: Die eine sieht Terrorismus als einen kriminellen Akt und fordert strafrechtliche Maßnahmen; die andere betrachtet ihn als einen Akt des Krieges, so dass die relevante Gesetzgebung für Kriegsverbrecher angewendet wird. Diese Gesetze wurden bereits in den Konventionen von Genf und Den Haag kodifiziert. Sie unterscheiden zwischen zwei Typen von Menschen, die gewalttätige Akte ausüben – einerseits zwischen Soldaten, die auf dem Schlachtfeld gegen feindliche Soldaten kämpfen und deren Aktionen innerhalb des kriegerischen Rahmens als legitim bezeichnet werden können, und andererseits zwischen Soldaten, die Menschenrechte verletzen, indem sie vorsätzlich Zivilisten angreifen. Letztere werden als Kriegsverbrecher betrachtet, ebenso wie diejenigen, die sie auf diese Mission geschickt haben. Diese Gesetzgebung, die bisher nur auf Staaten und Individuen angewandt wird, könnte auf sub-staatliche Gebilde und Terror-Organisation ausgeweitet werden. Auf diesem Wege könnte zwischen zwei Arten von Gewalt differenziert werden, wobei die Gesetzgebung die Unterscheidung treffen müsste, ob es sich um Guerillakämpfer handelt, die einen Krieg gegen die Soldaten eines Staates führen, oder um Terroristen, deren Anschläge vorsätzlich auf Zivilisten gerichtet sind und die damit als Kriegsverbrecher zu betrachten wären. Hervorzuheben ist, dass in beiden Fällen die politischen Ziele der Täter identisch sein können; was den Guerillakrieg vom Terrorismus unterscheidet, ist nicht die Anwendung von Gewalt, sondern die Wahl des Ziels.

Die letzte Phase der vorgeschlagenen internationalen Kampagne gegen das islamistische Netzwerk ist der Feldzug gegen die Schläferzellen, die aus Terroristen bestehen, die jahrelang ein ganz normales Leben führen, aber jederzeit aktiviert werden können, um loszuschlagen. Sie haben bereits den Westen infiltriert, unter anderem die Vereinigten Staaten, Deutschland, Italien oder Großbritannien. Diese Aufgabe, der sich die jeweilige Nation stellen muss, wird wahrscheinlich zu Spannungen führen: Auf der einen Seite die Notwendigkeit, die terroristische Bedrohung wirksam zu bekämpfen, auf der anderen die Bewahrung liberaler demokratischer Werte. Endgültiges Ziel dieser Phase ist es, die Front zu zerstören, die islamistische Gruppen innerhalb der westlichen Gesellschaft aufgebaut haben.

Wichtig ist, dass alle vier Phasen parallel laufen. Gebündelte Maßnahmen zur Terrorbekämpfung, wozu insbesondere die mühsame und langfristige Arbeit der Unterwanderung von extremistischen Organisationen gehört, müssen zu unmittelbaren Prioritäten der demokratischen Regierungen gemacht werden. Es geht um einen Krieg, für den man einen langen Atem braucht. Zwar sind Aktionen von Militär, Polizei und Sicherheitsbehörden sowie begleitender Öffentlichkeitsarbeit unentbehrlich, aber sie sind nicht mehr als Erste-Hilfe-Maßnahmen. Man muss gegen die Terroristen dieselben polizeilichen Maßnahmen ergreifen, die man in einer Zivilgesellschaft gegen Verbrecher anwendet. Kriminalität kann aber langfristig nur wirklich mit Erziehung und Ausbildung eingedämmt werden. Die Gesetzgebung, Richter, Staatsanwälte und Polizei allein können nichts ausrichten, selbst wenn ihre Mittel unbegrenzt wären.

Terrorismus beruht demnach auf zwei Elementen – Motivation und Organisation, Fanatismus und Infrastruktur. Man kann Terrorgruppen zerschlagen und deren Infrastruktur zunichte machen, so wie es beispielsweise nach dem 11. September in Afghanistan geschehen ist, wo man den Taliban-Staat zertrümmert hat. War dies das Ende der Al-Qaida-Bewegung? Man kann nicht einmal sicher sein, dass der Sieg der Amerikaner das Ende der Taliban bedeutet und es in Zukunft nie wieder einen Taliban-Staat geben wird. Solange die Extremisten motiviert bleiben, wird der Terrorismus wie der Kopf der Hydra immer neue und zahlreichere Schlangen hervorbringen.

Bin Laden – Superstar

Doch worauf basiert die Motivation des islamistischen Terrors? Zweifellos auf dem religiösen Eifer ihrer Anführer. Osama Bin Laden wird von einflussreichen Führern radikaler Bewegungen unterstützt, wie Aiman al-Sawahiri, Oberhaupt des verbotenen Dschihad in Ägypten, sowie die beiden Söhne von Scheich Umar abd al-Rahman, dem blinden Prediger, der die verbotene Gamaa al-Islamja in Ägypten angeführt hat. Zudem ist er mit Persönlichkeiten der Nationalen Islamischen Front im Sudan ebenso verbunden, wie mit der Hisbollah im Libanon und der Hamas im Gazastreifen und im Westjordanland. Viele arabische und moslemische Spitzenpolitiker bekunden öffentlich, dass sie Terroristen verurteilen und ihre gewalttätigen Methoden ablehnen. Ob sie ihre Einwände ehrlich meinen, steht noch in Frage. Oft beruht ihre Ablehnung nur auf der Furcht, ihre eigene Macht zu verlieren. Abgesehen davon, hat die Einstellung einer Regierung für die Terroristen keine große Bedeutung, für sie ist die Stimmung der Bevölkerung wichtig. Es ist eine Tatsache, dass die Massen in den meisten islamischen Ländern Osama Bin Laden verehren. Die Anschläge des 11. Septembers wie auch andere Angriffe gegen amerikanische Botschaften oder Kriegsschiffe gelten in der arabischen Welt als Heldentaten. An dieser Stelle stellt sich die Frage, warum das so ist. Wie kann eine solche Stimmung entstehen? Zu einer plausiblen Antwort ist man offensichtlich noch nicht in der Lage. Robert Baer, vor kurzem noch Spitzenbeamter der amerikanischen Sicherheitsbehörde CIA, bedauerte in einem Zeitungsinterview am 28. Juni 2003: „Im Allgemeinen sind die amerikanischen Agenten so gut wie nie fähig, in der arabischen Welt mit dem Mann auf der Straße Kontakt aufzunehmen. Dazu müssen sie Sprachkenntnisse haben, über die sie nicht verfügen, lange Jahre des Studiums und Reisen unternehmen. Es gibt keine Abkürzung auf dem Weg, den Nahen Osten zu verstehen… Seit Ende des Kalten Krieges interessieren sich die Amerikaner immer weniger für internationale Beziehungen und analysieren die Welt durch ein enges ideologisches Prisma. Das hat auch die Fähigkeiten der CIA belastet."

Ein Nährboden für falsche Propheten

Fanatismus ist keine Religion, sondern ein Ergebnis der Frustration. Wenn Menschen aussichts- und hoffnungslos sind und sich gedemütigt fühlen, dann folgen sie falschen Propheten. Sind die arabischen Massen verzweifelt und wenn ja, warum? Die Wurzeln der Demütigungen liegen in der Geschichte. Die Erinnerung an die Kreuzfahrer, die Invasoren, die bis ins Herz des arabischen Reiches vordrangen, sind von Hass, aber nicht von Enttäuschungen diktiert, weil die Araber letzten Endes die Oberhand gewannen. Auch die Reconquista in Spanien, ein Kampf gegen die arabische Herrschaft, den die Christen 1492, nach 800 Jahren mit der Vertreibung der Muslime aus Spanien und Westeuropa endgültig gewannen, empfand die arabische Welt nicht als Demütigung. Das war ein faires Ringen zwischen zwei ebenbürtigen Kontrahenten. Im Laufe der langen Kriege hatten beide Seiten Siege erzielt. Und als die Spanier die Reconquista erfolgreich beendet hatten, stieg im Osten das islamische Reich der Türken auf, das große Teile Europas immer wieder bedrohte und auch eroberte.

Die ersten Knospen der moslemischen Demütigung erblühten 1571. Bei der griechischen Stadt Lepante besiegte die Kriegsmarine der christlichen „Heiligen Liga" unter dem Befehl von Don Juan von Österreich, dem Bruder des spanischen Königs Philipp II., und unter Beteiligung spanischer, venezianischer, genueser und pontifikaler Schlachtschiffe die um ein Drittel größere türkische Kriegsmarine, die die christliche Welt bedrohte. Diese Schlacht, in der übrigens auch Miguel de Cervantes, der Autor von „Don Quijote" verletzt wurde, gilt als das Ende des islamischen Traums von der Eroberung und Islamisierung der christlichen Welt. Seitdem siegten noch hin und wieder Muslime über christliche Regenten, darunter fiel sogar die Eroberung von Wien, aber im allgemeinen gewann allmählich die christliche Welt an Macht in allen Teilen der Erdkugel, während die islamische Herrschaft ununterbrochen schrumpfte. Die Christen, die die Moslems in den ersten Jahrhunderten des Islams als zurückgebliebene Barbaren betrachtet hatten, wurden nicht nur immer mächtiger, sondern sie regierten zunehmend über größere Teile der islamischen Bevölkerung. Der Höhepunkt dieser Entwicklung war die Kolonialzeit, als europäische Mächte unmittelbar über die arabische Welt herrschten. Wenn auch der Schmerz über die zunehmende Demütigung oft unterdrückt wurde, beeinflussten sie unterschwellig die arabische Bevölkerung. Auch wenn es heutzutage keine Kolonialreiche mehr gibt, bleibt die mittelbare Vorherrschaft der westlichen, insbesondere der amerikanischen Welt eine Tatsache, und zwar nicht zuletzt im wirtschaftlichen Bereich.

Das Gefühl des Gedemütigtseins in der arabischen und islamischen Welt ist aber nicht nur mit Geschichte und Politik verbunden. Zunehmend entwickelt sich eine Frustration aufgrund des wirtschaftlichen und sozialen Elends, in dem die meisten Araber und Moslems leben. Natürlich gab es immer Armut und Unterdrückung, aber heute sind die Menschen nicht mehr bereit das zu entbehren, worauf sie in früheren Zeiten verzichtet hätten. Der arme, hungernde Bauer, umgeben von Not und Krankheit, wusste oft nicht, dass es eine bessere Welt gibt. Vielleicht hielt er es für ungerecht, Abgaben an den Feudalherrn zu zahlen, der in einem prunkvollen Schloss lebte, was auch hin und wieder zu Aufständen führte. Der einfache Bauer wusste aber nicht, dass es andere Bevölkerungsschichten gab, die nicht in Palästen lebten, aber dennoch einen erheblich höheren Lebensstandard hatten als er selbst. Heute ist er durch die Medien informiert, auch der ärmste Landarbeiter in einem abgelegenen Dorf in Afghanistan sieht auf dem Bildschirm, wie man in Amerika lebt. Und diesen Lebensstandard will er auch. Wenn ihm klar wird, dass er sich damit abfinden muss, in seinem Leben nie denselben Lebensstandard eines amerikanischen Durchschnittbürgers zu erreichen, dann will er das zerstören, was er haben will, aber nicht erreichen kann.

Armut ist ein weltweites Problem und beschränkt sich nicht auf die arabische Welt, auch wenn sie wegen des islamischen Terrors eher ins Blickfeld gerückt ist. Insgesamt leben heute sechs Milliarden Menschen auf der Erde. Laut Bericht der Weltbank müssen 2,8 Milliarden mit weniger als zwei US-Dollar pro Tag und 1,2 Milliarden mit weniger als einem US-Dollar auskommen. Sechs von 100 Säuglingen werden ihren ersten Geburtstag nicht feiern, acht das fünfte Lebensjahr nicht erreichen. Neun von 100 Jungen und vierzehn von 100 Mädchen werden nie in ihrem Leben eine Schule besuchen. In den kommenden 25 Jahren wird die Weltbevölkerung um zwei Milliarden Menschen anwachsen. Davon werden 97 Prozent in den Drittweltländern geboren werden, was auf die dortigen Gesellschaften einen unerträglichen Druck ausüben wird. Jede Minute sterben weltweit sechs Kinder, weil sie kein sauberes Trinkwasser haben. Die meisten erliegen der Diarrhöe, einer Krankheit, die, wenn sie nicht tötet, das Immunsystem schwächt.

Wie lange wird es dauern, bis Terror und Fanatismus wie ein Virus auch andere, nicht moslemische Länder der Dritten Welt anstecken werden? Der frühere deutsche Bundeskanzler Helmut Kohl erzählte mir einmal, warum er die Amerikaner und ihren Marshall-Plan so bewundere. Er, der 1930 geboren ist, erinnerte sich an das Jahr 1947, in dem große Teile der deutschen Bevölkerung zum ersten Mal das richtige Ausmaß ihrer Niederlage begriffen. Zwar hatten die Deutschen schon seit geraumer Zeit unter Hunger, Kälte, Arbeitslosigkeit und Obdachlosigkeit gelitten. Sie gingen aber überwiegend davon aus, dass hauptsächlich nur sie und ihr Umfeld von einer derartigen Katastrophe betroffen waren. 1947 war ein schwieriges Jahr, ein Jahr der großen Kälte, aber auch ein Jahr, in dem die Deutschen zu reisen begannen und feststellten, dass ihr ganzes Land in Schutt und Asche lag. Aufgrund ihrer Verzweiflung hätte, so meinte Kohl, die Bevölkerung der kommunistischen Propaganda erliegen können. Dies hätte zu einem Dominoeffekt geführt. Denn überall in Westeuropa hatten die Menschen mit Nachkriegsproblemen zu kämpfen. Hätte Stalin Deutschland eingenommen, wäre ihm ganz Westeuropa wie eine reife Frucht in den Schoß gefallen. Der Marshall-Plan machte den Deutschen sofort Hoffnung. Und wenn man Perspektiven hat, dann folgt man keinem falschen Propheten.

Die westliche Welt sollte den Marshall-Plan als Vorbild für die heutige Welt nehmen. Der weltweite Kampf gegen Terror mit Militär, Polizei- und geheimdienstlichen Maßnahmen kann nur ein ohnmächtiger Schritt sein. Er wird vollkommen erfolglos bleiben, ja verheerende Auswirkungen haben, weil er die Enttäuschungen der Bevölkerungen der „Dritten Welt" noch verstärken wird, wenn die „Erste Welt" auch mit Beteiligung der Ölproduzenten in den arabischen Ländern nicht gleichzeitig einen weltweiten Marshall-Plan ins Leben ruft. Eine wirtschaftliche Strategie zur Verbesserung des Lebensstandards ist auch die Grundlage für bildungspolitische und erzieherische Maßnahmen, da wirtschaftliches Elend Menschen in die Arme von Fanatikern treibt.

Weltterrorismus und der Nahe Osten

Wenn wir von Frustrationen sprechen, die dem globalen Terrorismus Zulauf verschaffen, sollten wir nicht auch den Konflikt im Nahen Osten als ein Element in Betracht ziehen? Schließlich haben die Araber mehrfach Kriege gegen das kleine Israel verloren, und schließlich müssen sie, deren palästinensische Brüder immer noch im Elend, ohne politische Unabhängigkeit und ohne Würde leben, ihre heiligen Stätten unter jüdischer Herrschaft sehen. Zweifellos spielt der Nahe Osten bei der Frage des islamischen und arabischen Terrorismus eine Rolle, allerdings nicht die Hauptrolle. Erst nach dem 11. September hat Bin Laden erkannt, dass es ihm nützlich sein kann, auch öffentlich gegen Israel Stellung zu beziehen und die Palästinenser zu unterstützen. Die großen Krisen im Nahen Ostens waren nicht immer mit Israel verknüpft. Weder der Krieg zwischen Irak und Iran in den 80er Jahren, die Eroberung von Kuwait durch Saddam Hussein im Jahr 1990, noch der Afghanistan-Krieg im Jahr 2001/2 oder der Irak-Krieg 2003 standen im Zusammenhang mit dem israelisch-palästinensischen Konflikt. Unabhängig davon gab es im Nahen Osten Krisen und Kriege seit eh und je – seien es die ägyptischen Kämpfe gegen die Engländer um die Herrschaft über den Suez-Kanal in den 50er Jahren, die ägyptische Invasion im Jemen in den 60er Jahren oder der marokkanische Krieg um die Spanische Sahara. Dennoch könnte ein Frieden zwischen Palästinensern und Israelis die Bevölkerung der arabischen Welt positiv motivieren und Bin Ladens Einflussnahme schwächen. Doch gibt es heute überhaupt eine echte Chance, einen erneuten Friedensprozess ins Leben zu rufen?

5. Kapitel

Ideologie und Verdrängung

Menschen lassen sich oft von Ideen begeistern. Sind sie von ihrer absoluten Wahrheit überzeugt, sind sie manchmal bereit, dafür zu kämpfen, zu töten und sich selbst zu opfern. Wer an ihre Ideen nicht glaubt, lebt im Irrtum. 1985 war ich als Stellvertretender Staatssekretär des Auswärtigen Amtes unter anderem auch für die Afrika-Abteilung zuständig. In dieser Funktion erhielt ich eine Einladung zu einem Abendessen in der Residenz des südafrikanischen Botschafters in Israel. Nach der üblichen Diskussion über den Nahen Osten schwenkte das Tischgespräch auf Südafrika um. Der Botschafter sprach leidenschaftlich von der Gefahr des „schwarzen Terrorismus" in seinem Land und war der Überzeugung, dass seine Regierung „Recht und Ordnung" aufrecht erhalten und die „Terroristen" – gemeint war Nelson Mandelas Partei, der „Afrikanische Nationalkongress" – vernichten müsse. Ich wagte zu fragen, ob er nicht der Meinung sei, dass es keine Ruhe in Südafrika geben wird, solange die Schwarzen, also die große Mehrheit im Land, keine politische Gleichberechtigung erlangen werde – bei Wahlen für „jeden Menschen eine Stimme" – „one man, one vote", wie es damals hieß. Zu meiner Überraschung bekam der Botschafter ein zornrotes Gesicht, sprang auf und brüllte mich vor allen Gästen an: „Für jeden Menschen, eine Stimme, das wird es nie geben! Haben Sie verstanden? Nie!" Der Wutausbruch war so extrem, dass ich aufstand und das Haus verließ. Ich glaube übrigens nicht, dass ihm mein Aufbruch viel ausgemacht hat, denn das israelische Auswärtige Amt zählte nur wenig für Südafrika, vielmehr pflegte es enge Kontakte mit dem Amt des Ministerpräsidenten – damals Likud-Chef Schamir – und besonders mit dem Verteidigungsministerium. Diese Beziehungen waren äußerst freundschaftlich. Ich jedenfalls habe 18 Jahre lang die Residenz des südafrikanischen Botschafters in Israel nicht mehr betreten. Nach dem Ende des Apartheidsystems und dem Übergang zur Demokratie mit dem ersten, gewählten schwarzen Staatspräsidenten Nelson Mandela gab es zunehmend schwarze Diplomaten im südafrikanischen Auswärtigen Dienst, auch in Israel. 2003 vertrat jedoch wieder ein weißer Botschafter Südafrika, ein Afrikaaner, also einen Nachkomme der Buren. Ich wurde wieder zu einem Abendessen geladen und nahm die Einladung in der mir bekannten Residenz an. Zu Tisch saßen mehrere Mitarbeiter der südafrikanischen Botschaft, zufällig alles Weiße. Im Laufe des Abends erzählte ich meinem Gastgeber von dem Vorfall mit einem seiner Vorgänger in den 80er Jahren. Der Botschafter lachte. „Ja", sagte er, „es gab solche Menschen, die so dachten und es vielleicht auch heute noch tun. Aber die vernünftigen Leute, und das war die Mehrheit der Weißen, hat auch in den achtziger Jahren nicht hinter der Apartheid gestanden." Vor dem Hintergrund, dass die Mehrheit der Weißen das Regime in Südafrika unterstützt hat, klang diese Behauptung wie eine Verdrängung von Geschichte.

Die damalige Lage in Südafrika hat nichts mit der heutigen in Israel zu tun, Apartheid schon gar nicht. Dennoch konnte ich es nicht vermeiden, anlässlich der Behauptung des Botschafters daran zu denken, wie sich Menschen einer neuen Situation und politischen Realität anpassen. Sie ändern nicht nur ihre Meinung, sondern verdrängen, dass sie einmal völlig anderer Ansicht gewesen sind. Ein ähnliches, mich noch mehr beeindruckendes Erlebnis hatte ich in Frankreich. 1958, nach Abschluss des ersten Teils meines Universitätsstudiums in Jerusalem, machte ich mich nach den Semesterferien auf den Weg nach New York. Bei einem Zwischenaufenthalt in Paris saß ich am Abend mit Freunden in der 2. Etage eines Cafés auf der Champs-Élysées. Während wir uns unterhielten, bemerkten wir, dass sich auf der großen prächtigen Straße eine gigantische Menschenmenge anzusammeln begann. Anlass war der Algerienkrieg. Minutenlang hatte die Masse im Chor den Ruf „Algerie française" – Algerien ist französisch – wiederholt, bis die Polizei die Versammlung auflöste und sich die Menschenmenge zerstreute. Eine solche Massendemonstration und vor allem eine derart fanatische Kundgebung hatte ich noch nie erlebt. Am nächsten Tag berichteten die Zeitungen von einer Million Demonstrationsteilnehmern. Noch stundenlang hupten die Autos überall in Paris im Rhythmus des Sprechgesangs – Al-ge-rie fran-çaise – Al-ge-rie fran-çaise – Al-ge-rie fran-çaise. Elf Jahre später kam ich als Mitglied der israelischen Botschaft wieder nach Paris. Algerien war schon unabhängig, schwebte aber als Trauma im Hintergrund und belebte noch immer ganz erheblich die Diskussionen der französischen Gesellschaft. Es leuchtete mir schon ein, warum ich inzwischen keinem Gesprächspartner begegnete, der immer noch an „Algerie française" glaubte. Ich war jedoch erstaunt, dass ich keinen einzigen Franzosen traf, der eingestanden hätte, dass er in der Vergangenheit daran geglaubt hatte. Kurz nach der Demonstration auf der Champs-Élysées im Jahr 1958 kam Charles de Gaulle an die Macht. Bei seinem ersten Besuch in Algerien verkündete er in seiner berühmten Rede in der Stadt Mostaganem: „La France considère que dans toute l'Algerie il n'y a que des Français („Frankreich ist der Meinung, dass sich in ganz Algerien ausschließlich Franzosen befinden"). Diese offizielle Formel bedeutete, dass Algerien anders als andere französische Kolonien weder eine Kolonie, noch ein Protektorat noch ein Mandatsgebiet war, sondern ein Bestandteil der französischen Heimat. Offiziell waren also auch die zehn Millionen Moslems und nicht nur die eine Million europastämmiger Franzosen echte Franzosen. Diese populäre Ansicht war nun, elf Jahre später,

1969, als ich wieder nach Paris kam, überholt und niemand wollte sich daran erinnern. Aber warum wurde die französische Nation von einer Amnesie heimgesucht? Die Leute hatten nicht nur ihre Meinung zum Status von Algerien geändert, sondern sie behaupteten auch, eigentlich nie anders gedacht zu haben – ein interessanter psychologischer Aspekt. Sicherlich gab es auch Ausnahmen. Die Nachkommen der ersten Franzosen, die sich seit den 30er Jahren des 19. Jahrhunderts in Algerien niedergelassen hatten, rund eine Million Menschen, mussten 1962 Algerien verlassen. Sie waren verbittert; fühlten sich verraten und haben ihre Meinung über die französische Zugehörigkeit Algeriens nicht geändert. 1969 wurden sie jedoch als eine nebensächliche und vorübergehende Erscheinung in der französischen Gesellschaft betrachtet.

Ich denke heute viel darüber nach, wenn ich die Menge der Israelis beobachte, die von dem Begriff „Besatzung" der palästinensischen Gebiete nichts hören will und für die diese Gebiete ein Bestandteil, vielleicht sogar der Hauptbestandteil des jüdischen Erbes ist. Manche glauben, die Realpolitik diktiere, hinsichtlich dieser Gebiete einen Kompromiss hinzunehmen. Sie halten es für vernünftig, Zugeständnisse zu machen. Andere meinen, es müsse darauf beharrt werden, diese Gebiete in israelischem Besitz zu behalten, was immer es auch kosten werde. Alle aber sind fest davon überzeugt, dass das Land „uns und nur uns" gehört. Ich versuche mir vorzustellen, wie der durchschnittliche Israeli Jahre nach dem Friedensschluss mit den Palästinensern, nach dem Rückzug aus den besetzten Gebieten, nach der Räumung von Siedlungen denken wird. Wird er auch so reagieren wie der begeisterte, überzeugte „Algerie francaise"-Franzose nach der Ausrufung der Unabhängigkeit der Republik Algerien? Wahrscheinlich wird es Parallelen geben. So wie es in Frankreich die „Pieds Noirs" (‚Schwarzfüße' wie die Franzosen aus Algerien hießen) gab, die selbst angesichts der Realität ihre Meinung nicht geändert haben, so wird es auch Juden geben, die auf den

Traum vom Besitz des biblischen Kernlandes der alten jüdischen Königreiche, auf ihren Traum von der göttlichen Verheißung, nie verzichten werden – auch wenn sie sich vielleicht mit der Aufgabe der Gebiete abfinden werden. Schließlich handelt es sich hier nicht nur um eine nationalistische Begeisterung, die die Franzosen gegenüber Algerien empfanden, sondern um einen religiösen Glauben, der Tausende von Jahren überdauert hat. In der Realität, im Alltag werden sich die Israelis vermutlich genau so verhalten wie die Franzosen. Wer fünf Jahre nach dem Ende des Nahost-Konfliktes Israel besuchen wird, wird wahrscheinlich nur wenige Leute finden, die es für falsch und unvernünftig halten, auf die Gebiete verzichtet und einen Palästinenserstaat anerkannt zu haben. Und die meisten werden darauf bestehen, dass sie nie anders gedacht haben, und davon werden sie sogar überzeugt sein. Aber wann werden wir mit der Zählung dieser fünf Jahre beginnen können? Wann kommt das Ende des Nahost-Konflikts, der Frieden zwischen Israel und den Palästinensern?

Auf der Suche nach einem Clinton-Nachfolger

Anfang Februar 2001 kam in den Vereinigten Staaten die neue Bush-Regierung an die Macht. Kurz danach rief der amerikanische Außenminister Colin Powell als Geste vor seinem Antrittsbesuch seine wichtigsten Kollegen an. Der Bürochef des damaligen britischen Außenministers Robin Cook, der an dem Gespräch teilgenommen und Notizen gemacht hatte, erzählte mir, wie es verlief. Eine halbe Stunde lang haben die beiden über verschiedene Angelegenheiten gesprochen und erst am Ende erwähnte Colin Powell auch den Nahen Osten. Er stellte unmissverständlich klar, dass sich die neue amerikanische Regierung kaum für den Nahen Osten interessieren werde. George W. Bush sei ja nicht an die Macht gekommen, um die Politik seines

Vorgängers fortzusetzen, zumal diese vollkommen gescheitert sei. Der Nahe Osten, sagte Powell, stelle für Amerika kein echtes Problem dar. „Worum", fügte er hinzu, „geht es denn beim Nahost-Konflikt? Die Palästinenser verüben Terror und dagegen muss man kämpfen. Dafür sorgen die Israelis ohnehin und man kann ihnen in dieser Sache vertrauen. Es gibt also keinen Grund für die Amerikaner, zu intervenieren. Das einzige, was unsere Regierung tun wird, ist eine Initiative zu ergreifen, um Saddam Hussein und sein Regime im Irak zu beseitigen." Diese Haltung war im Laufe des ersten Jahres der Bush-Regierung nicht allzu sehr bekannt und ist in der Tat erst nach dem 11. September realisiert worden.

Der Abstand, den Washington zum Nahen Osten einnahm, wurde unmittelbar spürbar. Zwar entsandten die Amerikaner mehrfach Emissäre in den Nahen Osten, die verschiedene Beschwichtigungspläne verkündeten: Es gab den Mitchell-Plan, den Tenet-Plan, es gab die Mission des Generals Zinni und mehrere „strenge" amerikanische Erklärungen, die sich aber immer – wie Ariel Scharon es im Voraus richtig erkannte – lediglich als Lippenbekenntnisse herausstellten. Im April 2002, nach einem furchtbaren Terroranschlag in einem Hotel in der israelischen Stadt Nathanya, bei dem 29 Menschen beim Feiern des jüdischen Osterfestes umgekommen und viele verletzt worden sind, beschloss die israelische Regierung, ihre Kriegsstrategie gegen die palästinensischen Terrororganisationen zu ändern. Im Laufe einer Nacht eroberten israelische Panzer alle Gebiete und Städte, die unter Verwaltung der palästinensischen Autonomiebehörde im Westjordanland standen, und sofort wurde eine umfassende Ausgangssperre verhängt. In einer Pressekonferenz verlangte Bush daraufhin in entschiedenem Ton den sofortigen Rückzug der israelischen Streitkräfte auf die alten Linien zwischen Israel und dem palästinensischen Autonomiegebiet. Eine Woche später, nachdem die israelische Regierung sich von den Worten des amerikanischen Präsidenten unbeeindruckt gezeigt und ihre

Truppen keineswegs zurückgezogen hatte, wurde Bush vom US-Fernsehen befragt, was er dazu sage, dass die israelische Regierung seine Forderung ignoriert habe. Ganz energisch boxte der US-Präsident mit der Faust in die Luft und sagte: „Ich habe einen sofortigen Rückzug der israelischen Truppen verlangt, und ich meinte sofort" („I said without delay and I meant without delay"). Daraufhin geschah weiterhin nichts. Die israelische Regierung, für die eine perfekte Verständigung mit der amerikanischen Regierung die Grundlage ihrer Politik ist, Ministerpräsident Scharon, der sich ständig damit brüstete, mit Bush übereinzustimmen, ließ sich nicht von der verärgert vorgetragenen Forderung des Verbündeten beeindrucken. Ein Freund, der dem engen Zirkel von Scharon angehört, erzählte mir, dass dieser während einer Beratung im kleinen Kreis von Mitarbeitern besorgt gefragt wurde, welche Konsequenzen aus Bushs Auftritt in der Pressekonferenz zu ziehen seien. „Gar keine", erwiderte Scharon. „Ich weiß genau, was Bush gemeint hat, was er sagte. Ich habe ihn im Fernsehen beobachtet. Auch wenn er sich tatsächlich in einem harschen Ton äußerte, so tat er dies doch mit einem Augenzwinkern. Das haben Sie vielleicht nicht gesehen, ich aber habe es eindeutig bemerkt." Das war Scharons Interpretation und im Nachhinein musste jeder zugeben, dass er damit richtig lag.

Doch in Clintons Fußstapfen?

Seither hat sich in der Weltpolitik viel verändert. Der Irak-Krieg hat eine völlig neue Situation geschaffen. Die amerikanische Regierung übernahm neue Verantwortungen und hat andere Interessen in aller Welt, besonders im Nahen Osten. Heute kann es sich die amerikanische Regierung nicht mehr leisten zu sagen, was Colin Powell seinem britischen Kollegen Anfang 2001 unterbreitete. Die Verstimmungen zwischen den USA und einigen Ländern Europas müssen überwunden werden, denn die Differenzen haben teilweise mit dem Nahen Osten zu tun. Der Druck auf die amerikanische Regierung seitens ihres engsten Verbündeten, Tony Blair, wächst. Der britische Premier selbst bekam im eigenen Land starken Gegenwind. Er musste seinen Anhängern zeigen, dass der Irak-Krieg etwas Positives erwirkt hat, zumal er in Großbritannien viel an Ansehen verlor, weil er die Bedrohung irakischer Massenvernichtungswaffen offensichtlich aufgebauscht hatte und immer mehr Engländer seine Vorwände für den Irak-Krieg als falsch, wenn nicht gar als Betrug empfanden. Nun musste er beweisen, dass der Irak-Krieg nicht nur zum Vorteil der Weltgemeinschaft einen bösartigen Tyrannen beseitigte, sondern dass man auch in der Lage war, Grundprobleme zu lösen und offene Wunden zu heilen. Blair und Bush hatten das dringende Interesse, die Staatsoberhäupter der pro-amerikanischen Regierungen im Nahen Osten, die durch den Einmarsch in ein arabisches Land in ihrem Stolz verletzt wurden, zu beschwichtigen. Dies wollten sie erreichen indem sie ihnen zeigten, dass sie nicht nur ein arabisches Land okkupierten, sondern dass sie auch etwas zugunsten der Interessen der Araber bewirkten. Eine Lösung des Nahostkonfliktes, eine Lösung des Palästinenserproblems würde also für die Interessen der Vereinigten Staaten äußerst nutzbringend, vielleicht sogar unverzichtbar sein. Alle drängten die Amerikaner, eine Lösung im Nahen Osten zu erzwingen – nicht nur die Europäer und die Araber, sondern auch Länder wie Russland, Pakistan und Indien, denen islamistische Fanatiker unmittelbare Probleme bereiten. Hinzu kommen China und Japan mit eigenen Interessen in den Erdölländern und die „Dritte Welt", der ein Bild vom Anführer des Westens vermittelt werden soll, das nicht das eines Eroberers und Unterdrückers, sondern das des Erlösers ist.

Die Vereinigten Staaten sind also nach dem 11. September und vor allem nach dem Irak-Krieg daran interessiert, ihre internationale Politik und ihre Prioritäten neu zu formulieren. Das ist nicht überraschend, hierfür gibt es einen Präzedenzfall. 1991, nach dem Irak-Krieg, haben Amerikaner und Europäer, die sich damals einig waren und den Krieg gemeinsam führten – zumindest Franzosen und Engländer schickten Truppen –, die Kontrahenten im Nahen Osten zu einem Friedensprozess gedrängt. Dies war das Ergebnis einer Konferenz, die im Oktober 1991 in Madrid eröffnet wurde, und an der Syrien, der Libanon und Jordanien teilnahmen wie auch die Palästinenser, obwohl sie offiziell als Teil der jordanischen Delegation galten. Als Vertreter Israels nahm der damalige Ministerpräsident, der Likud-Chef und allen als Hardliner bekannte Itzhak Schamir teil. Diese Monate andauernde Konferenz ist ergebnislos geblieben. Zunächst waren die Positionen der Kontrahenten viel zu weit voneinander entfernt, darüber hinaus haben im Jahr danach sowohl Bush senior als auch Schamir die Wahlen verloren. Neuer Regierungschef in den USA war Bill Clinton, in Israel Itzhak Rabin und beide wurden zu den Hauptakteuren in Friedensprozessen der 90er Jahre. Insofern wiederholt sich die Geschichte, wiederum wurden die Nahost-Kontrahenten nach einem Krieg im Irak zu einem Friedensprozess gedrängt.

Die Amerikaner, die in der Nahostpolitik unter Druck ihrer Freunde und Kritiker standen, riefen einen neuen Arbeitsrahmen ins Leben – eine Zusammenarbeit mit dem UNO-Generalsekretär, der Europäischen Union, mit Russland und den Vereinigten Staaten. In diesem als Nahost-Quartett bekannten Rahmen wurde ein Fahrplan, auch Roadmap genannt, entworfen, der an den „Clinton-Entwurf" vom Dezember 2000 erinnert. Die Europäer haben viel daran gearbeitet, besonders der deutsche Außenminister Joschka Fischer hat der Ausarbeitung des Fahrplans viel Zeit und Energie gewidmet. Die Engländer bemühten sich, die Amerikaner davon zu überzeugen mitzumachen und dem unveränderten Entwurf zuzustimmen. Washington war aber erst nach dem Irak-Krieg so weit, den Fahrplan der israelischen Regierung, die ihn nach vielen Verzögerungsmanövern schließlich vorbehaltlos akzeptierte. Es ist kein detaillierter, vollendeter Entwurf eines Friedensvertrags, den man in die Tat umsetzen kann. Er widerspricht vielen Grundpositionen der israelischen Regierung, und wenn sie ihn offiziell anerkannt hat, so ist dies nur unter dem Druck der amerikanischen Regierung geschehen. Die Palästinenser haben unter dem Druck der Weltgemeinschaft, vornehmlich von Seiten der Amerikaner, eine neue Regierung gebildet, an deren Spitze zum ersten Mal nicht im Stil der Demokratien der „Dritten Welt" ein Präsident steht, sondern ein Ministerpräsident. Diese Regierung soll funktionieren wie eine Regierung in einer westlichen parlamentarischen Demokratie: Der Chef der Exekutive war der Ministerpräsident, Machmud Abbas, dem Präsidenten Jassir Arafat war lediglich eine repräsentative Funktion zugedacht. Für die Amerikaner und für die Israelis waren die Palästinenser nun reif geworden für einen Friedensprozess. Auch ihnen konnte man die Roadmap unterbreiten, und man musste sie keineswegs zu seiner Akzeptanz drängen.

Auf diesem Fahrplan, den Präsident Bush beim Gipfeltreffen in Jordanien Anfang Juni 2003 vorgestellt hat, beruhen nun die Hoffnungen im Nahen Osten. Was bedeutet und beinhaltet er? Und warum zögerten die einen oder die anderen, bevor sie ihn widerwillig und nur unter Druck hinnahmen? Diese Fragen müssen beantwortet werden, wenn man die Friedensbemühungen begreifen will. Der Fahrplan, der Ariel Scharon und Machmud Abbas am 30. April 2003 offiziell vorgelegt wurde, sieht drei Phasen bis zur Gründung eines endgültigen Palästinenserstaates im Jahr 2005 vor.

Phase 1: Vor den Wahlen in den Palästinensergebieten

– Israelis und Palästinenser schließen ein Sicherheitsabkommen. Diese Vereinbarung sieht das Ende von „Gewalt, Terrorismus und Anstachelung zum Terrorismus" vor. Die Gewaltverzichtserklärung des neuen palästinensischen Premiers

Machmud Abbas kann als erste Hürde gesehen werden, die genommen wurde. Die Hauptterrororganisationen wie Hammas und Dschihad haben auch unter Druck seitens der Ägypter einem von Abbas vorgeschlagenen vorübergehenden Waffenstillstand zugestimmt. Aus diesem Waffenstillstand – vorausgesetzt, dass er hält – sollte sich ein Friedensprozess entwickeln.

– Israel zieht sich schrittweise aus den autonomen Palästinensergebieten zurück und lockert seine Zwangsmaßnahmen gegen die palästinensische Bevölkerung. Konkret heißt das, den Bau von Siedlungen einzustellen, Straßensperren aufzuheben und den Palästinensern volle Bewegungsfreiheit in ihren Gebieten zu ermöglichen.

– Die Palästinenserführung bestätigt im Anschluss schriftlich das Existenzrecht Israels und schreibt Maßnahmen zum Ende antiisraelischer Provokationen, wie antijüdische Volksaufhetzung, fest.

– Gleichzeitig setzt die palästinensische Regierung Reformen in Justiz, Wirtschaft und Finanzen unter Aufsicht des Nahost-Quartetts um. Bis Ende des Jahres 2003 soll dann in freien Wahlen eine neue Regierung bestimmt werden.

Phase 2: Nach den Wahlen in den Palästinensergebieten

– Die Bildung einer neuen Palästinenserregierung bei gleichzeitiger Umsetzung der Reformen und der Annahme einer palästinensischen Verfassung. Gleichzeitig zieht sich Israel weiter zurück auf Linien, die dem neuen Staat einen territorialen Zusammenhang ermöglichen. Konkret bedeutet das für Israels Regierung, weitere Siedlungen zu räumen. Sollte es so weit kommen, so befindet sich der Plan schon zu diesem Zeitpunkt in Konfrontation mit Scharons bantustaanähnlichem Vorhaben.

– Verhandlungen mit dem Nahost-Quartett sowie den Regierungen Ägyptens, Jordaniens und Saudi-Arabiens über die

Bildung eines Palästinenserstaates in provisorischen Grenzen.

– Abkommen über Reisefreiheit zwischen dem Westjordanland und dem Gazastreifen.

Phase 3: Nach der Bildung eines provisorischen Palästinenserstaates

– Ausrufung des „provisorischen Palästinenserstaats" bis die endgültigen Grenzen im Jahr 2005 festgeschrieben werden.

– Bis 2005 sollen die Endstatus-Verhandlungen mit Israel abgeschlossen werden. Bis dahin müssen die schwierigsten Probleme gelöst werden. Konkret heißt das: Einigung über den Rückzug Israels auf die Grenzen von 1967 auf der Basis der UN-Resolutionen 242 und 338, Jerusalem als Hauptstadt beider Staaten, Bildung eines eingeschränkt bewaffneten Palästinenserstaates. Darüber hinaus soll die Flüchtlingsfrage „gerecht und zuverlässig" gelöst werden. Der palästinensische Staat ist zudem verpflichtet, bis Ende des Jahres 2005 weitere Reformen zu verwirklichen.

– Israel nimmt Friedensverhandlungen mit der syrischen und libanesischen Regierung auf. Die Arabische Liga erkennt das Ende des Nahost-Konflikts an und stellt eine vollständige Normalisierung ihrer Beziehungen zu Israel in Aussicht, sobald die Friedensverträge geschlossen sind.

– Im Anschluss an den Vertragsabschluss wird auf einer Geberkonferenz über den langfristigen Wiederaufbau und die Stabilisierung Palästinas verhandelt.

Laut Fahrplan soll es also innerhalb kurzer Zeit – wenn auch innerhalb provisorischer Grenzen – einen Palästinenserstaat geben, einen Abzug aus fast allen besetzten Gebieten sowie die Räumung von Siedlungen. Bis 2005 soll dann ein echter, lebensfähiger Palästinenserstaat gegründet worden sein, der auch geographisch zusammenhängend ist, mit palästinensischer

Herrschaft in Teilen der Stadt Jerusalem. Welche Schwierigkeiten und Widersprüche ein solcher Plan für Scharon und sein Umfeld bedeutet – von den Rechtsextremisten einmal ganz abgesehen – ist offensichtlich. Und ist diese Roadmap für die Palästinenser akzeptabel? Im Grunde genommen schon, obwohl die Palästinenser damit noch Schwierigkeiten haben. Sie werden zweifellos auf dem vollkommenen Rückzug der Israelis aus den besetzten Gebieten bestehen, mehr fordern als das vorgeschlagene Territorium in der Stadt Jerusalem, und vor allem werden sie einen Kompromiss finden müssen, um das Problem des Rückkehrrechts zu lösen. Was genau bedeuten diese Probleme?

Selbst als der ehemalige Ministerpräsident Ehud Barak in den letzten Phasen seiner Verhandlungen mit den Palästinensern Ende 2000 prinzipiell bereit war, noch größere Zugeständnisse zu machen als er ursprünglich bereit war, wollte er nicht die gesamte Fläche der besetzten Gebiete zurückgeben. Die volle Rückgabe sah Bill Clinton auch nicht in seinem Entwurf vor, den er den Palästinensern während seiner letzten Amtstage im Weißen Haus unterbreitet hatte und mit dem er ihnen noch weiter entgegengekommen ist als Barak mit seinem letzten Angebot. Obwohl der israelische Premier bereit war, auf eine Menge Siedlungen zu verzichten, bestand er darauf, dass drei Blöcke, die direkt an Israel angrenzen und auf deren Boden sich keine Palästinenser befinden, nicht geräumt, sondern als Teil Israels anerkannt werden sollen. Die Palästinenser, die wenngleich anfangs zögerlich bereit waren, dies in Kauf zu nehmen, bestanden darauf, einen territorialen Austausch zu erzielen. Für die Fläche der drei Blöcke von Siedlungen, die Israel für sich behalten wollte, verlangten sie eine ähnliche Fläche aus dem Kernland Israels. Was Jerusalem betrifft, waren die Palästinenser mit keinem Angebot zufrieden, weder mit dem von Barak, noch mit dem von Clinton. Sie beanspruchten größere Teile der Stadt für sich. Vor allem aber waren sie nicht bereit, sich nur mit der Verwaltung des Tempelberges, dem „Haram al-Sherif", abzufinden. Sie bestanden darauf, die offizielle Souveränität über diese für Juden und Moslems heilige Stätte zu erhalten.

Am schwierigsten ist die Frage des so genannten Rückkehrrechts. Abgesehen davon, dass es aus israelischer Sicht nie einen Friedensvertrag geben wird, der dieses Recht fest schreiben wird, trägt es nicht zum Abbau des Misstrauens bei, solange die Palästinenser auf diesen Anspruch pochen. Manche Beobachter meinen sogar, dass die Camp-David-Verhandlungen 2000 scheiterten, nachdem Arafats Unterhändler das Rückkehrrecht auf den Verhandlungstisch gelegt hatten. Im August 2003 nach dem Inkrafttreten hatte Nabil Sha'at, der palästinensische Außenminister der Abbas-Regierung, nichts Besseres zu tun als nach Beirut zu reisen und dort öffentlich auf dem Rückkehrrecht zu beharren. Betroffen waren vor allem die Friedensstifter und -sympathisanten.

Die Frage des Rückkehrrechts ist jedoch viel mehr als ein Stein des Anstoßes. Zwischen 600 000 und 700 000 Palästinenser sind im israelischen Unabhängigkeitskrieg von 1948 zu Flüchtlingen geworden. Eine hohe Geburtenrate hat diese Zahl in der Zwischenzeit auf vier Millionen ansteigen lassen – Flüchtlinge, die hauptsächlich in den arabischen Nachbarländern leben. Israel hat sich ebenfalls demographisch entwickelt – aus 600 000 Juden im Jahr 1948 sind mittlerweile 5,3 Millionen geworden. Dazu gibt es noch 1,2 Millionen Israelis die keine Juden sind, sondern mehrheitlich moslemische Palästinenser. Sollten vier Millionen Palästinenser in den kleinen Staat Israel eindringen, der mit einer Fläche von rund 20 000 Quadratkilometern in etwa die Größe des Bundeslandes Hessen hat, würde das nicht nur für Integrationsschwierigkeiten sorgen. Es wäre das Ende des jüdischen Staates, weil die Nachkommen der Flüchtlinge zusammen mit den Palästinensern israelischer Staatsangehörigkeit und dank ihrer rasanten demographischen Zunahme innerhalb kürzester Zeit die Mehrheit in diesem Lande erlangen würden. Die Palästinenser verstehen natürlich, dass Israel unter keinen Umständen das so genannte Rückkehrrecht akzeptieren kann. Deren Politiker haben jedoch innenpolitische Bedenken und wollen aus emotionalen Gründen auf diese Trumpfkarte in den Verhandlungen nicht verzichten. Und sollten die Palästinenser in allen Bereichen zufrieden stellende Zugeständnisse erzielen, bleibt die Frage, ob sie dann den unabhängigen bewaffneten Terrororganisationen und Gruppierungen das Handwerk legen und sie wahrhaftig und endgültig entmachten wollen? Ende des Sommers 2003 hat Machmud Abbas noch immer nicht mit der Entwaffnung und Auflösung der Terrorgruppen begonnen, die nur eine befristete Waffenruhe ausgerufen haben. Es ist anzunehmen, dass der palästinensische Ministerpräsident mit diesem Schritt einen Bürgerkrieg befürchtet.

Die Likud-Regierung muss mit dem Fahrplan noch mehr Kröten schlucken. Ariel Scharon ist bei weitem noch nicht soweit, Zugeständnisse zu machen, die die Stadt Jerusalem betreffen. Er ist auch nicht bereit, auf 90 oder 95 Prozent des Territoriums zu verzichten und Siedlungen zu räumen. Zwar hat die israelische Armee im Sommer 2003 mehr als ein Dutzend Außenposten, Siedlungen im Westjordanland evakuiert, doch waren bis auf drei alle unbewohnt. Zudem wurde der Ausbau neuer Siedlungen im Westjordanland fortgesetzt – seit dem Frühjahr 2003 sind mehr als 11 000 Wohneinheiten in größeren Siedlungen im Westjordanland bewilligt worden. Und selbst auf den Verzicht von etwa 40 Prozent der Gebiete, den Scharon grundsätzlich befürwortet, wäre er unter dem Vorwand des Terrors und den daraus resultierenden Sicherheitszwängen des Staates Israel auch nach Schließung des Friedens nur bedingt und begrenzt bereit. Einen Palästinenserstaat anzuerkennen, wie ihn der Friedensfahrplan vorsieht, zieht er vorerst nicht einmal in Erwägung.

Ein scheinbares Quartett

Eine Brücke zwischen diesen beiden Positionen zu schlagen, wird eine Sisyphusarbeit sein. Wer kann eine solche Arbeit leisten? Eigentlich sollte es das Quartett sein, die vier Partner, die den Fahrplan gemeinsam entworfen haben und die den größten Teil der politischen, militärischen und wirtschaftlichen Weltmacht darstellen. Um zu beurteilen, ob sie in der Lage oder Willens dazu sind, muss man die Situation der einzelnen Quartett-Partner näher betrachten.

Russland

Anders als die frühere Sowjetunion, deren schrumpfender Einfluss in der arabischen oder islamischen Welt längst nur noch eine historische Erinnerung ist, investiert Russland kaum noch in dieser Region, mit der sie ohnehin nicht freundschaftlich verbunden ist. Auch wenn die Russen dem Ajatholla-Regime im Iran Waren liefern, die die Entwicklung von Nuklearwaffen erleichtern, sind sie doch eher bekannt als diejenigen, die den Krieg gegen die Islamisten in Afghanistan verloren haben und heute einen Krieg in Tschetschenien führen, der für die Moslems ein Freiheitskampf ist. Sie haben heute dem Nahen Osten wenig zu bieten. Zwar nimmt jede israelische Regierung auf Russland etwas Rücksicht, aber eher aus innenpolitischen Gründen. Fast 20 Prozent der israelischen Bevölkerung sind Zuwanderer aus der ehemaligen Sowjetunion, eingewandert in den letzten zehn, zwölf Jahren. Diese Menschen, die sich sehr um Integration bemühen und darum erfolgreich zu sein, verzichten dennoch keineswegs auf den Kontakt mit ihrer ehemaligen Heimat. Anders als zum Beispiel die Juden, die in den 30er Jahren aus Deutschland kamen, müssen die russischen Juden den Kontakt mit Russland nicht abbrechen. Die deutschen Juden hingegen, Flüchtlinge aus Nazi-Deutschland, haben verständlicherweise keine deutschen Zeitungen gelesen, die zu jener Zeit nur aus nationalsozialistischer Propaganda bestanden, und Fernsehen gab es noch nicht. Sie konnten keine Kontakte mit ihrer ehemaligen Heimat aufrechterhalten, weder telefonisch, noch postalisch, da sie der Zensur des diktatorischen Regimes unterlagen. Die russischen Juden lesen Zeitungen, verfolgen das russische Fernsehen und besuchen ihr Ursprungsland oft als Touristen. Wenn Scharon nach Moskau fliegt, um Wladimir Putin zu treffen, so tut er das auch, um seine potentiellen Wähler russischer Abstammung in Israel zu beeindrucken. Dazu braucht er den guten Willen der russischen Regierung. Das wird aber nicht wichtig genug sein, um Druck auf ihn ausüben zu können, wenn es für ihn um wesentliche und grundlegende Dinge geht. Da die Russen auch auf der arabischen Seite keine Hebelgewalt haben, stellt sich die Frage, was sie überhaupt in dem Quartett suchen. Eigentlich nehmen sie nur teil, weil sowohl Europäer als auch Amerikaner sie als eine potentielle zukünftige Großmacht betrachten. Das gleiche Eigeninteresse war auch der ausschlaggebende Grund, die UNO mit ins Quartett-Boot zu ziehen.

UNO

Kofi Annan, der Generalsekretär der UNO, besitzt an sich keine Macht. Wenn er auf internationale Angelegenheiten Einfluss hat, dann nur als Vertreter des vereinten Willens der verschiedenen 191 Staaten, aus denen die UNO besteht. Entweder benötigt man ihn als Koordinator oder eher als Mittler, um weder ihm oder denjenigen, die die Deckung der UNO haben wollen, vor den Kopf zu stoßen. Andernfalls könnten die Befürworter der Vereinten Nationen zu einem Störfaktor werden. Die UNO wird gebraucht als Wächter der Umsetzung des Friedensvertrags oder als Koordinator des Wiederaufbaus des Nahen Ostens, besonders der palästinensischen Gebiete. Und insofern ist man gut beraten, dieses Gremium schon im Voraus mit einzubeziehen. Für einen Durchbruch im Friedensprozess ist die UNO jedoch entbehrlich.

Die Europäische Union

Die Verstimmung zwischen den Vereinigten Staaten und der Europäischen Union oder Teilen der Union entstand zwar im Vorfeld des Irak-Krieges, dennoch beruht sie auf Meinungs- und Orientierungsdifferenzen, die lange davor entstanden sind. Der europäische Erholungsprozess in der Nachkriegszeit, der sich in einem Vereinigungsprozess zunächst im Rahmen der Europäischen Gemeinschaft und dann in der Europäischen Union entfaltete, musste irgendwann auch die Frage der Emanzipation von der amerikanischen Bevormundung aufwerfen. Angeblich sind die Europäer und die Amerikaner gleichberechtigte Verbündete. Diese Gleichberechtigung wollten jahrelang nur die Franzosen wahrnehmen. Die Deutschen, die zunächst beim Wiederaufbau ihres Landes von den Amerikanern abhängig und vor allem aber aus Gründen der Verteidigung gegen die Sowjetunion auf sie angewiesen waren, wollten die Rolle der USA als Primus inter Pares nicht in Frage stellen. Die Engländer, die sich schon im Verlauf des Krieges an die Vereinigten Staaten angekoppelt und im Laufe der Jahre diese Verbindung intensiviert hatten, haben die Frage der Gleichberechtigung nicht einmal theoretisch ernst genommen.

Für die Verteidigung der „freien Welt" gibt es ein Gremium von Verbündeten, die NATO, die in Brüssel ihren Standort hat und deren Generalsekretär immer ein Europäer ist. Die gemeinsamen NATO-Beschlüsse werden von den permanenten Vertretern der Mitgliedsstaaten gefasst. So sieht es der Vertrag des Bündnisses vor. In Wirklichkeit fallen die Würfel jedoch 100 Kilometer südlich von Brüssel. In der Stadt Mons (Bergen) befindet sich das militärische NATO-Hauptquartier, dessen Chef immer ein US-General ist und der gleichzeitig Befehlshaber der amerikanischen Truppen in Europa ist. Dieser General erhält ganz selbstverständlich seine Vorschriften aus Brüssel und aus Washington. Aber in die Tat setzt er um, was die politische Spitze des amerikanischen Auswärtigen Amts und des Verteidigungsministeriums befiehlt. So fallen die Entscheidungen nur scheinbar in Brüssel, in Wirklichkeit werden sie in Washington gefällt. Bezüglich des Irak Krieges gingen die Auseinandersetzungen zwischen verschiedenen europäischen Mitgliedsstaaten und den USA eher um das Procedere der Entscheidungsfindung, als um die inhaltliche Frage Krieg zu führen oder nicht. Insbesondere Deutschland, Frankreich und Belgien fühlten sich von den USA nicht ernst genommen. Die Konfrontation mit den Westeuropäern, die sich von Amerika emanzipieren und dennoch treue Verbündete der Vereinigten Staaten bleiben wollen unter der Voraussetzung, dass dieser Bund auf Gleichberechtigung beruht, haben zu undiplomatischen Äußerungen ohne Vergleich geführt. So bezeichnete der amerikanische Verteidigungsminister Donald Rumsfeld die europäischen Staaten, die keine Vasallen Amerikas mehr bleiben wollten, als das „Alte Europa". Im Vergleich mit dem neuen modernen und würdigen Europa, das Rumsfeld in den ehemals kommunistischen osteuropäischen Staaten zu sehen glaubte, meinte er, Länder wie Frankreich und Deutschland seien, wie ein slowakischer Spitzenpolitiker geschrieben hat, ein Anachronismus, die Welt von gestern. Damit hat er in Europa für viel Aufregung und Polemik gesorgt. Die europäischen Zeitungen waren wochenlang voll mit Artikeln, die sich mit den Äußerungen des amerikanischen Verteidigungsministers auseinandersetzten. In diesem Zusammenhang fand ich einen Artikel, den die *International Herald Tribune* am 12. Februar 2003 veröffentlicht hat, besonders interessant. Er setzt sich mit der Frage auseinander, wer eher – Frankreich und Deutschland oder die Vereinigten Staaten – die alte überholte Welt vertritt und wer die Zukunft. Der Autor, Graham E. Fuller, der noch vor kurzem Vizepräsident des National Intelligence Council der CIA war, kommt ausgerechnet in seinem Beitrag zu einem Schluss, der der Position des amerikanischen Verteidigungsministers diametral entgegensteht.

„In beißendem Ton", schreibt Fuller, „sprach Donald Rumsfeld kürzlich vom ‚alten Europa'. Ferner behauptete er in seiner aus Frustration geborenen Stellungnahme, es sei allein jenes ‚alte Europa', das sich den US-Kriegsplänen gegen den Irak ernstlich widersetze. Der amerikanische Verteidigungsminister hatte natürlich die Verbündeten Deutschland und Frankreich im Sinn. Offensichtlich traf der Pfeil ins Schwarze, da sie in beiden Ländern starke Reaktionen hervorrief. Gleich, was man von der deutsch-französischen Vorsicht im Umgang mit dem Irak im Gegensatz zum amerikanischen Kriegsdrängen halten mag, die eigentliche Frage lautet: Hatte Rumsfeld Recht? Überzeugender als Rumsfelds Diktum ist die Sichtweise, dass Deutschland und Frankreich das ‚neue Europa' oder sogar die ‚künftige Welt' verkörpern. Diese beiden Länder haben fünf Jahrhunderte der militärischen Auseinandersetzung einschließlich zweier verheerender Weltkriege hinter sich gelassen. Sie bilden das Kernstück einer neuen Union mit einer gemeinsamen Währung und streben auf breiter Basis eine gemeinsame Außenpolitik an. Für ehedem rivalisierende Nationalstaaten mit recht verschiedenen Kulturen ist dies ein revolutionärer Schritt."

„Damit nicht genug", fährt Fuller fort, „Die Europäische Union ist ein bemerkenswertes Experiment. Es ist das erste Mal in der Geschichte, dass Staaten große Teile ihrer Souveränität freiwillig aufgeben, um sich an einem neuen zivilisatorischen Projekt zu beteiligen. Türken, Bulgaren und Letten betteln geradezu darum, erhebliche Beitrittsleistungen zu erbringen, um mit von der Partie zu sein. Die herrschenden Prämissen der Union besagen, dass Staaten wirklich demokratisch sein müssen, dass sie für Menschrechte und bürgerliche Freiheiten eintreten und dass ein Krieg zwischen den Mitgliedern undenkbar sein sollte. Die EU sieht sich als Gemeinschaft, der immer mehr Staaten beitreten und die sich dadurch geographisch immer mehr vergrößert – allerdings erst, nachdem die Aufnahmekandidaten recht strenge Kriterien erfüllt haben. Sie strebt danach, eine neue Kraft auf dem Globus zu werden. Es ist das erste Mal, dass die Menschheit die Entstehung eines ‚Imperiums' verfolgt, das auf Konsens und einem gemeinsamen Willen basiert statt auf Macht und Eroberung."

Tatsächlich, so Fullers Analyse, stünde Amerika mit seinen überholten Positionen für die „alte Welt": „Heute sehen sich die Vereinigten Staaten als gutartiger Weltpolizist, der jeden Versuch potentieller Rivalen oder regionaler Mächte, einen Schatten auf die amerikanische Überlegenheit zu werfen, unterbinden wird. Diese Pax Americana mag sowohl positive als auch negative Merkmale haben, da sie jedoch eher auf der Monopolisierung von Macht als auf Übereinkunft beruht, kann sie schwerlich als ‚neue Welt' beschrieben werden. Wo Macht herrscht an Stelle von internationalem Recht, hat man es mit einer ‚alten Ordnung' zu tun, wie sie seit Jahrhunderten existiert. Die Erde ist ein gefährlicher Planet. Die Saddam Husseins und Kim Jongs II werden nie vollständig verschwinden. Ohne Frage wird auch in Zukunft gelegentlich Macht vonnöten sein, um manchen dieser Gefahren zu begegnen. Aber in Zukunft wird es eher so sein, dass diese Funktion allmählich von einer sich Schritt für Schritt herausbildenden internationalen Gemeinschaft des Konsenses übernommen wird. Niemand kann bestreiten, dass die Macht der USA vorteilhaft eingesetzt werden kann, um bestimmte Krisen zu bewältigen. Aber wenn andere Staaten, sogar befreundete, das Gefühl haben, dass sie kaum Gehör finden und keinen Einfluss nehmen können auf die Art und Weise, wie der selbst ernannte Sheriff in der Stadt auftritt, werden wir von den alten Prinzipien der Machtpolitik regiert."

Fullers Fazit, ist, dass es hier nicht um irgendeinen Entwurf eines utopischen Ideals ginge. „Es ist eine Tatsache, dass sich die Welt ebenso langsam wie mühevoll in Richtung Konsensgemeinschaften bewegt, die aus freiem Willen geschaffen werden. Bestes Beispiel sind die Vereinten Nationen. Gewiss, die unruhige und nörglerische UNO kann einem lächerlich, sogar entmutigend vorkommen. Doch das gilt manchmal auch für den amerikanischen Kongress. Beide sind nicht die schnellsten Mechanismen der Welt, wenn es darum geht, Ergebnisse zu erzielen. Wir sollten nicht vergessen, wie weit wir in weniger als einem Jahrhundert gekommen sind. Wer hätte vor wenigen Dekaden gedacht, dass eine internationale Organisation heute auf den unterschiedlichsten Gebieten echten Einfluss auszuüben beginnt?"

Am Ende fordert der CIA-Mann, dass Amerika im Einklang mit diesem evolutionären Prozess agieren solle und nicht gegen ihn: „Das heißt nicht, dass wir keinen Krieg gegen den Irak führen sollten, sondern dass wir versuchen sollten, auf die Kräfte der Zukunft hinzuarbeiten und nicht am Recht des Stärkeren festhalten. Sicher verfolgen auch Deutschland und Frankreich ihre Interessen und Programme, die von Washingtoner Politikern oft genug mit vernichtendem Spott als kleinlich und unbedeutend abgetan werden. Doch lassen sich die Vereinigten Staaten nicht ihrerseits von engstirnigen Interessen leiten? Blüht Washingtons Macht nicht im Wesentlichen deshalb, weil andere Länder unfähig sind, sich derart üppige Rüstungsbudgets zu leisten? Nichts von alledem ist von Übel, doch es stehen eng begrenzte amerikanische Interessen dahinter, ebenso wie bei anderen Staaten. In welche Richtung bewegt sich die Welt: Wird die Machtpolitik fortgeführt oder entstehen Konsensgemeinschaften? Eine Streitmacht der EU wird sich nur langsam entwickeln, doch Deutsche und Franzosen haben nun einen schicksalhaften Punkt überschritten. Jenseits dieser Grenze kann die alte Allianz nicht länger Bestand haben. Unabhängig von allen Kränkungen steht fest: Der vorherige Zustand wird sich nicht wieder einstellen. Fallen Deutschland und Frankreich ins ‚alte Europa' zurück? Ich bin der Meinung: Nein."

Fullers Analyse ist überzeugend. Dennoch haben die Amerikaner den Europäern und der Welt eine Lektion erteilt, indem sie bewiesen, dass Militärmacht selbst nach dem Ende des Kalten Krieges nicht überholt ist und dass sie immer noch die endgültige Macht bestimmt. Bei den internationalen Interventionen in Jugoslawien wie in Bosnien und im Kosovo haben die Europäer sehr schnell die bittere Erfahrung gemacht, dass sie ohne Unterstützung durch die amerikanische militärische Infrastruktur auf dem eigenen Kontinent und für die eigenen unmittelbaren Interessen nichts bewirken können. Afghanistan und Irak waren weitere Beweise in dieser Hinsicht. Tatsache ist, dass die Europäer die Investitionen in die Streitkräfte und in die Rüstungsindustrien allmählich aber ständig gesenkt haben. Krieg, dachten die Europäer, gehörten der nationalistischen Vergangenheit an. Wirtschaft, Wissenschaft, Technologie, Kultur und Erziehung, das sei die Zukunft, in die man investieren müsste. Die 15 Mitgliedstaaten der Europäischen Union haben gemeinsam einen Verteidigungsetat, der nur 60 Prozent des amerikanischen ausmacht. Aber auch 60 Prozent des amerikanischen Verteidigungsetats könnten wirksam sein. Europas Militärbudget ist jedoch auf 15 Hauptquartiere und nationale Rüstungsindustrien verstreut. Wie General Klaus Naumann, ehemaliger Generalinspekteur der Bundeswehr und ehemaliger Vorsitzender des Militärausschusses der NATO, feststellt, habe das gesamteuropäische Militär- und Rüstungsbudget durch seine Zerstückelung gerade noch so viel Gewicht wie zehn Prozent des amerikanischen Militär- und Rüstungsetats. Hinzu kommt noch die Spaltung der EU aufgrund ihrer konträren Positionen zur Außenpolitik. Was den Krieg im Irak anbelangt, gab es zwar in ganz Westeuropa Widerstand, nur in England war die öffentliche Meinung gespalten. Es gab jedoch Politiker, die aus opportunistischen Gründen im klaren Gegensatz zur Meinung der eigenen Bevölkerung die Politik des amerikanischen Präsidenten unterstützt haben. So lange die Europäer keine gemeinsame Außen- und Sicherheitspolitik betreiben, werden sie in der Weltpolitik kein Gewicht haben und von den Amerikanern nicht als gleichberechtigte Partner behandelt werden. Wozu brauchen die Amerikaner die Europäer bei der Suche nach der Lösung eines regionalen Konflikts im Nahen Osten? So wie sie den Krieg in Afghanistan ohne Hilfe und auch ohne arabische Verbündete, so wie sie den Irak-Krieg nur mit der Beteiligung der Engländer geführt haben, so werden sie aus ihrer Sicht auch den Fahrplan allein umsetzen können, wenn sie dies nur wollen. Allein aus strategischem Kalkül grenzen die Amerikaner weder die Europäer vollkommen aus noch die Russen und den Generalsekretär der UNO. Schon unter Kosten dämpfenden Aspekten könnten ihnen ihre Partner in der Zukunft bei der Umsetzung eines Friedensvertrags nützlich sein. Deshalb gewähren sie ihnen, eine Rolle im Quartett zu spielen. Allerdings möglichst ohne öffentliche Inszenierung: Als es um die Vorstellung des Friedensfahrplans vor der Weltpresse ging, waren bei dem Gipfeltreffen in Akaba im Juni 2003 nur Präsident Bush, der Gastgeber, König Abdallah von Jordanien, und die Kontrahenten, Israels Ministerpräsident Ariel Scharon und der Ministerpräsident der Palästinensischen Autonomiebehörde Machmud Abbas, anwesend. Kein anderes Mitglied des Quartetts, weder die EU noch die UNO noch Russland, die gemeinsam den Fahrplan entworfen hatten, durften an dem pompösen, als „historisch" gefeierten Ereignis teilnehmen.

Europäer und Israelis

Bei den Israelis sind die Europäer noch weniger erwünscht als bei den Amerikanern. Schon im Nahost-Friedensprozess, der nach dem ersten Irak-Krieg 1991 initiiert wurde, mussten die Europäer mit Nachdruck um eine Beteiligung ringen. Zwar hat Washington die EU halbherzig unterstützt, schließlich hatten ja an diesem ersten Irak-Krieg französische Bodentruppen teilgenommen, aber es hat die Israelis nicht dazu gedrängt, die Gemeinschaft zu akzeptieren. Die Israelis wollten von den Europäern ohnehin nichts wissen. Traditionell lautet die Devise, zumindest seit Mitte der 70er Jahre, dass die Europäer automatisch Israels Gegner unterstützen und in internationalen Gremien und internationalen Verhandlungen nur eine Belastung seien. Seit dem EU-Gipfeltreffen 1980 in Venedig, wo die Europäer in ihren Schlusserklärungen von einem unabhängigen Palästinenserstaat sprachen, gelten sie als pro-palästinensisch, was für den durchschnittlichen Israeli gleichbedeutend ist mit „Israel feindlich". Schon in diesen Jahren sprachen die Franzosen ganz offen von der Notwendigkeit, die PLO als Vertreter des palästinensischen Volkes anzuerkennen, mit ihr über das Ende der israelischen Besatzung der palästinensischen Gebiete zu verhandeln und einen Palästinenserstaat neben Israel hinzunehmen. Aber die Franzosen, von denen Israel so bitter enttäuscht war, nachdem de Gaulle vor dem Sechstagekrieg 1967 ihren besonderen Bund mit Israel gelockert hatte, hatten in der Öffentlichkeit schon längst das Ansehen eines Fast-Feindes. Seit 1980 vertrat auch die gesamte Europäische Gemeinschaft diese Ansicht. Die Tatsache, dass auch viele Israelis der Meinung waren, dass man die PLO anerkennen und mit den Palästinensern einen Kompromiss erzielen müsse, der zur Beendigung der Besatzung und der Gründung eines Palästinenserstaates führen sollte, hat daran nichts geändert. Auch Jahre später, als Israel selbst die PLO anerkannte und offiziell von dem Ende der Besatzung von einem Palästinenserstaat zu sprechen begann, blieben die Europäer in den Augen der Israelis Gegner. Der Grund für diese Vorbehalte ist nicht immer politisch. Sehr oft liegt er im psychologischen Bereich.

Auch wenn man allgemein annimmt, die Israelis seien ein stark von der europäischen Kultur geprägtes Volk, ja sie seien eigentlich Aschkenasims, jüdische Europäer, so trifft das nur mit erheblichen Einschränkungen zu. Ein Großteil der israelischen Bevölkerung gehört zu den Sepharden, den orientalischen Juden, die den islamischen Ländern entstammen. Es waren jedoch gerade jene Israelis, die aus Europa stammten, die sich anfänglich am wenigsten eine Intensivierung der Verbindungen zwischen Israel und der EU vorstellen konnten. Es gab viele, die dies aufgrund ihrer in diesem Kontinent bitter gemachten Erfahrungen grundsätzlich ablehnten. Nach der Staatsgründung bildeten europäische Israelis die große Mehrheit der Bevölkerung, und viele von ihnen, aber nicht nur sie, kehrten dem Kontinent aufgrund jener Erfahrungen oder aufgrund des Wissens um diese Erfahrungen den Rücken. Auch das Geschichtsbild, das dem israelischen Schulkind vermittelt wird, hat wahrscheinlich zu diesem Abwendungsprozess beigetragen. Israelische Kinder wachsen noch immer mit der Vorstellung eines feindseligen europäischen Kontinents auf. Ihre Schulbücher übermitteln ihnen in einer aufschlussreichen Art und Weise die Geschichte Europas – aber im Rahmen der eigenen, jüdischen Geschichte. Den ersten Teil der jüdischen Historie lernen die Kinder aus der Bibel, die letzten 500 Jahre vor der christlichen Zeitrechnung aus anderen traditionellen, beziehungsweise religiösen Büchern. Auf diese Weise wird ihnen die Geschichte des Volkes in ihrem Land vermittelt. Mit dem Anfang des ersten Jahrtausends beginnt die Geschichte des Volkes im Exil, verstreut in verschiedenen Ländern, aber vor allem in Europa. Man kann also die Geschichte des Volkes nicht verstehen, wenn man die Historie der Länder, in denen die Juden lebten, nicht kennt. Geschichtsbücher sind aber nur selten neutral und noch seltener großzügig, sie erzählen meistens die eigene Geschichte aus der eigenen Sicht. Israelische Lehrbücher stellen vor allem das Leiden, die Verfolgung, die Demütigung und Ermordung des jüdischen Volkes im Verlauf von 2000 Jahren Geschichte des Exils in Europa dar.

Der Leidensweg der Juden in Europa beginnt nicht erst im 11. Jahrhundert, als die Kreuzfahrer schon unterwegs zur Befreiung des Heiligen Landes von den Moslems ihre Wut auf die „Ungläubigen" an den Juden ausließen. Nur selten versuchten Bischöfe und Kardinäle das Morden zu verhindern, und verfolgte Juden zu schützen. Oft schürte die Priesterschaft noch die grausamen Verbrechen an Wehrlosen. In den ältesten jüdischen Gemeinden Deutschlands – Mainz, Speyer und Worms – wurden Tausende von Menschen von den Kreuzfahrern dahingemetzelt. Auch die folgenden Jahrhunderte verliefen für die Juden in Europa nicht freundlicher. Kaum hatte sich mit Genehmigung des Landesherrn eine jüdische Gemeinde gebildet, wurde sie wieder aufgelöst. Ihre Mitglieder wurden für rechtlos erklärt und ausgewiesen. Ende des 15. Jahrhunderts musste die in Spanien voll integrierte jüdische Gemeinschaft ihre Heimat verlassen. Nur wer sich taufen ließ, durfte bleiben, machte sich aber auf diese Weise wieder der Inquisition des heimlichen Praktizierens seiner früheren Religion verdächtig. Im 17. Jahrhundert wurden Tausende von Juden im Rahmen eines Glaubenskampfes zwischen der römisch-katholischen und der griechisch-orthodoxen Kirche in der Ukraine und in Polen ermordet. Der ukrainische Kosakenführer Bogdan Chmelnizkij, einer der berüchtigtsten Judenverfolger, gilt heute noch als Volksheld. Die Französische Revolution schien endlich die Emanzipation der europäischen Juden herbeizuführen. Die Hoffnung auf die bereits öffentlich deklarierte Gleichberechtigung scheiterte jedoch bald an hartnäckigen, alten Vorurteilen. Das traditionelle, religiös motivierte Feindbild wurde nur durch einen Rassismus namens Antisemitismus ergänzt. In Osteuropa waren Judenverfolgungen weiterhin alltäglich. Die Pogrome gipfelten im Holocaust. Der millionenfache Mord an unschuldigen Menschen, gründlich geplant und zur effizienten Durchführung gebracht von Deutschen unter enthusiastischer Unterstützung seitens vieler Mithelfer in allen von den Nazis besetzten Ländern, war die grauenhafteste und größte Tragödie in der Geschichte der Juden.

Nach dem Zweiten Weltkrieg, noch unter dem Schock des Holocaust, kehrten in Israel die alten Konflikte mit den Engländern zurück. Die gemeinsame Gegnerschaft gegen Nazi-Deutschland hatte nur kurzzeitig von früheren Differenzen abgelenkt, ohne die gespannten Beziehungen zwischen der britischen Mandatsmacht und der jüdischen Bevölkerung Palästinas auch nur im Geringsten zu ändern. Die Briten behinderten die Hilfe für überlebende KZ-Opfer und erwiesen sich als stärkste Gegner des im Entstehen begriffenen jüdischen Staates, dem sie auch nach dem Abzug ihrer Truppen aus Palästina noch jahrelang betont kühl gegenüberstanden. Kurze freundschaftliche Beziehungen mit der Sowjetunion nach dem Zweiten Weltkrieg gingen bald in erbitterte Feindschaft über und eine vierzehnjährige, besonders erfreuliche Zusammenarbeit mit Frankreich, „unserem einzigen Freund und Verbündeten in der ganzen Welt", ging 1967 in Scherben, als sich de Gaulle kurz vor dem Sechstagekrieg entschied, die Sonderbeziehungen mit Israel zu beenden und Waffenlieferungen einzustellen. Insgesamt waren die Israelis enttäuscht von Europa. Zwar gehörten auch positive Erfahrungen zur jüdischen Geschichte auf diesem Kontinent, aber diese verblassten und wurden von der Enttäuschung gelöscht. Nicht zuletzt auch wegen der zerbrochenen Freundschaft mit Frankreich wandte sich Israel argwöhnisch von Europa ab und den Vereinigten Staaten zu.

Der Schatten des Antisemitismus

Seit Ausbruch der zweiten Intifada im Herbst 2000 entwickelte sich die Abneigung der Israelis gegenüber den Europäern auch in Richtungen, die seit der Unabhängigkeit in den Hintergrund gerückt waren. Zunehmend begann man, über einen „neuen Antisemitismus" in Europa, das heißt über die Wiedererstehung des alten Antisemitismus zu sprechen. Wie groß die Sorge ist, zeigte mir im Herbst 2002 ein Gespräch mit einer jungen Professorin an der Universität Tel Aviv. Ihre vierzehnjährige Tochter, so erzählte sie mir, habe sich im Tanzunterricht in der Schule ausgezeichnet. Infolgedessen habe man sie ausgewählt, an einer Tanztour durch Schulen in mehreren europäischen Großstädten teilzunehmen. „Ich gratuliere ihnen" sagte ich. „Seien sie doch nicht zynisch", erwiderte sie. „Wie können wir Eltern unsere Kinder nach Europa schicken? Das ist doch gefährlich." „Warum?" fragte ich erstaunt. „Aufgrund des anwachsenden Antisemitismus." Ich zögerte für eine Minute, weil ich dachte, meine Besucherin wolle mich auf den Arm nehmen. Als ich begriff, dass sie es ernst meinte, versuchte ich die ganze Sache ins Lächerliche zu ziehen und erzählte ihr, dass ich kürzlich von einem Besuch in Europa zurückgekommen sei. Dort hatte mich ein Bekannter besorgt gefragt, ob ich wirklich zurück nach Israel fliegen wolle. Die Europäer meinen, sagte ich der verängstigten Professorin, die Sicherheitssituation in Israel sei so schrecklich, dass alle Straßen bei uns brennen. Wir, die trotz allem einen normalen Alltag führen, verstehen nicht, warum die Touristen aus aller Welt uns im Stich gelassen haben. Das sei doch kein Vergleich, meinte sie, in Europa befänden sich die Juden tatsächlich in Gefahr. Ich tat mein Bestes, um sie zu beruhigen, habe aber im Nachhinein erfahren, dass die Eltern ihren Kinder tatsächlich die Reise nach Europa verweigert haben.

Woher kommt diese Stimmung gegen das vorgeblich feindselige Europa, von dem Israelis annehmen, dass es nicht nur antiisraelisch, sondern auch antisemitisch sei? Natürlich gibt es Antisemitismus in Europa, so wie es ihn auch anderswo gibt. Die wichtige amerikanische jüdische Organisation ADL (Anti-Defamation League), die Rassismus und Antisemitismus regelmäßig überwacht und erforscht, deutete in ihrem Jahresbericht 2001 auf 1688 antisemitische Vorfälle in den Vereinigten Staaten hin. Darüber spricht man in Israel nicht, weil die Vereinigten Staaten ein Freund und Verbündeter sind. Die Frage ist auch nicht, ob es in Europa Antisemiten gibt. Die gibt es überall auf der Welt – aus religiösen Vorurteilen oder aus gesellschaftlichen Vorbehalten bis hin zu Neonazis und alten Nazis. Es gibt Antisemiten, die Juden wirklich hassen und andere, die „nichts gegen Juden haben, aber selbst nicht persönlich mit Juden verkehren wollen". Die Frage ist, ob die Vorbehalte gegen die Juden wachsen, wie man es in Israel annimmt, oder ob sie stagnieren oder sogar zurückgehen. Wenn man die Meinungsumfragen in Europa seit dem Zweiten Weltkrieg in Betracht zieht, dann geht der Antisemitismus schrittweise und langsam, aber eindeutig stetig zurück. Wenn Juden im Westeuropa der Nachkriegszeit ihre Gleichberechtigung zurückerlangten, so beschwerten sie sich mit Recht immer noch über gesellschaftliche Ausgrenzungen. Nicht immer und überall, auch nicht in den Vereinigten Staaten, wurden sie in jeder Universität aufgenommen. Nicht jede Karriere, besonders im öffentlichen Dienst, konnten sie gleichberechtigt verwirklichen. Viele gesellschaftliche Kreise blieben ihnen versperrt. Grundsätzlich sind diese Schranken allmählich in den westlichen Demokratien verschwunden. Ein Jude ist heute im Westen nicht nur juristisch gleichberechtigt, sondern auch gesellschaftlich. Warum meinen also die Israelis und auch viele Juden in Europa und in Amerika, dass der Antisemitismus in Europa so gefährlich zunimmt? Das hat natürlich mit dem Nahen Osten zu tun.

Zum ersten Mal seit Ende des Krieges gab es in Frankreich und Belgien in großem Maß Ausschreitungen gegen Juden. Sind die Bürger dieser Länder deshalb antisemitisch? Nein, die Ausschreitungen wurden von Nordafrikastämmigen, vom Nahen Osten aufgewühlten Moslems, begangen. Die Franzosen konnten ihre Unschuld nur bedingt beteuern, weil der Großteil dieser Nordafrikaner die französische Staatsangehörigkeit besitzt. Was aber die Juden in aller Welt besonders besorgt hat, war die weit verbreitete Kritik an der israelischen Regierung angesichts ihrer Politik in den besetzten Gebieten. Ob diese Kritik gerechtfertigt ist oder nicht, interessiert weder die meistens Israelis noch die meisten Juden in Europa. Viele Juden, die durch die Geschichte der zweitausendjährigen Verfolgungen empfindlich, leicht verletzbar und wehleidig geworden sind, und viele Israelis, die dazu noch die besondere Sensibilität aufgrund der ewig belagerten Nation im Nahen Osten entwickelt haben, betrachten jegliche Kritik als feindselig. Es hat keinen Sinn, den Israelis oder den Juden zu sagen, dass auch andere Nationen in der modernen Geschichte am Pranger gestanden haben und von der Weltöffentlichkeit gerügt worden sind, so zum Beispiel die Griechen in den 60er und 70er Jahren, als sie von einer Militärjunta regiert wurden, die Franzosen während des Algerienkriegs oder die Amerikaner während des Vietnamkriegs. Niemandem ist eingefallen, dass die Kritik an Griechenland eine antigriechische, rassistische Bedeutung habe, desgleichen, dass die antifranzösische Kritik oder die Abneigung gegen den amerikanischen Krieg in Vietnam etwas mit Rassismus zu tun hätte. Jeder verstand, selbst die Kritisierten, dass die gezielte Politik gerügt wurde, die aber auch verschwand, sobald sich die Politik geändert hatte. Wenn sich die Israelis mit der Kritik auseinandersetzen, sollten sie sich bemühen, die kritischen Thesen gegen ihre Politik mit Argumenten zu widerlegen. Die historische Empfindlichkeit der Juden führt aber dazu, dass sie sich schnell als Juden angegriffen fühlen und oft hinter jeder Kritik Antisemitismus wittern.

Oft verhält es sich auch tatsächlich so. Die Antisemiten verwenden die Kritik an der Politik der jeweiligen israelischen Regierung als Deckmantel für ihre rassistische Propaganda und für ihren antisemitischen Wahn. Das kann man aber nicht von der Mehrheit der Kritiker behaupten. Es gibt wiederum auch einige Populisten in Israel, die die Antisemitismusbezichtigung gegen die Europäer als Deckmantel für ihre eigene Politik benutzen. Am 16. April 2003 gab Ariel Scharon der Israelischen Zeitung *Ma'ariv* ein großes Sonderinterview anlässlich der jüdischen Osterfeiertage. Zur Frage „Das Ansehen Israels in Europa war noch nie so niedrig wie gerade jetzt. Wie sind wir in diese Lage gekommen?" antwortete der Regierungschef: „Die antisemitischen Vorkommnisse in Europa können das erklären."

Ma'ariv: „Hat Israel nicht selber zu diesem negativen Image beigetragen?"

Scharon: „Womit? Damit, dass wir vor Arafat nicht kapitulieren?"

Ma'ariv: „Ein wichtiger jüdischer Schriftsteller, Arthur Miller, sollte den Literatur-Preis der Stadt Jerusalem bekommen. Er weigerte sich, diesen Preis von Ihnen entgegenzunehmen. Miller ist weder ein Europäer noch ein Antisemit. Löst das bei ihnen keinen Alarm aus?"

Scharon: „Hat er auf den Preis verzichtet?"

Ma'ariv: „Nein, aber er wird ihn von Shimon Peres entgegennehmen."

Scharon: „Ich möchte das Thema nicht vertiefen. Aber ein Teil der Europäer revoltiert gegen unsere bloße Existenz."

Ma'ariv: „Machen Sie sich mit so einer Antwort das Leben nicht ein bisschen zu einfach?"

Scharon: Ich übernehme weder die Verantwortung noch die Schuld, warum man die Juden und Israel hasst."

Scharons Haltung zeigt, dass er sich nicht mit Kritik an seiner Politik auseinandersetzen will, da diese ohnehin grundsätzlich antisemitisch sei. Deshalb bemüht er sich erst gar nicht die Thesen seiner Kritiker im Ausland und insbesondere in Europa anzuhören.

Aufgrund des vorgeblichen Antisemitismus waren die Israelis selbst die größten Gegner Scharons, wie auch viele Juden in Belgien von der belgischen Gesetzgebung äußerst empört. In den 90er Jahren verabschiedete das Parlament ein Gesetz, das dem belgischen Gerichtshof das Recht einräumt, Kriegsverbrecher in aller Welt in Brüssel vor Gericht zu stellen. Es ging nicht um mutmaßliche nationale, sondern um internationale Verbrecher, die im Ausland gegen das Gesetz verstießen. Die Gesetzgebung war von den Gemetzeln in Ruanda und Burundi motiviert. Weil diese beiden kleinen Länder in der Vergangenheit belgische

Mandatsgebiete waren, fühlten sich die Belgier von den dortigen Verbrechen moralisch eher betroffen als andere Länder im Westen. Darüber hinaus haben einige aus Ruanda und Burundi geflohene Kriminelle in Belgien Zuflucht gefunden. Die Belgier fühlten sich moralisch dazu verpflichtet, dagegen gerichtliche Schritte zu unternehmen. Und tatsächlich wurde dieses Gesetz im Laufe der Jahre nur gegen mutmaßliche Verbrecher aus Ruanda und Burundi angewandt. Da dieses Gesetz aber vom belgischen Parlament sehr weitläufig definiert worden war, haben schlaue Rechtsanwälte es in einem Sinn angewendet, der dem Gesetzgeber ursprünglich gar nicht eingefallen war. So gab es Anwälte, die Anklage gegen George W. Bush und Tony Blair wegen angeblicher Kriegsverbrechen erhoben haben, sowie gegen Jassir Arafat und Mohammed Dachlan, den neuen Verteidigungsminister der palästinensischen Regierung unter Machmud Abbas. Trotzdem sind die meisten Israelis fest davon überzeugt, dass die Belgier mit ihrer Gesetzgebung ausschließlich Scharon im Visier hatten. Die Anklage im Namen von Palästinensern gegen Ariel Scharon und andere ehemaligen hohen israelische Offiziere erregte großes Aufsehen. Es ging um das Massaker von 1982 in Sabra und Schatila, zwei palästinensischen Flüchtlingslagern im Libanon. Nach der Eroberung eines Großteils dieses Landes unter Führung von Ariel Scharon, des damaligen israelischen Verteidigungsministers, begingen die Milizen der Maronitischen Christen Libanons in diesen beiden Lagern ein Massaker. Nach wie vor behauptet niemand, dass israelische Soldaten daran teilgenommen hätten. Scharon jedoch wurde vorgeworfen, durch absichtliche Umzingelung der Flüchtlingslager die Verbrechen der christlichen Milizen möglich gemacht zu haben. Daraufhin fanden in Israel die größten Demonstrationen statt, die es jemals im Land gegeben hatte: Hunderttausende protestierten auf der Straße gegen Scharon. Die Likud-Regierung unter Menachem Begin gab dem Druck nach und ernannte einen juristischen Untersuchungsausschuss, der Scharon teilweise belastete und ihn zum Rücktritt zwang. Die Kommission warf ihm vor, „die Gefahr der Ausübung von Racheakten und eines Blutvergießens seitens der Falangisten (der christlichen Milizen) gegen die Bewohner der Flüchtlingslager ignoriert" und „als Bedingung für den Einmarsch der Falangisten in die Flüchtlingslager keine geeigneten Maßnahmen zur Verhinderung der Gefahr eines Massakers angeordnet zu haben". Die Richter empfahlen Scharon, „aus diesen Mängeln, die in der Ausübung seiner Funktion aufgedeckt worden sind, die entsprechenden persönlichen Konsequenzen zu ziehen. Falls nötig soll der Regierungschef erwägen, seine Autorität anzuwenden, um einen amtierenden Minister zu entlassen". Es wurde mehrfach behauptet, der Ausschuss habe auch empfohlen, seine Rückkehr ins Verteidigungsministerium für die Zukunft zu blockieren. Zwar wurde dies nicht ausdrücklich verlangt, aber es wurde oft so interpretiert. Das ist auch wahrscheinlich der Grund, weshalb Scharon im Gegensatz zu den meisten israelischen Regierungschefs bei Antritt des Amtes als Ministerpräsident im Frühjahr 2001 nicht auch das Verteidigungsressort übernommen hat. Für die Oberrichter der israelischen Untersuchungskommission, die Scharon keineswegs mit dem unmittelbaren Massaker belastet haben, war damit die Sache abgeschlossen. Nur er selbst führte im Laufe der Jahre noch mehrere Prozesse gegen Medien in Israel und Amerika, die ihm die Massaker anlasteten.

Nun bestand die Möglichkeit Scharon zu verhaften, und in Brüssel wegen Kriegsverbrechen vor Gericht zu stellen, sollte er dieses Land betreten. Er war nicht der Einzige, der nach der neuen Gesetzeslage angeklagt werden konnte. So ein Verfahren war, wenn auch selten, nicht ohne Präzedenzfall: In England wurde beispielsweise dem ehemaligen chilenischen Diktator Augusto Pinochet die Bewegungsfreiheit entzogen, mit der Absicht, ihn wegen Menschenrechtsverletzungen vor Gericht zu stellen. Aber nur im Fall von Ariel Scharon sprachen Israelis und auch viele Juden in aller Welt von Rassismus, und zwar ganz spezifisch von

Antisemitismus, der die Ursache für die Anklageerhebung sei. Zu diesem Thema äußerte sich auch der israelische Justizminister und rief in einem Fernsehinterview im Jahr 2002 ganz aufgewühlt aus: „Ist das kein Antisemitismus? Wenn das keiner ist, dann weiß ich überhaupt nicht mehr, was Antisemitismus bedeutet."

Und dennoch Europa

Im Hintergrund der europäisch-israelischen Beziehungen schwebt demnach eine grundsätzliche Verstimmung. Bedeutet dies aber, dass die Europäische Union, die im Nahen Osten selbst grundlegende Interessen hat, überhaupt keine Rolle in diesem Teil der Welt spielen kann? Ganz im Gegenteil. Vielleicht wird die Europäische Union im Nahen Osten sogar die Hauptrolle spielen, aber erst nach Friedensschluss.

Es entspricht der menschlichen Natur, die Gegenwart, in der man sich eingerichtet hat, als gegeben hinzunehmen, anstatt sich über mögliche Veränderungen in der Zukunft Gedanken zu machen. Den Kriegszustand im Nahen Osten kennen die Leute als permanente Realität. Die Zukunft können sie sich nur schwer vorstellen, umso mehr, da so viele Hoffnungen schon enttäuscht worden sind. Menschen fällt es überhaupt schwer, sich die Zukunft vorzustellen. Sie haben ein Gefühl der Beklommenheit, eine gewisse Angst vor dem Unbekannten. Sie fühlen sich viel bequemer mit der Vergangenheit und der Gegenwart, die ihnen bekannt ist, und mit der sie sich arrangieren. Wenn Israelis heute an die EU denken, so denken sie an das Europa, das der Vergangenheit angehört oder sie sehen es in Zusammenhang mit dem Nahostkonflikt. Was werden die Beziehungen zwischen Europa und Israel in der Zukunft für Israel bedeuten? Daran denken nur die allerwenigsten.

Tatsache ist, dass Israel mit Europa verbunden ist und verbunden bleiben wird. Schließlich liegt der Staat Israel an der geographischen Schwelle zur Europäischen Union. Dem kann man nicht ausweichen. Im Jahr 2004 wird die Osterweiterung der Europäischen Union Zypern erreichen und dann befindet sich die israelische Küste rund 270 km von dort entfernt. Für die EU ist die unbeständige Lage im Nahen Osten wie überhaupt im Mittelmeerraum und in der arabischen Welt ein ständiges Problem. Die politischen Erdbeben des Nahen Ostens erschüttern Europa, und dies nicht nur wegen der Wellen illegaler Zuwanderer, die sie auslösen. Für Israel wiederum ist die Europäische Gemeinschaft heute schon bei weitem der größte Wirtschaftspartner weltweit. Entscheidend für Israel ist die Richtung, die es nach Ende des Kriegszustandes einschlagen will. Kann sich das Land, wenn es einmal den endgültigen Frieden mit allen seinen Nachbarn geschlossen hat, vollkommen in seine unmittelbare, arabische Nachbarschaft integrieren? Das wird wohl nicht möglich sein. Natürlich wird der jüdische Staat mit seinen Nachbarn kooperieren. Dennoch wird er nie Teil der nahöstlichen Familie werden können. Anders als Europa, das eine Vielfalt der Kulturen und Religionen, der Sprachen und der Geschichte umfasst, besteht der Nahe Osten aus einem fast monolithischen Block. Dort haben alle Staaten eine gemeinsame Sprache, eine gemeinsame Historie, dieselbe Kultur und meistens auch eine einheitliche Religion. Israel gehört dem nicht an, es will auch auf seine eigene Kultur, Sprache, Tradition und Geschichte, auf die eigene Identität nicht verzichten. Sonst hätte es keinen Grund gegeben, einen jüdischen Staat zu gründen. Wenn Israel kein integraler Teil des Nahen Ostens werden soll, was bedeutet das für die Zukunft? Soll es allein stehen, keiner Gemeinschaft angehören und vollkommen selbständig agieren? Diese Vorstellung gehört der Alten Welt, der Idee von Nationalstaaten an. In der modernen Welt gilt sie nicht mehr. Politisch unabhängig kann, zumindest theoretisch, auch das kleinste Land der Welt sein. Wenn aber ein Staat wie Israel seine Vitalität, seine Kraft und seine Zukunftsperspektiven aus der modernen Wissenschaft, Technologie und Wirtschaft schöpft, kann er nicht zuversichtlich hoffen, als winzige Identität in den ersten Reihen der fortschrittlichsten Staaten zu bleiben. Selbst die großen europäischen Länder, die zehn- oder fünfzehn Mal so groß sind wie Israel, haben begriffen, dass sie in der modernen Welt allein gegenüber den Riesen USA und Japan und den zukünftigen China, Indien, Russland – nicht konkurrenzfähig sind. Auf diesem Grundverständnis beruht der Zusammenschluss zur Europäischen Union. Und wenn dies für Länder wie Deutschland, Frankreich, Italien, England gilt, dann zweifellos auch für Israel.

Nach Friedensschluss wird Israel ein vordringliches Interesse daran haben, sich einem der Großmächte anzuschließen. Das werden wohl nicht die Vereinigten Staaten sein, die Israel fast bedingungslos unterstützen und dies wahrscheinlich noch jahrelang tun werden. Washington wird nicht dazu bereit sein, Israel in das amerikanische Wirtschaftssystem zu integrieren. Die USA haben ein weiträumigeres Wirtschaftssystem im Sinn, das auch Kanada und Lateinamerika umfassen wird. Darüber hinaus denken sie an Wirtschaftsvereinbarungen mit Südostasien, mit der Europäischen Union. In diesem Zusammenhang hat der Nahe Osten nur so lange Vorrang, wie er von Krisen und Konflikten erschüttert wird und solange das Erdöl in diesem Gebiet gesichert werden muss. Von einer Wirtschaftsintegration kann bei weitem keine Rede sein, und wird es auch zukünftig nicht sein. Die Interessen Israels sind also klar, auch wenn seine Bevölkerung heute noch nicht reif dafür ist, darüber nachzudenken. Israel muss, auch wenn es kein Mitglied der EU werden kann, doch fest in der Europäischen Gemeinschaft verankert werden. Nur so wird es seine Zukunft meistern können. Aber hat die Europäische Union ein Interesse daran, sich Israel anzunähern? Zumal dieser Staat ihr gegenüber doch argwöhnisch ist und darauf besteht, Abstand zu nehmen? Warum sollte sich Europa überhaupt für Israel und den Nahen Osten interessieren, wenn es zur Seite gedrängt und der Friedensprozess ausschließlich von Amerikanern geführt wird? Die Schwäche Europas ist ein vorübergehender Zustand; letzten Endes wird es, und sei es auch nur, um die Wirtschafts- und Währungsunion zu schützen, eine gemeinsame Außen- und Sicherheitspolitik haben müssen. Bis dahin kann die EU bei der Entstehung eines Friedensprozesses keine Hauptrolle spielen. Zu viele Köche verderben den Brei und der langjährige Koch im Nahen Osten ist Amerika. Das haben auch die Europäer begriffen. Ihr geringer Einfluss auf den Nahen Osten wird sich erst nach einem dauerhaften Friedensschluss in Stärke umkehren. Denn ein Vertrag bedeutet noch lange keinen Frieden, das zeigt auch die europäische Geschichte. Nach Inkrafttreten des Abkommens wird die echte Arbeit beginnen: einen lebendigen, dauerhaften Alltagsfrieden zu sichern – und diese Aufgabe und auch Chance wird überwiegend den Europäern zufallen.

Die Schaffung eines dauerhaften Alltagsfriedens

Nach dem Unabhängigkeitskrieg von 1948 blieb die arabische Welt Israel gegenüber vollkommen feindselig und hegte die Hoffnung, eine zweite Chance zu erhalten, um den jüdischen Staat zu vernichten. Schwächen in den ersten Aufbaujahren beflügelten diese Hoffnungen und beschleunigten die Vorbereitungen auf eine „zweite Runde". Ein einziges Staatsoberhaupt in der Nachbarschaft war damals bereit, es anders zu begreifen. Das war König Abdallah von Jordanien, der Urgroßvater des heutigen jordanischen Königs Abdallah II. Der König, der nach Israel als größter Gewinner aus dem 48er Krieg hervorgegangen war – schließlich hatte er das Westjordanland und den historischen Teil der Stadt Jerusalem erobert und annektiert –, nahm geheime Friedensverhandlungen auf. Sie fanden immer spät nachts im

königlichen Winterpalast in dem jordanischen Wüstendorf Schoune statt. König Abdallah hatte die Angewohnheit, die Verhandlungen um Mitternacht zu unterbrechen, um alle Beteiligten zu einem Essen einzuladen. In der israelischen Delegation befand sich ein junger Dolmetscher, der fünfundzwanzigjährige Moshe Sasson; er wurde in späteren Jahren ein berühmter israelischer Diplomat. Beim Gang zum Nachtmahl befand er sich einmal in der Nähe des Königs. Der alte Mann betrachtete den jungen Dolmetscher mit einem Lächeln und fragte ihn amüsiert: „Na, Junge, wie gefällt es Dir, Friedensverhandlungen zu übersetzen? Das muss doch ein schönes Abenteuer sein." Sasson nutzte die Gelegenheit, dem König eine Frage zu stellen, die ihn quälte: „Majestät, darf ich fragen, warum Sie eigentlich als arabisches einziges Staatsoberhaupt bereit sind, Friedensverhandlungen mit uns zu führen?" Abdallah, der gut gelaunt war, erwiderte: „Du solltest das Ganze nicht allzu ernst nehmen. So, wie der Tag auf die Nacht folgt, so folgt die Nacht auf den Tag. Der Frieden folgt auf den Krieg und ein Krieg wird wieder auf den Frieden folgen."
Als 1991 nach dem ersten Irak-Krieg die Friedensverhandlungen in Madrid stattfanden, wollte man verhindern, dass es so kommen würde, wie es König Abdallah ironisch ausdrückte. Die Kontrahenten hatten begriffen, dass sie von Anfang an für die Nachkriegszeit sorgen, dass sie im voraus einen Plan entwerfen und gestalten müssten, um zu verhindern, dass der erwünschte Frieden nur ein vorübergehender Zustand bleibt.

Neben den bilateralen Verhandlungen, die jeweils zwischen Israel und Ägypten, Jordanien und den Palästinensern stattfanden, plante man auch Gespräche mit Syrien und dem Libanon. Zudem wurden Verhandlungen auf multilateraler Ebene geführt. An ihnen beteiligten sich sowohl Amerikaner und Kanadier wie auch Europäer, Japaner, Israelis, Palästinenser und Partner aus den Nachbarstaaten. Hauptthema der Gespräche war die Frage: Wie lässt sich der Frieden im Nahen Osten nach der Unterzeichnung entsprechender Abkommen auf lange Sicht sichern? Welche praktischen Schritte werden nötig sein, um die Verträge so mit Leben zu erfüllen, dass der Ausbruch neuer Konflikte vermieden, das Misstrauen zwischen ehemaligen Feinden allmählich abgebaut und ein Zustand erreicht wird, wie er heute etwa zwischen früheren Kriegsgegnern in Westeuropa besteht? Ein geeignetes Mittel sah man in der gemeinsamen Ausarbeitung überregionaler Entwicklungspläne, deren Realisierung, auf eine gesunde finanzielle Basis gestellt, Vorteile für alle Beteiligten bringen würde. Solche Gemeinschaftsprojekte, wer immer sie auch initiiert, stellen vor allem zunächst verbindende Interessen her. Diese Realität würde einen dauerhaften Frieden schaffen. Darüber hinaus würden die Projekte zum wirtschaftlichen Aufschwung der gesamten Region beitragen, denn deren Länder sind allesamt zu klein und zu arm, als dass ein einzelnes sich im Alleingang den Luxus kostspieliger Unternehmungen in Größenordnungen leisten könnte, die jenseits seiner Zahlungskraft liegen. Die Verwirklichung gemeinsamer Entwicklungspläne würde zu einem schrittweisen Ausgleich des Lebensniveaus der Israelis auf der einen und der Araber auf der anderen Seite führen. Langfristig muss sich die in dieser Hinsicht bestehende, heutige Kluft zwischen dem Lebensstandard der beiden Völker verhängnisvoll auf den Frieden auswirken. Um den Nahen Osten in eine moderne, wirtschaftlich florierende Entwicklungsregion wie Südostasien zu verwandeln, fehlt es zur Zeit allerdings noch an den wichtigsten Voraussetzungen. Gerade hier setzten die multilateral geführten Gespräche an. Im Mittelpunkt standen zwar Zukunftsprojekte, doch sie gingen von heutigen Notlagen und Mängeln aus, beispielsweise von der unzureichenden Wasserversorgung, ein in den Ländern des Nahen Ostens besonders relevantes Problem. Den Mehrbedarf an Wasservorräten dadurch zu sichern, dass man wie bisher um die spärlichen Ressourcen kämpft, macht keinen Sinn. Abhilfe könnte hauptsächlich der Bau moderner, leistungsfähiger Entsalzungsanlagen schaffen, deren Rentabilität in großen Maßstäben erst gewährleistet ist, wenn sie überregional geplant und umgesetzt werden.

Weitere überregionale Aufgaben liegen im Bereich des Verkehrs. Im Nahen Osten fehlt ein durchgehendes Eisenbahnnetz mit Schnellverbindungen. Systeme wie der deutsche ICE oder die französische TGV haben, wenn sie nur in einem kleinen oder armen Land eingesetzt werden, keine reelle Chance. Auch die Infrastruktur für den Straßen- und Luftverkehr lässt sich, wenn sie künftigen Entwicklungen vorausgreifen soll, nur in engem Kontakt mit allen nahöstlichen Ländern planen und gestalten. Ähnliches gilt für größere industrielle Vorhaben und Projekte auf dem Gebiet des Umweltschutzes. Der Tourismus schließlich, der in Israel der Sicherheitslage zum Opfer gefallen und auch in den Nachbarländern stark zurückgegangen ist, bietet ein nahezu unbegrenztes Feld für gemeinsame Initiativen. Dass ein Land, das so viele Attraktionen zu bieten hat wie Israel – Sonne und Strände, berühmte historische Stätten –, trotz aller Bemühungen auch in guten Zeiten, vor der Intifada, jährlich nicht mehr als zwei Millionen Besucher anziehen konnte, während manche europäischen Länder pro Jahr zwischen vierzig und sechzig Millionen verzeichnen, hängt hauptsächlich mit seiner geringen geographischen Größe zusammen. Angebote von „touristischen Paketen" in Form von Rundreisen durch den gesamten Nahen Osten würden sicherlich den Zustrom von Besuchern aus aller Welt nicht nur in Israel anschwellen lassen, sondern die ganze Region nach und nach für den internationalen Reiseverkehr erschließen – vorausgesetzt natürlich, es herrschte endlich Frieden unter den Völkern.

Der gute Wille, diesen Frieden allein durch Verhandlungen zu erreichen, wird nicht genügen. Gleichzeitig muss die grundsätzliche Bereitschaft zur Zusammenarbeit an Projekten gestärkt werden, die von sich aus schon friedensstiftend sind. Deren Durchführbarkeit aber setzt Hilfe von außen voraus: Ohne ausländische Investitionen wird sich kein größeres Gemeinschaftsvorhaben in Angriff nehmen, geschweige denn zu Ende führen lassen. Und da es immerhin auch um Renditen geht – was liegt näher, als kapitalkräftige europäische Privatinvestoren für solche Pläne zu interessieren? Jede langfristige Kapitalanlage würde sich lohnen, selbst die in den Bau von Filtrierwerken zur Aufbereitung von Wasser mit hohem Salzgehalt. Das gewonnene Produkt ließe sich wie jedes andere absetzen, und kein Hersteller müsste sich angesichts der enormen Nachfrage um den Verkauf sorgen. Die Palästinenser müssen dringend eine eigene Volkswirtschaft aufbauen, um aus dem Elend, in dem sie leben, herauszukommen. Ihre Abhängigkeit von Arbeitsplätzen in Israel kann allenfalls eine vorübergehende Lösung sein, nicht nur im Hinblick auf die Ausgangssperren, die gewöhnlich nach jedem Terroranschlag angeordnet werden.

Im Rahmen der multilateralen Verhandlungen war Israel auch mit den Palästinensern im Gespräch. So wurde beispielsweise über so genannte Industrieparks verhandelt. Die vorliegenden Pläne sahen entlang der Grenze die Errichtung von Industrieanlagen vor, zu denen die Palästinenser aus ihren Gebieten Zugang haben sollten, ohne israelischen Boden betreten zu müssen. Umgekehrt sollten die Israelis ebenso direkt aus ihrem Hoheitsgebiet zu den Anlagen gelangen können. So würden weder politische Unruhen noch Ausgangssperren die Produktion behindern. Auch dieses Projekt, dessen Ausführung noch vor dem Abschluss eines endgültigen Friedensvertrags geplant war, sollte vor allem privaten Unternehmern Anreize bieten: Sie hätten gleichermaßen von den billigen, aber erfahrenen palästinensischen Arbeitskräften, von der israelischen Infrastruktur und von der Kompetenz gut ausgebildeter Techniker und Ingenieure profitieren können. Darüber hinaus hätten sie – mit positiven Rückwirkungen auf Europa – einen wertvollen Beitrag zur Sicherung des Friedens an einem traditionell riskanten Unruheherd geleistet. Europäische Unternehmer, die mit Investitionen die wirtschaftliche Entwicklung des Nahen Ostens fördern, könnten sich damit sichere und lukrative Absatzmärkte für morgen schaffen. Die Risiken, die sie eingehen würden, sind ungleich geringer als die Aussicht auf Rentabilität und auf langfristige geschäftliche Kontakte, aus denen sich zu beiderseitigem Nutzen echte Partnerschaften bilden können. Ein solches Dauerverhältnis ergab sich übrigens aus dem deutsch-israelischen Wiedergutmachungsabkommen: Israel ist seither ein zuverlässiger Kunde der deutschen Industrie.

Es gibt weitere Beispiele, die die Europäische Union ermutigen könnte, in den multilateralen Verhandlungen über die Zukunft des Nahen Ostens die Führungsrolle zu übernehmen. Nicht kurzlebiger Erfolge wegen, die sich rasch von selbst aufheben, sondern in realistischer Einschätzung der derzeitigen politischen Situation im Nahen Osten und im Bewusstsein der Mitverantwortung für das Gelingen des Friedensprozesses. Dass sich aus einem solchen Engagement der Europäischen Gemeinschaft mit Anmeldung wirtschaftlicher Interessen auch Möglichkeiten der politischen Einflussnahme ergeben, liegt auf der Hand. Richtig genutzt, können sich diese Chancen für die gesamte Region nur zum Vorteil auswirken. Jedenfalls würde auch in diesem Fall gelten, dass derjenige, der den stärksten wirtschaftlichen Einfluss ausübt, sich auch politisch Geltung verschafft. Im Mitgestalten der zukünftigen Entwicklung im Nahen Osten liegt eine der vielleicht sinnvollsten Aufgaben der Europäischen Union. Sinnvoll, weil sie den eigenen Beziehungs- und Handlungsrahmen öffnen und Elemente der Entspannung und Sicherheit in ein heillos zerrüttetes Gebiet dieser Erde tragen würde. Wird die Aufgabe angenommen, entschädigt sie gewissermaßen für die Vermittlerrolle der Amerikaner und wird dieser mindestens ebenbürtig sein. Jedenfalls wird sie keine zeitlich begrenzte Herausforderung darstellen. Friedenssicherung ist nicht an Fristen gebunden. Sie bedarf ständiger Bemühungen und ähnlich bedachtsam gewählter Schritte wie sie zum Aufbau eines vereinigten Europa notwendig waren. Je überlegter und sorgfältiger das eine wie das andere verwirklicht wird, desto haltbarer, desto weniger krisenanfällig werden die Resultate sein.

Vorerst ist aber all dies leider noch Zukunftsmusik. Die multilateralen Verhandlungen sind mit dem Zusammenbruch des Osloer Friedensprozesses ins Stocken geraten. Seine bisherigen Errungenschaften sind jedoch nicht verloren gegangen. Viel tiefgreifende, ernsthafte Arbeit ist geleistet worden. Detaillierte überregionale Entwicklungsprojekte liegen schlafend in Schubladen. Sie warten auf den europäischen Prinzen, der sie mit einem Kuss wiedererwecken soll. Bis dahin müssen wir den ersten, vordringlichen Schritt tun: Wir müssen für einen bilateralen Friedensprozess sorgen. Und wenn wir in die Alltagsrealität blicken, müssen wir feststellen, dass es nur einen Faktor gibt, der heute einen Friedensprozess beziehungsweise einen Friedensvertrag durchsetzen kann, und das sind die Vereinigten Staaten.

Onkel Sam Superman

Nachdem die USA infolge des Irak-Krieges beiden Kontrahenten im Nahen Osten den Fahrplan aufgezwungen und deutlich dazu beigetragen hat, dass die Palästinenser Jassir Arafat mit einem anderen Unterhändler ersetzen oder ablösen, haben sie beide Seiten zu weiteren Schritten gedrängt. Es geht um die ersten unerlässlichen Schritte im Rahmen des Fahrplans. Der neue palästinensische Ministerpräsident Machmud Abbas hat keinen Krieg gegen die mächtigen extremistischen, fundamentalistischen palästinensischen Terrororganisationen geführt und er versucht auch nicht, die Organisationen als solche, wie die Israelis es von ihm fordern, zu entwaffnen und aufzulösen. Er hat mit den größten Schwierigkeiten und nur dank des Drucks, den die ägyptische Regierung auf die Terrorgruppen ausübte, einen vorübergehenden Waffenstillstand erzwungen. Für die Israelis bedeutete das zunächst eine Enttäuschung, weil die Waffenruhe nur begrenzt sein sollte. Abbas, hieß es, sei den notwendigen Bemühungen ausgewichen, die extremistischen Organisationen zu entmachten. Gravierender und bedrohlicher ist für die Israelis die Vorstellung, dass die Terrorgruppen, die in der letzten Zeit unter Druck der israelischen Streitkräfte erheblich geschwächt wurden, nun die erforderliche Ruhe haben, ihre Kräfte wieder zu sammeln. Mit anderen Worten: Der Waffenstillstand oder die „Hudna", wie die Palästinenser ihn nennen, ist kein Mittel gegen Terror, sondern ein Mittel für den Terror.

Unter dem Druck der Amerikaner mussten die Israelis auf ihre Einwände verzichten und die Hudna nicht nur hinnehmen, sondern auch mit Zugeständnissen erwidern. Diese Zugeständnisse beinhalten einen allmählichen Rückzug aus den seit April 2002 neu besetzten palästinensischen Stätten, eine teilweise Aufhebung der Belagerung mancher palästinensischer Orte, mehr Bewegungsfreiheit zwischen den verschiedenen von der israelischen Armee zerstückelten Teilen der palästinensischen Gebiete, möglicherweise auch mehr Arbeitsgenehmigungen für Palästinenser in Israel. Vor allem aber lag den Palästinensern an der Freilassung ihrer Gefangenen in den israelischen Gefängnissen. Die Frage der palästinensischen Inhaftierten war für beide Seiten schon immer ein großes emotionales Problem. Da die Palästinenser in großen Familien leben, sind oftmals Angehörige inhaftiert. Im Sommer 2003 saßen über sechstausend Palästinenser in israelischen Strafvollzugsanstalten ein. Für die Israelis ist die Angelegenheit hochsensibel und spielt in der Innenpolitik eine brisante Rolle. Sobald auch nur ein palästinensischer Insasse entlassen wird, kommt es zu wütenden Protesten seitens der Familien, die Angehörigen bei Terroranschlägen verloren haben. Wie kann man nur einen blutrünstigen Terroristen oder Drahtzieher eines Anschlags, bei dem absichtlich Kinder ermordet wurden, besser behandeln, als einen Verbrecher, der im Streit jemanden umgebracht hat? Diesen Aufschrei hört man vor allem von Eltern, die Kinder bei Attentaten verloren haben. Unter dem Druck der Amerikaner mussten die Israelis etwas nachgeben und der Autonomiebehörde hunderte von Gefangenen ausliefern, was aber für die Palästinenser nur eine bruchstückhafte Befriedigung ihrer Ansprüche bedeutete.

Die Hudna und der amerikanische Druck haben Scharon und seine Regierung auch weiter in Richtung Zugeständnisse gedrängt. Die israelische Regierung zog ernsthaft weitere Lockerungen der Besatzung und Erleichterungen der Lebensbedingungen in Betracht und änderte auch ihre Rhetorik. Parallel zur Eindämmung der anti-israelischen und anti-jüdischen Volksaufhetzung in den palästinensischen Gebieten verblüffte Ariel Scharon sein Volk, als er Ende Mai 2003 ausgerechnet vor seiner Likud-Partei die Anwesenheit des israelischen Militärs in den palästinensischen Gebieten als Besatzung bezeichnete.

Im Herbst 2002 hielt ich in Berlin einen Vortrag vor der gemeinsamen Vollversammlung zwei verschiedener israelisch-deutscher Gesellschaften, deren Vertreter eigens nach Berlin gereist waren. Dabei hatte ich, wenn auch nur ein einziges Mal, von „Besatzung" gesprochen. Im Anschluss an die Rede wurde ich von israelischen Freunden und Kollegen, und zwar ausgerechnet von Mitgliedern der linksliberalen Arbeitspartei, vehement getadelt. Wie könnte ich nur solch ein Wort benutzen? Zunächst stimme es gar nicht, dass wir Besatzer seien, doch selbst wenn ich anderer Meinung sei, sollte ich so etwas nicht im Ausland sagen. Ein halbes Jahr später hörten meine Kritiker das Gleiche erheblich ausführlicher vom israelischen Hardliner und Regierungschef. Vielleicht stellten sich irgendwelche verkrusteten Patrioten vor, dass Scharons Aussagen vor der Likudfraktion im Parlament in Gegenwart aller Medien auf Israel begrenzt bleiben würden. Tatsache ist, dass diese Äußerungen nicht nur die Weltöffentlichkeit erstaunt und beeindruckt haben – vor allem aber erschütterten sie die Israelis. Scharon sagte wörtlich: „Wer meint, dass wir 3,5 Millionen Palästinenser unter Besatzung halten können, versteht nicht wie schädlich dies ist – nicht nur für die Palästinenser, sondern auch für Israel." Damit nicht genug. Im Gegensatz zu dem, was er und sein Finanzminister Benjamin Nethanjahu dem israelischen Volk immer beschwichtigend erklärt hatten, teilte er plötzlich mit, dass die Rezession der israelischen Wirtschaft kein Zufall sei. Vielmehr habe die politische Krise, das Ringen mit den Palästinensern, die wirtschaftliche Lage verschlechtert und ohne Lösung des politischen Problems wäre auch keine wirtschaftliche Besserung zu erhoffen. Seine Äußerungen kann Scharon nicht mehr rückgängig machen, auch wenn er versuchte, sie teilweise schon am nächsten Tag wieder zu revidieren. Er schränkte ein, dass sich seine Bemerkung über die Besatzung „nur" auf den Blickwinkel der palästinensischen Bevölkerung bezogen habe, was aber nicht bedeute, dass Israel keine Ansprüche habe auf Teile des Territoriums im Westjordanland, weil sie zugegebenermaßen zumindest „umstrittene" Gebiete seien. Obwohl sich die offizielle Propaganda sehr bemühte, diese Zurücknahme überall bekannt zu machen, fiel sie ins Leere. Die ursprünglichen Äußerungen hatten die Menschen derartig bewegt, dass sie keine weiteren „Erklärungen" mehr interessierten.

Hat sich Scharon, der langjährige, größte und beharrlichste Siedlungsbauer in den besetzten Gebieten, gewandelt? Oder meinte er nur, dem Druck der Amerikaner nachkommen zu müssen und ein Lippenbekenntnis abzugeben, das keine Folgen haben würde? Ende Juli nach dem Treffen von Akaba empfing Bush Mahmud Abbas mit allen protokollarischen Ehren im Weißen Haus, als wäre er ein ebenbürtiger Staatspräsident. Er bedachte ihn mit Lob und Komplimenten, was als eine bedeutende Geste der amerikanischen Regierung in der Nahostkrise interpretiert wurde. Eine Woche später reiste Scharon nach Washington und zögerte nicht, auf einer Pressekonferenz seine Meinungsverschiedenheiten mit dem US-Präsidenten zu betonen. Dabei ging es vor allem um die Frage, wie man den Grenzzaun im Westjordanland bewerten soll, für dessen Errichtung landwirtschaftliche Flächen planiert und Dutzende palästinensischer Ortschaften von der Außenwelt abgeschnitten werden. Inzwischen sind 128 Kilometer dieser Barriere, die aus bis zu acht Meter hohen Betonplatten, Gittern, Videokameras und Bewegungsmeldern besteht und sich bisweilen zu einer fünfzig Meter breiten Sperrzone ausdehnt, fertig gestellt.

Die Idee, eine Absperrung zu bauen, stammt, wie man zunächst annehmen könnte, nicht von der israelischen Rechten, sie kommt aus den Reihen der Linken. Nach der zweiten Intifada überlegten einige Zeitgenossen aus diesem Lager, wie man den Terror unterbinden könnte, ohne die palästinensischen Gebiete erneut zu besetzen. Ein Sperrzaun schien einen Ausweg zu bieten, er würde, so glaubte man, weitere Anschläge verhindern und den Palästinensern die Möglichkeit geben, nach dem Ende der Besatzung einen unabhängigen Staat zu gründen. In einem zweiten Schritt, hoffte man, würden die Nachbarn zur Einsicht gelangen, dass es für sie günstiger wäre, mit Israel zu kooperieren. Die Barriere sollte im Großen und Ganzen entlang der Grenze vor dem Sechstagekrieg von 1967 verlaufen. Auf der einen Seite sollten nur noch Palästinenser leben und auf der anderen Israelis. Das war der Grund, warum die Rechte diesen Plan ablehnte: Sie wollten auf die Gebiete jenseits der Grenze nicht verzichten. Dieser Zaun, der zwei feindlich gesonnene Völker im Sinne des Friedens trennen möchte, ist mit der Berliner Mauer keineswegs vergleichbar, die willkürlich ein Volk in zwei Teile trennte.

Inzwischen steht Scharon hinter der Idee einer Absperrung, da er sich bei deren Errichtung nicht an die Linie von 1967 hält. Stattdessen baut er einen Trennungszaun, der tief in die palästinensischen Gebiete reicht und nach Fertigstellung, so das Kalkül, in Zukunft die offizielle Grenze bilden wird. Dies wäre ein weiterer Schritt in Richtung Bantustaan, denn damit bekämen die Palästinenser einen Staat, der einem Flickenteppich gliche.

Das wollen diese natürlich nicht hinnehmen. Und selbst Washington will dies nicht.

Was haben die Amerikaner wirklich im Sinn? Beabsichtigen sie nur eine Beruhigung der angespannten Lage im Nahen Osten, ohne die Probleme grundsätzlich anzupacken und eine lebensfähige Lösung voranzutreiben oder ergreifen sie nur kurzfristige Beschwichtigungsmaßnahmen? Das würde bedeuten, dass ein Teil der Äußerungen des amerikanischen Präsidenten und seiner Spitzenmitarbeiter auch nur Lippenbekenntnisse sind. Oder meinen sie es tatsächlich ernst mit dem Frieden? Im Sommer 2003 sah es so aus, als würden die Amerikaner es selbst noch nicht wissen.

Das Jahr 2004 steht in Amerika im Zeichen der Präsidentschaftswahl. George W. Bush hat den Ehrgeiz, erneut Präsident zu werden. Sein Ehrgeiz ist umso größer, da sein Vater 1992 seine Wahl für eine zweite Mandatszeit verloren hat. Merkwürdigerweise verlor George Bush senior die Wahlen nach dem ersten Irak-Krieg, der ihn in Amerika sehr populär gemacht hat. Sein Ansehen zermürbte und sein populistischer Erfolg verdampfte. Dafür gibt es zwei Gründe. Zunächst stellte sich heraus, dass der Sieg, durch den das eroberte Kuwait befreit wurde, keine langfristig befriedigende Lösung für die politische Situation im Irak schuf. Zweitens war es die Lage der US-Wirtschaft, die sich trotz allem nicht erholen konnte, und die, je weiter der Irak-Krieg in die Ferne rückte, die Amerikaner zunehmend besorgte. Für Bush junior sieht die Lage vor dem Wahljahr nicht wesentlich besser aus. Die Situation im Irak ist nicht stabil. Die Unsicherheit für die amerikanischen Truppen wächst und der versprochene Aufbau einer Demokratie steht in Gefahr, ein frommer Wunsch zu bleiben. Die amerikanische Wirtschaft, der die Experten schon mehrfach einen mächtigen Aufschwung versprochen haben, zumindest als Ergebnis des Irak-Krieges, steckt zwar in keiner echten Krise, aber der Aufschwung bleibt aus.

Die republikanischen Wahlexperten meinten aber auch, dass

Bush senior ein weiteres Hindernis im Weg gestanden habe, das er selbst verschuldete. Er habe die extrem Rechtskonservativen in Amerika, die Christfundamentalisten, die traditionell pro-israelisch eingestellt sind, nicht ernst genug genommen. Diese potentiellen Wähler schwenkten zwar nicht auf die demokratische Partei um, aber sie haben sich zum Teil der Stimme enthalten. Das Fehlen ihrer Stimmen wurden dem Präsidenten zum Verhängnis. Bush junior, der seine erste Wahl nur mit Mühe gewann und mit einer umstrittenen knappen Handvoll Stimmen ins Weiße Haus einziehen konnte, wird den Fehler seines Vaters nicht wiederholen. Könnte ein Friedensprozess im Nahen Osten die Chancen des Präsidenten im Wahljahr verstärken? Oder kann er vielleicht sogar schaden? Wenn die Entscheidung von wenigen Stimmen abhängig ist, hat diese Frage eine wesentliche Bedeutung. Im Sommer 2003 haben sich die republikanischen Wahlexperten dazu noch nicht geäußert, doch ihre Antwort wird den Kurs der amerikanischen Nahostpolitik bestimmen. Je mehr die Beliebtheit ihres Kandidaten aufgrund der unsicheren Lage in Afghanistan und dem Irak schwindet, könnte ein Erfolg des Friedensprozesses im Nahen Osten, den bisher noch kein amerikanischer Präsident erzielen konnte, auch nicht Bill Clinton, Bushs Ansehen tatsächlich ein wenig steigern. Und sollte der Präsident das Unternehmen mit aller Entschiedenheit angehen, könnte er einen echten Frieden erzwingen.

Sollten die Amerikaner einen Frieden im Nahen Osten wollen, so stehen ihnen alle Mittel zur Verfügung, ihn zu verwirklichen. Das Elend und die Hoffnungslosigkeit der palästinensischen Bevölkerung ist derartig bedrückend geworden, dass die meisten zunehmend begreifen, dass ihnen Gewalt nichts bringen wird, dass sie nur verheerend und verhängnisvoll ist. Sie mussten in der Vergangenheit feststellen, dass ihnen niemand in ihrem Unglück beigestanden hat. Sie haben inzwischen begriffen, dass sie vollkommen auf die USA angewiesen sind, die ihnen nach ihrer Auffassung zwar drakonische Bedingungen stellen. Doch

Washington kann auch für sie Vorteile erzielen, weil Israel von den Vereinigten Staaten so abhängig ist, wie nie zuvor in seiner Geschichte.

Ohne die politische und diplomatische Unterstützung der USA, hätte sich Israel in seiner internationalen Politik sehr viel weniger leisten können. Nie hat Washington, um Israel zu schützen, so oft sein Vetorecht im Weltsicherheitsrat in Anspruch genommen wie in den letzten Jahren. Angesichts der maroden Wirtschaft sind amerikanische Garantien für die israelische Währung unentbehrlich, um Kredite auf den Weltmärkten zu erlangen. Die Vereinigten Staaten liefern den Israelis die modernsten, fortschrittlichsten Waffen in fast unbegrenztem Umfang – und überdies unentgeltlich. Sogar die israelische Rüstungsindustrie hat unter dem kostenlosen Import sehr gelitten, weil die Regierung ihren Etat nicht durch Waffenerwerb verschwenden wollte, zumal sie doch Kriegsgerät aus Amerika gratis bekommt. Dadurch jedoch entstand eine Abhängigkeit, nicht nur hinsichtlich der ständigen Aufrüstung und Modernisierung der Streitkräfte. Selbst bei der Unterhaltung des Militärs ist Israel nun von den USA abhängig, da es auf regelmäßige Ersatzteillieferungen angewiesen ist. Es wundert demnach nicht, dass Ariel Scharon wie auch die Bevölkerung immer die Verständigung gesucht und den vollkommenen Einklang mit den USA als unerlässliche Grundlage der israelischen Politik verstanden haben. Um die israelische Politik zu beugen, müssen die Vereinigten Staaten folglich keine Gewalt anwenden. Es ist nicht notwendig, Truppen gegen Israel zu entsenden, nicht einmal die politische, diplomatische oder wirtschaftliche Unterstützung einzustellen. Es genügt, wenn die Amerikaner deutlich machen, dass sie ihr Vorhaben vollkommen ernst meinen und umgesetzt sehen wollen. Sollte die israelische Regierung ihren Forderungen nicht nachgeben, dann würde die israelische Bevölkerung mit Unverständnis reagieren und bei den nächsten Wahlen die Konsequenzen ziehen.

Doch was geschieht, wenn die innenpolitischen Experten und Wahlstrategen des Weißen Hauses meinen, dass die Rechtskonservativen in Amerika, die Christfundamentalisten, Bushs Druck auf Scharon derartig übel nehmen, dass sie sich vor lauter Wut, wie seinem Vater gegenüber, der Stimme enthalten werden? Sprecher der protestantischen Fundamentalisten in Amerika lehnen jegliche territoriale Zugeständnisse zugunsten der Palästinenser völlig ab: „Das ganze Land gehört nur den Juden. Sie dürfen darauf keineswegs verzichten, denn das würde den Verzicht auf eine göttliche Verheißung, also die Verletzung eines Sakrilegs, bedeuten." Manche versteigen sich sogar in die Behauptung, die Ermordung Rabins sei „göttlicher Wille" gewesen, weil Rabin es gewagt habe, Teile des verheißenen Landes aufzugeben. Darüber hinaus betrachten auch viele andere Amerikaner die Palästinenser als Teil des Bösen und Scharon als den verbündeten Ritter auf dem Weißen Pferd, der an der Frontlinie des Krieges gegen den Weltterrorismus steht. In der Vergangenheit haben israelische Regierungschefs mehrfach ihre Kontakte und Freunde in den Vereinigten Staaten in Anspruch genommen, um Druck auf die amerikanischen Behörden auszuüben. Oft waren sie auch sehr erfolgreich, was die amerikanische Regierung mit Zähneknirschen hinnehmen musste. Seit Scharon an die Macht gekommen ist, hat er diese Methode noch nie angewandt. Für ihn ist die Verständigung und der Einklang mit George W. Bush die Grundlage seiner Politik. Was geschieht, wenn diese Politik scheitert? Was passiert, wenn Bush auf seinem Plan beharrt und Druck auf Scharon ausübt, um ihn zu Zugeständnissen wie die Räumung von Siedlungen und Gebieten zu bringen, die er aus ideologischen wie auch innenpolitischen Gründen nicht akzeptieren will? Genossen hat Scharon ja nicht nur im jüdisch-amerikanischen Lager, sondern auch vor allem im protestantisch-fundamentalistischen Lager. Zahlreiche Lobbyisten, Professionelle wie auch Freiwillige, stehen ihm überall in den Vereinigten Staaten zur Verfügung. Sollte die Tendenz weiterhin anhalten, dass Bush an Popularität verliert, wird er von jeder Stimme abhängig und für Druck anfällig sein. Wird Scharon dann nicht alle Mittel, die ihm in Amerika zur Verfügung stehen, benutzen, um das Weiße Haus zu beugen, bevor er selbst nachgibt?

Auch ohne Amerika

Leider muss man in Betracht ziehen, dass die Amerikaner möglicherweise ihr Engagement im Nahen Osten reduzieren. Und was wird dann geschehen? Sollte sich die erhebliche Verschlechterung der Situation, die sich im Herbst 2003 abgezeichnet hat, zuspitzen, der Waffenstillstand zerfallen, der palästinensische Ministerpräsident Machmud Abbas von der Bildfläche verschwinden? Wird Arafat dann wieder fest im Sattel sitzt? Wird die israelische Regierung die härtesten Mittel anwenden, die palästinensischen Städte wieder besetzen, vielleicht sogar jene, die man bisher nur teilweise besetzt hat, wie die im Gazastreifen? Werden die Angriffe auf Terrornester in palästinensischen Gebieten zunehmen, die Tragödien für die unschuldige Zivilbevölkerung mit sich bringen? Und werden wir auch wieder Selbstmordattentate im israelischen Kernland erleiden müssen?

Nicht unbedingt. Israel und seine Nachbarn haben schon mehrfach Friedensprozesse in der Vergangenheit erlebt. Manche waren erfolgreich, andere weniger, einige scheiterten völlig. Mit Ägypten und Jordanien gab es Verhandlungen, die glücklicherweise in Friedensverträgen resultierten. Mit Syrien und Libanon gab es ergebnislose Gespräche. Der Verhandlungen mit den Palästinensern sahen zu Beginn optimistisch aus, dann aber versanken sie in Terror und endeten in Verzweiflung. Eines aber hatten alle diese Prozesse gemeinsam: sie wurden immer von den Kontrahenten allein, ohne jegliche Beteiligung des Auslands in die Wege geleitet. Erst nachdem die Gegner eigenständig die Initiative ergriffen hatten, brauchten sie die Hilfe eines ausländischen Vermittlers, um die Verhandlungen fortzusetzen. Oft benötigten sie auch UNO-Truppen, um die gegenseitig erwünschte Lösung durchzusetzen. Die Truppen der Vereinten Nationen haben die Funktion einer Polizeitruppe. Sie sind die Exekutive, die dafür sorgt, dass Vereinbarungen eingehalten werden, auf die man sich geeinigt hat. Eine Gesellschaft braucht eine Polizei, aber nur, wenn sie von deren Notwendigkeit überzeugt ist. Ein Polizist, der einen LKW aufhalten will, braucht keinen Panzer, um dies zu tun, es reicht, wenn er seine Hand zum Signal erhebt. Der LKW-Fahrer wird halten. Manchmal dienen UNO-Truppen auch dazu, einer Weltmacht Deckung zu geben, wenn sie keinen Krieg führen will. In Korea haben Anfang der 50er Jahre hauptsächlich die Amerikaner unter dem legitimen Mantel der UNO einen Krieg geführt. Meistens aber bestehen die Truppen der Vereinten Nationen aus kleinen Einheiten der verschiedenen Ländern, die nicht kampffähig sind, die aber als Polizei, sollten die Kontrahenten es wollen, wirksam dienen können.

Sollte es sich im Nahost-Konflikt anders verhalten? Sollten es jetzt nicht die Kontrahenten mit Hilfe von Schiedsrichtern und internationaler Polizei einen Friedensprozess initiieren und ins Leben rufen? Wenn sich der amerikanische Präsident in aller Entschlossenheit für einen Friedensprozess einsetzt, ist dies ein Novum im Nahost-Konflikt. Falls nicht, dann müssen die Kontrahenten einen Friedensprozess in die Wege leiten. Unabhängig vom ideologischen Hintergrund eines Arafat oder Scharon werden beide Völker ihre jeweiligen Spitzenpolitiker dazu drängen.

**Ariel Scharon (Likud), Israels Premierminister:
„Was wir betreiben ist eine Besetzung." ***

**Shimon Peres (Arbeitspartei), früherer Premierminister
und Außenminister der ersten Scharon-Regierung:
„Solange es die Besatzung gibt, wird es Terror geben." ****

Hin und wieder glauben Palästinenser, dass sie mittels Gewalt viel mehr erreichen können als durch einen Friedensprozess. Zweifellos bewundert die Mehrheit ihrer ‚Widerstandskämpfer', die auf ihrer Seite als Freiheitskämpfer, als Helden und Patrioten gesehen werden, die sich für das Volk opfern, während sie auf der anderen Seite als brutale Terroristen gelten. Ob die Palästinenser aber noch davon überzeugt sind, dass Gewalt ihren Zielen auch hilfreich sind, ist unsicher. Eher gewinnt man den Eindruck, dass sie ihren Glauben an den Sinn und Zweck des Terrors verloren haben, und dass sie unter dem Druck des Elends, das die Intifada für sie gebracht hat, flexibler geworden sind.

Ende Juni 2003 veröffentlichte die Weltbank einen Bericht, der zeigt, dass die palästinensische Wirtschaft vor der letzten Intifada schon erhebliche Strukturprobleme hatte. Der öffentliche Dienst war völlig überdimensioniert. Die dafür ausgegebenen Gehälter verschluckten die Hälfte des Nationalbudgets. Korruption seitens der Mächtigen in den verschiedenen Gremien der palästinensischen Autonomiebehörde und eine übertriebene Abhängigkeit vom israelischen Arbeitsmarkt haben außerdem die wirtschaftliche Entwicklung behindert. Der Schaden, der

---

*   Scharon am 26.5.2003 vor der Likud-Fraktion in der Knesset (dem israelischen Parlament) in Jerusalem.

**   Peres am 29.8.2003 gegenüber dem Massenblatt *Yebioth Aharonot* in Tel Aviv.

von diesen Strukturproblemen verursacht worden ist, ist laut Weltbank-Bericht jedoch keineswegs mit der Verwüstung durch die Intifada und den daraus resultierenden Sperren, die Israel außer- und innerhalb der palästinensischen Gebiete verhängt hat, vergleichbar. Die Ausgangssperren in den gesamten palästinensischen Gebieten verhindern den Aus- und Eingang von Arbeitern, den Waren- und Kapitalfluss. Die Bewegungseinschränkungen innerhalb der Gebiete unterbinden den Verkehr zwischen Dörfern und Städten, gelegentlich auch innerhalb der Städte selbst. Seit 1999 wuchs die Bevölkerung der Gebiete um 13 Prozent. Gleichzeitig schrumpfte das Bruttosozialprodukt um 30 Prozent. Der Konsum ging um 40, die Ausfuhr um 50, die Einfuhr um 60 Prozent zurück. Zwei Drittel der Palästinenser leben von zwei US-Dollar im Monat. Vielen Menschen droht der Hungertod. Zu den wachsenden, katastrophalen Versorgungs- und Wirtschaftsproblemen kommen Militäraktionen der Israelis hinzu, die Zerstörung von Häusern, die Planierung von landwirtschaftlichen Flächen, die Demütigung der Zivilbevölkerung durch Soldaten an den zahlreichen Straßensperren in allen Teilen der besetzten Gebiete – und das allgemeine Gefühl, in einem großen Gefängnis zu leben.

Zweifellos haben die Palästinenser zunehmend begriffen, dass sich eine Lösung weder durch eine internationale Truppe abzeichnen wird noch dank einer Intervention seitens der „arabischen Brüder" – und durch Terror und Gewalt schon gar nicht. Allmählich stimmt die Mehrheit der Palästinenser den wenigen mutigen, gemäßigten Persönlichkeiten in ihrer Mitte zu, die sich offen Gehör verschaffen.

Die Israelis, die vom Scheitern der Bemühungen im Jahr 2000 derartig enttäuscht und sogar verbittert waren, die jegliche Hoffnung auf eine Verständigung mit den Palästinensern verloren hatten, die nur noch an Hardliner glaubten, die sie schonungslos gegen Terroristen verteidigen sollen, sind inzwischen auch unsicher geworden. Seit Beginn der zweiten Intifada war ihr

Alltagsleben von der Atmosphäre des Terrors geprägt. Nach jedem großem Anschlag gibt es in den Zeitungen riesige Schlagzeilen und die elektronischen Medien berichteten Tag und Nacht ununterbrochen über den tragischen Tod der Ermordeten und das Leid ihrer Familien. Ausführlich werden die zerstückelten Leichen der Terroropfer geschildert, persönliche Geschichten von Angehörigen und Freunden, die jedes Opfer als vorbildlichen Menschen und besonderen Verlust beschreiben. Detaillierte Berichte über die Beerdigung eines jeden Umgekommenen folgen unmittelbar. Sobald sich alle tragischen Geschichten, alle Horrorbilder erschöpft haben, kommt bereits der nächste Terroranschlag. In einer solchen Stimmung kann man nicht mit den Israelis über Mäßigung, Zugeständnisse, Verständigung mit den Palästinensern und überhaupt über die Vision eines Friedens sprechen. Es gibt keine Lösung, es kann keine Lösung geben, es wird keine Lösung geben, ist die allgemeine Meinung. Wir sind verflucht, hieß es, so wie es der Patriarch Isaak seinem Sohn Esau schon in der Bibel sagte: „Al Charbecha Tichie – Von deinem Schwerte wirst du leben."

Allmählich ändert sich die Stimmung. Sicher hatte die Wahl des palästinensischen Ministerpräsidenten Machmud Abbas neue Hoffnungen geweckt und selbst der vorübergehende Waffenstillstand. Auch die öffentlichkeitswirksame, wenn auch bisher vorgebliche Entschiedenheit des amerikanischen Präsidenten hat dazu beigetragen, dass man wieder Licht am Horizont sieht. War es doch die Hoffnungslosigkeit, die die Israelis zur Verzweiflung geführt hat. „So kann es nicht mehr weitergehen", stöhnten sie. Und wenn sogar ein Falke wie Scharon sagt, dass die israelische Anwesenheit in den palästinensischen Gebieten eine Besatzung sei und man nicht über eine andere Bevölkerung herrschen könne, dass die endlose Talfahrt der Wirtschaft im Lande auch mit dieser Besatzung und dem palästinensischen Problem verbunden ist, dass ohne einen Frieden die Wirtschaft nicht gesunden wird, dann ist die Schlussfolgerung eindeutig.

Man kann den Terror nicht weiter als Vorwand für die Fortsetzung der Besatzung und des Herrschens über eine andere Bevölkerung benutzen. Man muss ihn zwar bekämpfen, aber gleichzeitig eine glaubwürdige Lösung finden – im Einklang mit den Palästinensern. Zu dieser Einsicht kommen die Israelis zunehmend.

Ohne Rang und Titel

Im Frühjahr 2003 fand ein Treffen statt, das zu einem Entwurf führte, der vielversprechend ist und Hoffnung macht. Es trafen sich zwei überaus gegensätzliche Personen: Auf der einen Seite der Palästinenser Sari Nusseibeh, ein Universitätsprofessor und Präsident der palästinensischen Universität Al Quds in Ostjerusalem sowie ehemaliger Minister für Jerusalemer Angelegenheiten in Arafats Regierung. Er ist Sohn einer hoch angesehenen, alten aristokratischen, palästinensischen, moslemischen Familie. Sowohl sein Vater als auch sein Großvater dienten schon als Minister in verschiedenen jordanischen Regierungen. Auf der anderen Seite ein Israeli, Ami Ayalon, in einem kleinen Dorf auf dem Land geboren. Er machte Militärkarriere, war Befehlshaber der Marinekommandos, letzten Endes Admiral, Befehlshaber der Kriegsmarine, und später Leiter des bei den Palästinensern berüchtigten israelischen Geheimdienstes „Schabak" – die Behörde, die die Furcht erregenden Geheimaktionen innerhalb der palästinensischen Gebiete führt. Der eine, der Palästinenser, ein höflicher, entgegenkommender, sanfter Mann mit gebildeter Sprache, der sich bevorzugt der Untertreibung bedient. Der andere, der Israeli, von athletischer Statur, der seinen Gegenüber mit seinen hellblauen Augen direkt anschaut, spricht in kurzen Sätzen und ohne Umschweife und Höflichkeit. Zwischen den beiden, die kein offizielles Amt mehr besetzten, hat sich keine große persönliche Freundschaft entwickelt, aber eine Verständigung ergeben. Wochenlang bemühten sie sich, eine Formel zur Lösung des israelisch-palästinensischen Konflikts zu finden. Eine Formel, die auf Zustimmung beider Bevölkerungen stoßen könnte. Dabei haben sie sich wenig Sorgen um die Spitzenpolitiker beider Seiten gemacht. Vielmehr dachten sie an die Bevölkerung, die, sobald sie eine greifbare und glaubwürdige Lösung sehen würde, ihre Politiker mit oder gegen deren Überzeugung in diese Richtung drängen würde.

Das Dokument, das die beiden gemeinsam entworfen haben, lautet:

– Israel wird sich auf die Grenzen von 1967 zurückziehen, das heißt, alle besetzten Gebiete werden zurückgegeben.

– Die Palästinenser werden auf 100 Prozent des im Sechstagekriegs eroberten Territoriums einen Staat errichten.

– Damit nicht alle Siedler ihre Häuser räumen müssen, gibt es die Möglichkeit eines Territoriumsaustausches auf der Basis von 1:1.

– Die Palästinenser werden auf ihren Anspruch des Rückkehrrechts verzichten. Die Flüchtlinge werden sich mit finanziellen Abfindungen zufrieden geben und damit, sich eventuell auf dem Territorium des Palästinenserstaates niederzulassen.

– Der Palästinenserstaat wird entmilitarisiert sein.

– Bezüglich Jerusalem sagt das Schreiben: Die jüdischen Viertel der Stadt werden die Hauptstadt des Staates Israel sein, die arabischen die des Palästinenserstaates. Die Souveränität über die heiligen Stätten der Juden und Moslems am Tempelberg wird Gott überlassen. Die Juden werden die Verantwortung für die Klagemauer (die Westmauer des Tempelberges) haben, die Moslems die Verantwortung für den Tempelberg (die Moscheeanlagen auf dem Tempelberg).

Beide Seiten verpflichten sich, dass damit die Fehde endgültig beendet ist.

Das Ziel beider Partner in diesem Entwurf war, so schnell wie möglich die Zustimmung ihrer Bevölkerungen durch Unterzeichnung der Petition zu erlangen. Ami Ayalon wurde sofort von Angeboten freiwilliger Helfer überhäuft. Innerhalb von vier Wochen sammelten seine ehrenamtlichen Helfer anhand von elektronischen Medien, per E-Mail, Fax und Briefen fast hunderttausend Unterschriften. Das hat natürlich alle ermutigt, ihre Bemühungen fortzusetzen. Für Sari Nusseibeh war es viel schwieriger, die Öffentlichkeit in seinem Land zu gewinnen. Viele Palästinenser betrachteten seinen Verzicht auf das Rückkehrrecht der Flüchtlinge als Verrat. Die meisten jedoch, das zeigten Meinungsumfragen, brachten viel Sympathie für seine Bemühungen auf. Selbst Spitzenpolitiker unter den Palästinensern haben sich im privaten Kreis über die Chancen Nusseibehs, Zustimmung seitens der Bevölkerung zu erlangen, optimistisch geäußert. Dennoch konnte er anfänglich nur davon träumen, einen ähnlichen Erfolg verzeichnen zu können wie Ayalon. Während dieser hunderttausend Unterschriften erlangen konnte, sammelte Nusseibeh nur zehntausend. Aus verschiedenen Gründen war es im Voraus klar und wurde auch in Kauf genommen, dass es der Palästinenser erheblich schwieriger hatte, als sein israelischer Partner: Ihm standen weder ehrenamtliche Helfer zur Verfügung, noch erhielt er große Spenden. Das wäre in den Gebieten gar nicht möglich. Die Besatzung, die Sperren, die schwierigen Lebensbedingungen der Palästinenser verhindern öffentliche Petitionen, neben der Tatsache, dass ihnen demokratischen Traditionen wie unabhängige, öffentlicher Petitionen nicht vertraut sind. Dennoch deutete die allgemeine Stimmung in der palästinensischen Bevölkerung eine weitgehende Toleranz gegenüber dieser Initiative an. Und diese neue Stimmung in den beiden Bevölkerungen – sollte sie sich so weiter entwickeln, wird die Zukunft des Nahen Ostens bestimmen.

Was wird passieren, wenn die Verhandlungen zwischen Machmud Abbas und Ariel Scharon nicht zum Erfolg führen werden, weil der eine oder der andere Gesprächspartner abgelöst wird? Abbas könnte unter Umständen von Arafat entfernt werden und Scharon, gegen den die Behörden seit Anfang 2003 wegen finanzieller Unregelmäßigkeiten ermitteln, zum Rücktritt gedrängt werden, wie es in der israelischen Politik schon mehr als einmal vorgekommen ist. Sollte der eine oder der andere keinen guten Willen zeigen oder nicht genügend Mittel zur Verfügung haben, um eine Friedenspolitik durchzusetzen, so wird man dennoch die Entwicklung eines Friedensprozesses nicht mehr verhindern können – selbst wenn der amerikanische Präsident sein Interesse daran verlieren sollte. Weder in Israel noch in den palästinensischen Gebieten können die Regierungen ohne die Unterstützung der Bevölkerung agieren. Die durch Jahrzehnte angeschlagenen Völker, die schon so viel erlebt und erlitten haben, werden dafür sorgen, dass es diesmal in Richtung echter Zugeständnisse geht. In beiden Lagern wächst das Verständnis, dass man sein Ziel durch Gewalt nicht erreichen kann. Vorerst wartet man auf die Amerikaner, auf die Umsetzung des Fahrplans, auf den guten Willen der Verhandlungspartner. Sollte all dies zu keinem Ergebnis führen, wird die Bevölkerung aufwachen und Druck auf ihre jeweilige eigene Regierung ausüben, damit sie durch beiderseitige Zugeständnisse einen echten Frieden ermöglichen.

Personenregister

Deutschland: Brücke zwischen Europa und Israel

Das deutsch-israelische Verhältnis begann mit einer offenen
Wunde. Sie ist heute vernarbt, die Beziehungen zwischen
beiden Staaten haben sich hervorragend entwickelt.
Vor 55 Jahren wurde die Unabhängigkeit
des Staates Israel verkündet, schon vor mehr als 100 Jahren aber
hat Theodor Herzl die Zionistische Bewegung ins Leben gerufen
und in sein Tagebuch geschrieben: „Heute habe ich den
jüdischen Staat gegründet". In diesem Buch schildert Avi Primor
die 4 000 Jahre alten Wurzeln des jüdischen Staates, wie sie in
der Bibel, „dem Geschichtsbuch des israelischen Volkes" zu finden
sind. Er beschreibt die Entstehung der Krise im Nahen Osten,
gibt Antworten zu den deutsch-israelischen Beziehungen,
informiert über das Verhältnis der Europäischen Union zu
Israel und dem Nahen Osten.

Avi Primor
Europa, Israel und der Nahe Osten

160 Seiten
ISBN 3-7700-1105-8

www.drosteverlag.de

Im Namen des Volkes, im Namen der Kultur

Als Justizsenatorin des Berliner Senats machte Jutta Limbach
Honecker und Konsorten den Prozess und wurde dafür als
„Fackelträgerin des Rechtsstaats" gelobt wie
als „Hexenjägerin" beschimpft. Unter heftigen Turbulenzen
schaffte sie es als erste Frau 1994 auf den Präsidentenstuhl des
Bundesverfassungsgerichts. In ihre Amtszeit fielen
umstrittene Entscheidungen wie die zu Kurt Tucholskys
„Soldaten sind Mörder"-Zitat, das Kruzifix-Urteil,
der Asyl- und Rentenbeschluss und zuletzt der Paukenschlag
im NPD-Verbotsverfahren.
In schweren Zeiten hatte das Gericht ein Gesicht:
Mit Glaubwürdigkeit, Kompetenz und Charme verhalf
Jutta Limbach den Rote Roben zu ungeahnter Popularität.
Jetzt präsentiert sie als Präsidentin des
Goethe-Instituts deutsche Kultur in aller Welt.

Karin Deckenbach
Jutta Limbach
Eine Biografie

240 Seiten
ISBN 3-7700-1158-9

www.drosteverlag.de

Die Meinungsmacher der Nachkriegsjahrzehnte

Axel und Friede Springer, die Burdas, Henri Nannen,
Rudolf Augstein, Reinhard Mohn, Helmut Markwort,
die Holtzbrincks, Rupert Murdoch, Leo Kirch, Ted Turner,
Helmut Thoma, Silvio Berlusconi und Haim Saban.
Jeder auf seine Weise ein Medienkönig.
Unterschiedliche Charaktere, die eines gemeinsam haben:
Sie sind die mächtigen Pioniere einer neuen Medienlandschaft –
einflussreich, meinungsbildend, mit besten Kontakten zu
Politik und Gesellschaft. Dieses Buch bietet mehr als
biografische Abrisse. Vor dem Hintergrund der Nachkriegs-
dekaden wird auch der Medienzeitgeist beleuchtet.
Wie war es damals, als Nannen und Augstein zu
journalistischen Erfolgen starteten? Und Anfang der 60er,
als der „Spiegel"-Chef den politischen Streit mit
Verteidigungsminister Strauß mit einem Gefängnisaufenthalt
bezahlen musste? Oder 1968, als die Studenten gegen das
Biedermeiertum und die Kriegsgräuel-Verdrängung ihrer Eltern
rebellierten und dabei in Axel Springer das „passende" Feindbild
fanden? Die 80er Jahre waren vor allem vom Aufkommen des
Privatfernsehens geprägt.In den frühen 90ern sorgte der
Golfkrieg für einen neuen Riesen im Medienwettstreit:
Ted Turners CNN. Unterhaltung und Information versprach
Leo Kirch mit seiner privaten Sender-Kette. Jetzt, nachdem
sein Imperium zusammengebrochen ist, stoßen Medienmogule
wie Beluscosi und Haim Saban in die Lücke.
Auch sie sind Global Player, denen es vor allem um Macht
und Meinungsmache geht.

Dieter Baukloh/Carsten Wittmaack
Medienmogule und Meinungsmacher

303 Seiten
ISBN 3-7700-1156-2

www.drosteverlag.de